Donna L. Friess

Jetzt kann ich nicht mehr schweigen

Donna L. Friess

Jetzt kann ich nicht mehr schweigen

Bechtermünz Verlag

Lizenzausgabe mit Genehmigung der
Gustav Lübbe Verlag GmbH für
Bechtermünz Verlag im
Weltbild Verlag GmbH, Augsburg 1996

Umschlagillustration: Helene Rosteck, Gerolsbach
Umschlaggestaltung: imago Grafikdesign, Ettlingen
Gesamtherstellung: Ebner Ulm
Printed in Germany
ISBN 3-86047-357-3

Für meinen Ehemann Ken,
meinen Partner und Seelenverwandten

Inhaltsverzeichnis

Danksagung 9

Einführung 11

Vorwort 13

Prolog 15

Erster Teil – Aufwachsen 17

Zweiter Teil – Familienleben 121

Dritter Teil – Am Wendepunkt 149

Vierter Teil – Sammlung der Truppen 193

Fünfter Teil – Auf in den Kampf 213

Nachwort 315

Die Personen 316

Danksagung

Das Leben ist manchmal voller Überraschungen. Eine meiner unglaublichsten Entdeckungen war, daß die vielen Menschen, die ich kenne – Freunde, Verwandte, Kollegen und Studenten des Cypress College, die Kollegen an der United States International University und meine zahlreichen Nachbarn in San Juan Capistrano – nicht das Weite gesucht haben, als sie mein Geheimnis erfuhren. Ganz im Gegenteil – von allen fühlte ich mich beschützt und akzeptiert. Ich war geradezu schockiert darüber, daß sich so viele liebe Menschen um mich kümmerten.

So wurde es mir möglich, dieses Buch zu schreiben, und ich möchte Euch allen dafür danken. Ihr habt mir dabei geholfen, in einer schwierigen Zeit nicht zu zerbrechen.

Ohne die tägliche Unterstützung meines Ehemannes Ken in den Momenten, in denen der Schmerz der Erinnerung zu viel war, und ohne sein kritisches Denken wäre das Manuskript möglicherweise unvollendet geblieben. Meine drei Kinder Rick, Julie und Dan gaben mir die nötige Kraft. Meine Mutter Dorothy McIntyre war voll von unendlicher Zuneigung und bestärkte mich in meiner Absicht, und ich möchte ihr dafür danken, daß sie sich bemüht zu wachsen. Ich schätze meine Schwester Jacqueline L. Stack für ihre Klarheit und Kraft in schwierigen Zeiten. Meine Schwester Cee Cee hatte den Mut, sich zu verändern. Ich möchte auch Leanne Anteau danken, die mich mit ihrer Freundschaft unterstützte.

Barbara Nichols vom Health Communications Verlag motivierte mich sehr, dieses Buch zu schreiben. Ich danke ihr vielmals für ihre Hingabe und ihre intelligente und sensible Arbeit als Lektorin.

Kevin Cooper und Creative Artists, Inc., Ron Anteau, Art Horan und Nina Tyan glaubten an dieses Projekt. Stu Samuels gestaltete das Titelbild der amerikanischen Ausgabe, Patrick O'Brien erinnerte mich in kritischen Momenten immer wieder daran, einfach nur meine Geschichte zu erzählen. Unterstützung und Zuneigung erhielt ich auch von meiner Freundin und Schwiegermutter Helen Darby Holland, die im März 1992 verstarb.

Ich möchte der Redaktion der *Los Angeles Times* danken, die diese Geschichte mit viel Einfühlungsvermögen veröffentlicht hat. Mein besonderer Dank gilt den Redaktionsmitgliedern Lynn Smith, Donna Frazier und John Archer. Eine große Rolle spielten bei der Veröffentlichung Bill Penzin und Jim Brown ebenso wie Marsha MacWillie, Amy Zehnder und Roslyn Schryeur.

Die Gründer des Health Communications Verlags Peter Vegso und Gary Seidler glaubten an das Projekt und realisierten es.

Viele brillante Köpfe haben mein Leben beeinflußt. Ich möchte ihnen meinen Dank und meine Anerkennung dafür aussprechen, daß sie ihre Weisheit mit mir geteilt haben und hebe hier besonders Susan Forward, Sylvia Lane, Darryl Freeland, Herbert Baker, Alice Miller, Mary Catherine Bateson, Maya Angelou, John Bradshaw, M. Scott Peck und Eric Berne hervor.

Ganz zum Schluß möchte ich mich bei all meinen tapferen und wunderbaren Geschwistern, Nichten und Neffen und bei meinen Schwägerinnen und Schwagern bedanken, die mir entschieden zur Seite standen. Ich liebe Euch alle.

Einführung

Der schwierige Teil des menschlichen Lebensweges besteht darin, daß wir uns selbst immer wieder den veränderten Umständen unseres Lebens anpassen müssen. Nach Erich Fromm sind wir in dem ständigen Prozeß begriffen, uns selbst zu gebären. Von der Kindheit angefangen über die Herausforderungen der Pubertät, des Erwachsenseins, der Elternschaft und, wenn wir Glück haben, bis ins Alter, erschaffen wir uns ein Leben lang neu.

Das Leben wandelt sich heute schneller als je zuvor. Es zwingt uns dazu, häufig unsere Richtung zu ändern, um nicht auf hoher See verlorenzugehen. Wir müssen unsere Phantasie benutzen und das Leben improvisierend neu erfinden. Ich hoffe, daß wir unsere Entscheidungen mit dem Wissen darum treffen, daß wir die Kraft und die Freiheit besitzen, ein erfülltes Leben zu gestalten. Dann erst haben wir unser Leben wirklich in der Hand.

Ich teile in diesem Buch meine Erfahrungen mit und hege dabei den Wunsch, dem Leser eine neue Perspektive auf die menschlichen Lebensbedingungen zu eröffnen. Ich hoffe, Sie werden besser verstehen, was mit so vielen von uns und unseren Kindern geschieht. Selbsterkenntnis kann viel Kraft geben.

Im engsten persönlichen Sinne sind wir von unseren Entscheidungen bestimmt, und als Volk zum großen Teil dadurch charakterisiert, wie wir miteinander umgehen. Mein Traum ist es, daß Sie, indem Sie Ihr eigenes Leben

leben, sich bewußt dafür entscheiden, aus unserer Welt einen besseren, freundlicheren Ort zu machen. Daß Sie handeln werden, um unsere Kinder zu beschützen, denn sie sind unsere Hoffnung für die Zukunft.

Vorwort

Dr. Susan Forward ist eine international anerkannte Therapeutin und Autorin mehrerer Bücher. Darunter sind die New-York-Times-*Bestseller* Toxic Parents *und* Men Who Hate Women and the Women Who Love Them. *Neben ihrer Privatpraxis war sie Leiterin einer täglichen Radiosendung mit Studiogästen. Dr. Forward gründete das erste private Behandlungszentrum für sexuell Mißbrauchte in Kalifornien.*

Inzest ist der zerstörerischste Vertrauensmißbrauch, der an einem Kind begangen werden kann. Er ist vielleicht die grausamste, verstörendste aller menschlichen Erfahrungen. Es handelt sich beim Inzest um eine Verletzung des grundlegenden Vertrauens zwischen einem Kind und dem Elternteil oder einer Pflegeperson. Die so verletzten Kinder können nirgendwo hin, sie können sich niemandem anvertrauen. Das Kind ist Geisel eines mächtigen Terroristen. Der Beschützer wird zum Verfolger, die Wirklichkeit zum Gefängnis schmutziger Geheimnisse. Man schätzt, daß es heute in Amerika 60 Millionen erwachsene Opfer sexueller Kindesmißhandlung gibt.

Ein kleines Kind, das ein Geheimnis hüten muß, kann sich nicht vorstellen, daß der Große, das Elternteil, etwas Falsches tut. Das Kind überlebt dadurch, daß es die schlechten Gefühle nach innen wendet; seine Welt ist um dieses zentrale Gefühl der Scham herum angeordnet. Jeder Erwachsene, der als Kind belästigt worden ist, lebt seit seiner Kindheit mit dem Gefühl hoffnungsloser Unzulänglichkeit. Alle erwachsenen Inzestopfer haben ein gemeinsames Erbe tragischer Gefühle: Sie fühlen sich schmutzig, verletzt und anders als alle anderen.

Inzest führt zu einer Art psychologischer Krebserkrankung. Normalerweise ist sie nicht tödlich, aber eine Behandlung ist notwendig und manchmal schmerzhaft. Von allein heilt sie nicht.

Es gibt aber Hoffnung. Wenn das Inzestgeheimnis ans Tageslicht kommt und den Opfern klargemacht wird, daß nicht sie es sind, die sich schämen müssen, haben sie die Chance, erhobenen Hauptes weiterzuleben. Sie haben eine Möglichkeit, die Vergangenheit hinter sich zu lassen und ihr Leben in die Hand zu nehmen. Sie können lernen, ihr Leben und ihr Bild von sich selbst wieder aufzubauen. Sie können neue Würde gewinnen und ein Gefühl für ihren persönlichen Wert entwickeln. Sie können lernen, ein glückliches, produktives Leben zu leben.

In »Jetzt kann ich nicht mehr schweigen« erzählt Donna Friess die Geschichte ihres unglaublichen Kampfes darum, das finstere Übel des Inzests ans Licht der Wahrheit zu ziehen. Es war ein Krieg, in dem es um das Leben ihrer vierjährigen Nichte und um das Leben derjenigen Kinder ging, die in den erwachsenen Opfern der Tyrannei ihres Vaters weiterleben. Ich beglückwünsche sie zu ihrem Mut und ihrer Kraft.

Dr. *Susan Forward*

Prolog

18. Januar 1990
Landgericht
West Los Angeles

Ich konnte nicht hinschauen, als sie ihn in Fesseln in den Gerichtsraum brachten, aber ich weiß, daß mich das Geräusch der Ketten mein Leben lang verfolgen wird. Wie würde ich es ertragen, meinen Vater angebunden wie einen wildgewordenen Hund sehen zu müssen?

Ich war hin- und hergerissen zwischen dem Wunsch, zu ihm zu laufen und ihm diese grausamen Handschellen abzunehmen, um meinen Dad in die Arme zu nehmen, und der Notwendigkeit, still abzuwarten, während die Justiz damit beschäftigt war, ihn unter Umständen für den Rest seines Lebens ins Gefängnis zu bringen. Vor Angst atemlos faßte ich schließlich doch den Mut, zu ihm hochzublicken. Seine Augen waren durch eine Schönheitsoperation seltsam in die Höhe gezogen, was ihm einen unmenschlichen, dämonischen Ausdruck verlieh. Er sah aus wie ein gealterter Satyr, der mich mit eiskalter Wut fixierte. Die ganze Kraft seiner starren blauen Augen durchbohrte mich wie ein Schwert.

Ich war entsetzt. Mein Herz klopfte, und ich erlitt Seelenqualen. Eine schwache Stimme schrie von innen: »Ich liebe dich, Daddy. Wie soll ich jemals ohne deine Liebe leben können?«

Die innere Stimme einer Vierjährigen wurde von seinen tausendmal wiederholten Drohungen erstickt:

»Donnie, Leute, die reden, enden zwei Meter tief unter der Erde. Verräter werden hingerichtet. Leute, die den Mund aufmachen, haben häufig Unfälle.« Ich hörte ihn so, als sei es gestern gewesen.

Nein, ich wollte nie darüber sprechen. Ich wollte nicht, daß irgend jemand etwas wüßte, wollte nie in diesem Gerichtssaal der Qual von Scham und Peinlichkeit ausgesetzt sein. Und ich hatte schreckliche Angst, daß er seine Drohungen eines Tages wahrmachen würde. Immerhin trug er ständig eine Waffe bei sich.

Ich hätte mein streng gehütetes Geheimnis auch mit ins Grab nehmen können, aber ich wußte nun, daß er nicht damit aufgehört hatte. Er würde nicht aufhören, wenn ihn nicht jemand dazu zwingen würde. Ich lenkte meine Aufmerksamkeit von den widerstreitenden Gefühlen in meinem Inneren weg auf die rauhen Fakten der Realität: Jetzt existierte ein anderes terrorisiertes vierjähriges Mädchen. Wer konnte Klein-Keely schützen, wenn nicht ich? Ich erinnerte mich an Tausende von Nächten, in denen ich darum gebetet hatte, daß irgend jemand mich irgendwie beschützen möge. Aber niemand war dagewesen.

Die Erinnerung an Keely, die vor Angst wie gelähmt vor mir stand und nicht sprechen konnte, zeichnete sich jetzt deutlich vor meinem inneren Auge ab. Sie hatte dort gestanden, hustend und würgend, und hatte ständig, ständig ihr Taschentuch in ihren kleinen Mund gestopft.

Und letzten Monat hatte sie schließlich stockend herausgebracht, was Opa mit ihr gemacht hatte.

ERSTER TEIL

Aufwachsen

Wenn ich auf die verblichene Fotografie schaue, kann ich kaum glauben, daß ich das süße, kleine, blonde und braungebrannte Mädchen sein soll, und der gutaussehende Mann, der mich so stolz festhält, mein Vater. Seit der Fotograf vor fast einem halben Jahrhundert diesen zärtlichen Moment festgehalten hat, haben wir so viel durchgemacht – und bleiben dennoch, an diesem Tag in der Sonne, ein ewig lächelndes Paar.

Dieses Bild eines reizenden Kindes mit seinem starken jungen Vater suggeriert das idyllische Familienleben in Kalifornien, um das wir im Osten des Landes an verschneiten Wintertagen so beneidet werden. Es ist nicht schwierig, es mit weiteren Einzelheiten anzureichern: dem unendlichen Ozean, der über den Horizont hinausgeht, kilometerlangen unberührten Sandstränden unter klarem blauem Himmel, dem salzigen Geruch sauberer Seeluft, über den Köpfen kreisenden Möwen. Spaziergänge am Wasser, in der seichten Brandung planschend, Sandhaufen, Muscheln, Freude, Liebe, Gelächter.

Ja, geht man von den Fotos von 1949 aus, müßten die Landis von allen beneidet werden. Zumindest solange, bis die ganze Wahrheit über uns ans Licht kam.

April 1948
Venice, Kalifornien

»Aufwachen, Donna.« Meine eigene Stimme beruhigte mich, als ich zu mir kam. »Du hast nur wieder denselben alten Traum.«

Ich wachte auf und fühlte mich wieder einmal atemlos und ausgebrannt. Es war immer der gleiche Traum, den ich so häufig während des Mittagsschlafes hatte, der, in dem die pfirsichfarbene Decke meines Etagenbettes völlig durcheinandergeraten war und ich die knittrigen Falten in der Nähe meiner Füße nicht mehr ertragen konnte. In meinem Traum gelang es mir nicht, die Decke richtig glattzuziehen, so sehr ich mich auch anstrengte.

Ich rollte mich auf den Rücken, um besser atmen zu können, und bald darauf begannen mein Daumen und mein Zeigefinger die Satinkante der Bettdecke zu reiben, während ich an die Zimmerdecke starrte. Undeutlich nahm ich das quietschende Geräusch der Ölpumpe wahr, die sich nebenan auf- und abbewegte, auf und ab, und Öl aus dem Sand hervorpumpte. Eine leichte Brise kam auf und brachte das schwache Aroma von Öl und Seeluft mit sich.

Meine Gedanken schweiften ab zum vergangenen Sonntag. Es war ein besonders schöner Strandtag gewesen. Gewöhnlich kam die Brandung bis zum Zaun unseres Hofes heran, aber am Sonntag war der Wasserstand so niedrig gewesen, daß der Strand unendlich schien und wie ein Juwel vor dem zurückweichenden Wasser glänzte.

Die ganze Familie war ausgeschwärmt, um zu sehen, was es im nassen Sand zu finden gab. Daddy lief barfuß mit meiner kleinen Schwester Sandy auf den Schultern. Ich lief voraus und war in Moms Nähe, immer auf der Suche nach schönen Muscheln.

»Donnie, komm hierher«, rief sie aufgeregt. Ich schaute auf und sah, wie sie über etwas gebeugt war, was im Sand lag, und einen Augenblick lang war ich voller Liebe für sie. Sie war schlank, mädchenhaft und wunderschön in ihrem geblümten Badeanzug, mit ihrem langen blonden Haar, das ihr ins Gesicht fiel, als sie untersuchte, was sie in der Hand hielt.

Ich rannte auf ihr drängendes Rufen hin zu ihr und schaute mir das seltsame Objekt genau an. »Was ist das?«

Mom hielt einen perfekten Sanddollar in der Hand. Die Zeichnung auf seiner Vorderseite sah aus wie eine prachtvolle Blume. Sie drehte ihn herum.

»Was siehst du?« Ihre Stimme war warm und ermutigend. Es gefiel ihr, uns etwas über unsere Welt beizubringen.

»Die rote Unterseite ist ganz wabbelig. Mommy, warum ist sie so wabbelig?«

»Weil er noch lebt. Die Sanddollars, die wir normalerweise finden, sind tot. Das Purpurrot zeigt uns, daß er lebt.«

»Kann ich ihn anfassen?«

»Sei aber ganz vorsichtig.«

Die Begeisterung darüber, diese wunderbare neue Kreatur entdeckt zu haben, ergriff mich völlig, und ich mußte zu Sandy und Dad herüberlaufen. Er setzte Sandy ab, damit auch sie den Sanddollar anfassen konnte.

»Sandy, er lebt«, quiekte ich, als die zögernde Dreijährige behutsam einen kleinen Finger nach ihm ausstreckte.

Daddy ließ uns einzeln am Wasser entlangmarschieren, während er unseren Sanddollar vorsichtig im Sand vergrub und ihm damit die Chance gab zu überleben.

Das war wirklich der beste Nachmittag gewesen! Mommy half uns, Sandburgen zu bauen und setzte kleine Krabben in den Burghof, damit das Gebäude auch Bewohner hatte, und Daddy ließ Steine über die Wasseroberfläche springen, während wir gebannt zuschauten. Eins, zwei . . . sieben Hüpfer. Mommy und Sandy und ich, wir alle versuchten es, aber keine von uns kam auch nur annähernd an ihn heran. Daddy war der Champion unter den Steinewerfern. Er war so gutaussehend und muskulös, er konnte alles. Alle sagten immer, daß er und Mom ein wunderbares Paar seien, und an diesem sonnenüberfluteten Nachmittag waren sie es wirklich, in jeder Hinsicht. Wir schienen eine verzauberte Familie zu sein, die in einem magischen Liebeskreis lebte. Und doch – ganz tief in meinem Innern hielt ich den Atem an und hoffte inständig, es möge so bleiben.

Es schien ohne Bedeutung zu sein, daß wir noch nicht einmal ein richtiges Haus hatten, sondern in einem Ein-Zimmer-Strandbungalow lebten. Aber als wir an diesem Abend dorthin zurückkehrten, war er erdrückend klein und beengend mit seiner grünen Couch in der Mitte und je zwei Etagenbetten an den Wänden. Sandy und ich nahmen ein Bad und waren schon fast zu müde, um über unser gewohntes Spiel mit glitschigen zusammenstoßenden Autos in der Wanne zu kichern.

Mom und Dad schafften es, den Abend zu verbringen, ohne einander anzubrüllen. Aber später in der Nacht – sie dachten beide, daß wir schliefen – hörte ich Dad leise fluchen, als er sich zu Mom ins untere Etagenbett drängte. Dann hörten wir die gedämpften Geräusche ihres Streits und ihrer Kapitulation, die uns so vertraut waren und uns doch immer wieder aus der Fassung brachten.

Ich versuchte an diesem Dienstagnachmittag auf meinem Etagenbett die Szene aus meinem Gedächtnis zu löschen, und mir wurde plötzlich bewußt, daß ich die ganze Zeit über wütend auf der Satinkante meiner pfirsichfarbenen Bettdecke herumgerieben hatte. Ich wußte sowieso nicht, warum ich am Nachmittag schlafen sollte wie ein Baby, aber unser Babysitter Mimi wollte es so. Es schien sie zu langweilen, auf uns aufzupassen. Ich mochte Wochentage überhaupt nicht. Normalerweise fühlte ich mich einsam, aber daran war nun mal nichts zu ändern. Dad arbeitete in seinem Geschäft für Autozubehör, und Mom nahm Unterricht an der Oper.

Ich hätte eigentlich in den Nightingale-Kindergarten gehen sollen, aber alle Plätze waren schon belegt, als Mommy mich hatte anmelden wollen. Ich war so enttäuscht. Ich war fünf Jahre alt und wollte unbedingt in die Schule gehen, sehnte mich danach, von unserer schäbigen Hütte wegzukommen und neue Freunde kennenzulernen. Aber ein weiteres Jahr mußte ich noch zu Hause bleiben, verdammt dazu, dumme Mittagsschläfchen zu halten und im Raum herumzustarren, in dem Daddy Stoffbänder mit schiefen Kanten aufgehängt hatte.

»Aristokraten«, hatte mein Vater uns immer genannt. »Vergiß nie, daß du eine Aristokratin bist, Donna. Dein Name bedeutet nicht ohne Grund ›elegante Dame‹. Eines Tages wirst du eine bedeutende Frau sein.« Ich habe seine Stimme noch im Ohr.

Die Familie Landis war von einer besonderen Gattung – echte Kalifornier in einem Staat, der zunehmend von Zugereisten aus anderen Bundesstaaten bevölkert wurde. Der Zweite Weltkrieg war vorbei, und die Menschen, die auf Kriegsschiffen die kalifornischen Häfen mit Ziel Pazifik verlassen hatten oder gekommen waren, hier in den Verteidigungsanlagen zu arbeiten, entschieden sich häufig dafür, sich endgültig niederzulassen. Aber meine Eltern waren in Los Angeles geboren und aufgewachsen, ein echter Sohn und eine echte Tochter des ›Goldenen Staates‹.

Die Familienmitglieder väterlicherseits waren Apotheker, die die erste Drugstore-Kette in Los Angeles besaßen. Die Familienlegende erzählt, daß sie so reich waren, daß meine Großtante in der Los-Angeles-High-School um 1890 den Spitznamen »Hütchen« trug, weil sie mehr Hüte besaß – das Statussymbol der Zeit – als irgendein anderes Mädchen in der Schule. Mein Großvater, Big Ray, besaß noch einen Drugstore und ging täglich zur Arbeit. Der Tradition der Familie Landis entsprechend wurde sein einziger Sohn, mein Vater, auf die Universität von Südkalifornien geschickt, um dort Pharmazie zu studieren.

Der Vater meiner Mutter besaß eine bescheidene Malerwerkstatt. Seine Töchter waren die erste Generation der Familie, die aufs College ging. Mom war die dritte Tochter und sollte wie ihre Schwestern an der Universität von Kalifornien zur Lehrerin ausgebildet werden.

Meine Mom und mein Dad hatten dieses Füreinander-Geborensein-Gefühl und kannten sich in der Tat schon seit High-School-Zeiten. Es mochte ausgemachte Sache sein, daß sie heiraten würden, aber nicht so schnell, wie sie es dann wirklich taten. Als der Krieg ausbrach und mein Vater eingezogen werden sollte, bestand er auf der sofortigen Hochzeit. Andernfalls wollte er die Beziehung mit Mom beenden. Sie waren erst siebzehn damals, und sie wollte studieren, um unterrichten zu können, aber andererseits wollte sie ihn auch nicht verlieren. Erstaunlicherweise waren ihre Eltern einverstanden. Er schien sie so sehr zu lieben.

In den kommenden Jahren, wenn Dad und ich unsere »besonderen« Gespräche führten, erzählte er mir oft, wie sehr er meine Mom geliebt hatte – »Verrückt vor Liebe« war sein Ausdruck dafür. Er hatte geglaubt, daß er das College ohne sie nicht würde durchstehen können.

Mom war gerade 18, als sie heiratete, und wurde in der Nacht zu ihrem Geburtstag meine Mutter. Es war ihr gelungen, sich an der Universität einzuschreiben, obwohl sie mit mir schwanger war, und Dad wurde für das Pharmazie-Studium angenommen. Moms Vater starb plötzlich, als ich gerade sechs Monate alt war. Kurz darauf wurde Dad trotz seines Status als verheirateter Student eingezogen, und Mom mußte allein klarkommen. Zwei Jahre später wurde Dad aus medizinischen Gründen – er hatte ein blutendes Magengeschwür – aus der Armee entlassen. Die Familiengeschichte sagt, daß er einfach die Bevormundung oder die Einsamkeit fern von seiner Familie nicht ertragen konnte, und offensichtlich hielt er es dann am College auch nicht mehr aus.

Als sie 25 Jahre alt waren, schien das Leben meiner Eltern eine ernste Wendung genommen zu haben. Anstatt, wie geplant, einer vielversprechenden Zukunft als Apotheker und Lehrerin entgegenzusehen, hatten sie jetzt gar nichts. Voller Zorn bestand mein Vater darauf, daß meine Großmutter ihn auf ihrem Strandgrundstück ein kleines Fertighaus errichten ließ. Er würde als Autozubehörverkäufer arbeiten und mit seiner Familie dort leben. So weit, so gut.

Dort am Strand wurde über mein Leben entschieden, dort liebten und stritten meine Eltern sich. Meine Schwester und ich hinterließen dort täglich unsere kleinen Fußabdrücke im Sand und beobachteten, wie sie vom Meer weggewaschen wurden. Und von dort zog ich völlig aufgeregt los, um meinen ersten Schultag zu erleben – ein Tag, der sich für immer in mein Gedächtnis eingeprägt hat.

Mai 1948
Hollywood

»Meine Töchter sind die hübschesten Mädchen in Hollywood«, sagte Dad immer zu uns, wenn er uns zu den Großeltern Maymie und Big Ray fuhr, wo wir das Wochenende verbrachten. Wir waren sicher ein bezaubernder Anblick: Mein Dad, gutaussehend wie ein Filmschauspieler, am Steuer unseres neuen Ford Sedan neben seiner wunderschönen Frau, und zwei kleine Blondschöpfe mit großen Augen auf dem Rücksitz.

Sandy und ich fuhren furchtbar gern vom Strand in die Stadt. An klaren Tagen konnten wir in der Ferne die Berge sehen, jenseits des enormen Talkessels von Los Angeles mit seinen Palmen, die bis in den blauen Himmel ragten. Wir bekamen von diesen Ausflügen in die ausgedehnte Stadt und in das warme Heim unserer Großeltern nie genug. Maymie und Big Ray lebten in einem feinen, einstöckigen englischen Haus im Tudor-Stil im eleganten Wilshire District, direkt gegenüber von Farmer's Market.

Das Haus war umgeben von einem einladenden grünen Rasen und von Bäumen, in denen unzählige Vögel nisteten. Ich erinnere mich daran, daß ich dieses viele Grün so sehr liebte. Und wenn Maymie die riesengroße Eichentür ihres Hauses öffnete, begrüßte sie uns Mädchen immer mit einem breiten Lächeln und einer Umarmung, wobei sie uns in die Wunder ihrer Welt einließ, die sich so von der unseres Strandhauses unterschied. Glänzende Fußböden aus Eichenholz waren von persischen Teppichen bedeckt und jeder Raum mit antiken Möbeln ausgestattet. Überall standen Vitrinen mit wertvollem Porzellan. Maymie war eine unermüdliche Weltreisende, die wunderschöne antike Puppen, feinstes Knochenporzellan und andere Schätze aus allen Ecken und Enden der Erde mit nach Hause gebracht hatte. Sie stellte sie in allen Räumen des Hauses aus – nur nicht in Big Rays Schlafzimmer.

Mein Großvater war 66 Jahre alt, 20 Jahre älter als seine lebhafte Ehefrau. Er war zahnlos und im Begriff, kahl zu werden, aber da er die Rolle des Familienoberhauptes innehatte, wurde seine Verschrobenheit von allen akzeptiert. Er mochte keine Zahnärzte oder Ärzte, und er hatte nie gelernt, ein Auto zu fahren. Er schlief in einem kleinen Zimmer hinter der Frühstücksecke – in dem Raum, der eigentlich für ein Hausmädchen gedacht war. Offensichtlich war es schon lange her, daß er und Maymie ihr Schlafzimmer geteilt hatten. Und niemand fand es seltsam, daß er jetzt diesen kleinen Raum bewohnte, während Maymie ein riesiges Schlafzimmer mit den ausgesuchtesten Möbeln und den besten Teppichen im Hause hatte. Das Kopfende ihres Bettes war unvergeßlich: Die Intarsien im noblen Kirschholz stellten einen Sonnenuntergang dar.

Es machte immer so viel Spaß, bei Maymie und Big Ray zu sein. Sandy und ich hatten ein großes Schlafzimmer ganz für uns allein. Wir machten es uns unter der blauen Daunendecke in dem geschnitzten Eichenbett gemütlich und lauschten den Vögeln, die draußen im Garten sangen.

»Aufwachen, ihr kleinen Schlafmützen. Es ist Zeit aufzustehen«, rief Maymie mit ihrer vollen, melodischen Stimme, während sie unsere Schlafzimmertüre öffnete. Der appetitliche Duft von gebratenem Speck ließ uns sofort aus dem Bett springen.

»Donna, beeil dich, dann kannst du die Teller für das Frühstück aussuchen.«

Maymie wußte, wie gerne ich ihr herrliches Porzellan betrachtete. Ich deckte schnell den Tisch mit Tellern, die mit hellen Rosen bemalt waren, und nahm die lustigen Gläser aus dem Schrank, die unser Großvater extra für Sandy und mich mitgebracht hatte. Wir hatten ganz konspirativ gekichert, als Big Ray flüsterte, wie »unanständig« diese Gläser wären. Auf der Vorderseite war ein Mädchen abgebildet, das eine Dienstmädchenuniform trug, aber auf der Rückseite verschwand diese Uniform, wenn wir unsere Milch austranken, und sie war nackt.

Jetzt war es Zeit, Big Ray zu wecken. Ich klopfte vorsichtig an seine Tür. »Großauge, es ist Zeit zu essen.« Die Mitglieder unserer Familie hatten viele zärtliche Namen füreinander.

Big Ray kam immer vollständig angezogen aus seinem Zimmer, fertig für den Tag. Er trug ein langärmeliges Hemd und dunkle, bequeme Hosen, seine Brille thronte auf der vorstehenden Nase. Er war groß und schlank, größer als 1,85 Meter. Ich war sicher, daß er der netteste Mensch auf der ganzen Welt war.

»Hallo, Prinzessin, wie geht es dir an diesem wunderbaren Morgen?« Er hob mich ganz sanft auf und umarmte mich, während er sich an den Tisch setzte. Er gab mir immer so ein besonderes Gefühl, und ich liebte ihn sehr.

»Du hast schlecht geschlafen, nicht wahr?« Er schaute mir beunruhigt in die Augen. »Du hast wieder furchtbar mit den Zähnen geknirscht. Das kann nicht gut sein für die Zähne.«

»Ich erinnere mich an nichts, Big Ray.« Ich war verwirrt.

Großvater sagte dann: »Ich habe versucht, dich zu wecken, damit du damit aufhörst. Erinnerst du dich nicht, ich habe dir den Rücken gestreichelt, bis du dich beruhigt hattest.«

»Alle aufessen.« Maymie unterbrach uns. »Ich gehe mit den Mädchen heute zu Orbach, um ein paar neue

Kleider zu kaufen. Ihre Kleider sehen aus, als kämen sie vom Lumpensammler. Und dann gehen wir im Farmers' Market Eis essen.«

»Amüsiert euch, Mädchen. Ich gehe in den Park zum Damespielen«, antwortete Big Ray. Niemand war überrascht. Das tat er an jedem Wochenende.

Sandy und ich waren ganz schnell fertig für den Ausflug zu Orbach. Wir gingen oft mit Maymie einkaufen und kamen mit irgend etwas Großartigem zurück. Ich glaube, sie kaufte fast alle unsere Kleidungsstücke.

Manchmal gingen wir auch mit Big Ray in seinen Drugstore, und dort turnten wir ganz besonders gerne auf den Hockern an der Eisbar herum. Bernie, das junge Mädchen, das hinter der Theke stand, mixte extra große Drinks für uns, und wir fanden sie nett.

An Sommerabenden, wenn wir in der Stadt blieben, warteten Sandy und ich gerne draußen auf Big Ray, der mit dem Bus vom Drugstore nach Hause kam. Während es langsam dunkel wurde, spielten wir an dem Eisengeländer, das an der Straßenlaterne vor dem Haus angebracht war. Es hatte gerade die richtige Höhe, um Purzelbäume darum herum zu schlagen, auch wenn es für mich leichter war als für meine kleine Schwester. Im Glanz der Straßenlaterne legte ich meine Hände auf das Geländer, hob mein rechtes Bein darüber, spreizte die Beine über der Stange und schlug herum. Ich wirbelte immer wieder und so lange um die Stange herum, bis ich Big Rays großen Körper im blassen Licht der Straßenlaterne näherkommen sah. Wir kreischten und hüpften aufgeregt herum, als er sich näherte, warteten aber artig auf unserer Straßenseite auf ihn. Endlich nahm er uns bei den Händen und brachte uns beide ins Haus.

»Hey, langsam, Mädchen!«

Wir konnten es kaum erwarten, daß er sich endlich hinsetzen und uns die Überraschung zeigen würde, die er mitgebracht hatte. Wir rannten um die Wette, um auf seinen Schoß zu kommen.

»Donna, klettere du auf dieses Knie. Sandy, du kletterst hier drauf. Halt diese Tasche mal fest. Ich habe eine Überraschung für meine Mädchen da drin. Aber nicht reinschauen!«

Big Ray war ebenso begeistert von unseren kleinen Überraschungen wie wir, und wir liebten sein zahnloses Grinsen, wenn er uns voller Freude zusah, wie wir in der Tasche nach Süßigkeiten und Spielzeug gruben.

Nach einem leichten Abendessen, zu dem es immer auch weichen Milchtoast gab, erzählte er uns liebend gern Gute-Nacht-Geschichten. Wir kletterten wieder auf seinen Schoß, und er erzählte so lange, bis Maymie darauf bestand, daß wir uns fürs Bett fertigmachten.

Seine Geschichten waren großartig. Wir hörten Erzählungen aus Pferdewagen-Tagen in Los Angeles, wie er die Lehrer an der Los-Angeles-High-School im Jahre 1901 ausgetrickst hatte, und wie er mit den Räubern bei einem Überfall in seinem Drugstore umgegangen war.

Obwohl Big Ray jetzt schon seit Jahren tot ist, kann ich seine Stimme immer noch hören. Die Geschichten, die er erzählte, zeigten uns, daß wir wirklich in diese Stadt gehörten. Ich fühlte mich bei den Besuchen in dem Haus meiner Großeltern fest verankert und zu Hause. Ich weiß nicht, was aus mir geworden wäre, hätte es ihre Liebe und ihren Einfluß nicht gegeben. Bis heute sind das Sammeln von Antiquitäten und handbemaltem Porzellan für mich wichtige Hobbies, die mein Leben bereichern. Ich weiß, daß ich die Begeisterung für schöne Dinge von Maymie gelernt habe.

Aber da gab es etwas, das keinen Sinn ergab: Wir lebten an der Armutsgrenze am Strand, und meine Großeltern waren so reich. Ich konnte als Kind keine Fragen for-

mulieren und hätte wahrscheinlich sowieso Angst gehabt, sie zu stellen. Ich fühlte mich ständig bedroht von der Heftigkeit der Zornesausbrüche meines Vaters. Er war unglaublich charmant, aber dennoch fähig, uns allen – seiner Frau, seinen Kindern und seinen Eltern gegenüber – völlig aus der Fassung zu geraten.

Jahre später, als die ganze Geschichte ans Licht kam, wurde mir klar, daß ich mit der Wahrheit ohnehin erst zu einem Zeitpunkt richtig umgehen konnte, an dem ich älter und verständiger geworden war und mir eine solide Lebensbasis geschaffen hatte, auf die ich mich stützen konnte. Als Kind mußte ich schon genug durchmachen.

Januar 1949
Erstes Schuljahr
Venice Beach

Am frühen Morgen war ich im Geschäft ganz nervös, während meine Eltern arbeiteten. Ich kümmerte mich darum, daß Sandy ihnen nicht vor die Füße lief, aber mit meinen Gedanken war ich bei der Schule. Heute war der erste Tag des ersten Schuljahres. Endlich war er gekommen! Ich war sorgfältig darauf bedacht, daß der Staub und das Klebeband auf dem Fußboden meine neuen braunen Schuhe nicht beschmutzten. Ich wollte, daß sie noch neu aussahen, wenn ich in die Klasse kam. Es war schon schlimm genug, daß Daddy mir zeigen mußte, welcher der beiden Schuhe an den rechten Fuß paßte . . . wann würde ich das selber hinkriegen?

Als es Zeit wurde, aufzubrechen, hörte ich, wie meine Eltern darüber stritten, wer mich zur Schule bringen sollte. Mom bestand darauf, zu fahren, wurde aber von Dad überstimmt.

»Verdammt noch mal, Cecelia, du hast den rechten

Kotflügel immer noch nicht abgeschmirgelt. Ich muß das Ding heute nachmittag spritzen. Schließlich kann ich hier nicht alles selber machen, mein Gott noch mal! Ich bring Donnie in die Schule, während du hier alles fertigmachst. Sieh zu, daß die Fenster auch anständig abgeklebt sind.«

Ich stieg auf den Vordersitz unseres Wagens, ein brandneuer, hellgrüner Ford, und sagte Mommy auf Wiedersehen. Als sie mich auf die Wange küßte, schien sie ein bißchen traurig zu sein. Ich wußte, daß sie mich so gerne gefahren hätte.

Ich winkte ihr ein letztes Mal zu. Ich fühlte mich so besonders. Endlich ein großes Mädchen! Während wir uns vom Geschäft entfernten, dachte ich an viele neue Freunde, mit denen ich in den Pausen eine Menge Spaß haben würde. Ich hatte immer beobachtet, wie die Schulkinder einen großen roten Ball gegen den Schulhofzaun warfen.

Plötzlich schaute ich hoch. Das war nicht der Weg zur Schule. Das war der Weg zu unserem Haus. Ich konnte die kleinen stuckverzierten Holzhütten sehen, aus denen das Viertel am Strand bestand. Den größten Platz nahmen unbebaute Grundstücke und Bohrlöcher ein, die hin und wieder von stattlichen Häusern einiger Hollywoodgrößen auf kuriose Weise abgelöst wurden.

Ich konnte Dutzende von Bohrlöchern zwischen den kleinen Strandbungalows erkennen. Bei einigen der Bohrlöcher standen hohe Bohrtürme, andere waren niedrig. Alle Maschinen waren von verrosteten Zäunen umgeben.

Venice war trostlos an diesem schwarzen Januartag. Höchstens an Sommerwochenenden wurde es hier ein wenig belebt. Jetzt im Winter war an diesem Ort niemand außer vielleicht einem vereinzelten Arbeiter in einem ölverschmutzten Overall mit einem Schutzhelm aus Metall auf dem Kopf.

»Daddy, ich muß zur Schule, warum fahren wir nach Hause?« fragte ich beunruhigt.

»Wir haben noch Zeit genug. Ich hab' was vergessen.«

Diese Antwort beruhigte mich nicht. Als wir zum Haus kamen, drückte ich mich fest gegen den Sitz und wollte nicht aussteigen.

»Komm schon, Donnie!« drängte Dad mit seidenweicher Stimme.

»Daddy, ich muß in die Schule«, bettelte ich.

»Wir haben Zeit genug.«

Sein Tonfall duldete keinen Widerspruch. Wenn er diese Stimme hatte, diskutierte man besser nicht mit ihm. Widerstrebend kletterte ich aus dem Auto, während Dad die Haustür aufschloß. Kaum im Haus, zog er mich in seine Arme. »Ich liebe dich mehr als sonstwas, mein kleiner Kerl«, flüsterte er in mein Ohr. Vielleicht fühlte er meine Enttäuschung, denn er begann sofort, mein Bäuchlein zu kitzeln. Kitzeln hatte mir immer gefallen. Kichernd und atemlos vom Kitzeln hatte ich die Zeit bald vergessen. Ich war begeistert von Daddys Interesse an mir.

»Donna, woll'n wir wetten, daß du dich nicht vor mir verstecken kannst?« Er lachte.

»Ich wette, ich kann wohl!« lachte ich ihn kichernd aus. »Mach die Augen zu, Daddy. Nein! Du mußt die Hände davorhalten!« Ich nahm seine Hände und legte sie ihm über die Augen. »Und jetzt zähl ganz langsam bis zehn!«

Verstecken war unser Lieblingsspiel, und ich war gut darin. Ich schlich mit leichten Schritten hinter ihn und versteckte mich unter unserem Eßtisch. Die lange Plastiktischdecke fiel über mein Gesicht. Ich hielt den Atem an. Dad tat so, als könne er mich nicht finden und suchte in allen Ecken.

Zu schnell hatte er mein Versteck entdeckt. »Ich hab' dich, du kleines Kerlchen.«

Ich kicherte so furchtbar, daß ich nicht mehr aufhören konnte. Es war so komisch. Daddy kitzelte mich und lachte. Plötzlich hörte er auf zu lachen, und seine Stimmung schien sich zu verändern. Er wurde ernst und aufgeregt. Ich bemerkte eine schwache Schweißspur zwischen seinen Augenbrauen, und seine Hände zitterten. Was war los mit ihm? Ich hatte Angst.

Er wurde unheimlich und begann, mich auf eine seltsame Art zu berühren. Das war kein Kitzeln mehr. Das war in meinem Höschen.

»Hey, nicht!« schrie ich. Mein Lachen war mir in der Kehle steckengeblieben. »Hey, nicht . . .«, schrie ich wieder, »was machst du da?« Ich preßte meine Beine zusammen und versuchte wegzukommen vom Boden, auf den er mich während unseres Kitzel-Kampfes gedrückt hatte.

»Daddy, hör auf mich anzufassen!« protestierte ich, aber die Schreie meiner sechsjährigen Stimme bewirkten überhaupt nichts. Er war ein Riesenkerl, der vor dem Essen Gewichte stemmte. Er war ein Mann, der seine Muskeln anspannte, wenn er das 20 Zentimeter dicke Telefonbuch in der Mitte durchriß. Er war ein Mann, der sich selbst einen 90-Kilo-Gorilla nannte. Ich war Dad nicht gewachsen.

Ich wurde still, aber es war nicht seine Stärke, die mich zum Schweigen brachte. Es war die Wildheit in seinen Augen. Er ignorierte mich, sagte nichts und begann, mich unter meinem Höschen zu reiben, während er mit der anderen Hand etwas Komisches mit sich selbst tat. Trotz meiner Bitten hörte er nicht auf. Es war genau so, als hätte er mich überhaupt nicht gehört.

Er schien völlig abwesend zu sein, als ich kurz seinen Blick auffing. Er stand auf, zog den Reißverschluß seiner Hose hoch und sagte mit todernster Stimme: »Donnie, du wirst niemandem etwas darüber erzählen. Weder deiner Mutter, noch Maymie, noch Big Ray, auch nicht Sandy oder Tante Margie. Niemandem. Du darfst niemandem davon erzählen!«

Ich hörte seine Worte deutlich, und gleichzeitig spürte ich, daß da noch mehr war: die unendliche, unaussprechliche Macht, die er über mich ausübte. Ich durfte niemandem etwas erzählen. Seine eiskalten blauen Augen bedrohten mich, warnten mich und forderten, daß ich niemals darüber sprechen sollte. Ich war so gebannt von ihnen, daß ich am ganzen Körper erstarrte.

Ich würde nicht sprechen, aber die Furcht, die ich empfand, war wie ein Kloß im Hals. Ich spürte, wie sich irgendwo in der Nähe meines Herzens ein häßliches Loch der Scham öffnete. Ich würde niemals sprechen. Aber immer würde ich tief in mir die glühenden Ränder dieses Abgrundes fühlen.

Endlich brachte Daddy mich in die Schule. Ich war aufgeregt und kam zu spät. Aber vor allem war ich entsetzt. Die Schule war überhaupt nicht so wunderbar, wie ich es mir immer erträumt hatte. Es war irgendwie dunkel da, wo ich mich nach Licht gesehnt hatte. Ich wußte, daß ich niemals richtig dort hineinpassen würde. Ich fühlte mich so anders – ein Zeichen auf der Stirn hätte nicht schlimmer sein können.

Schließlich habe ich es doch geschafft, mich mit einem Mädchen namens Geraldine Renee anzufreunden. In den Pausen tranken wir Orangensaft und aßen Grahamcracker, und wir waren ganz groß im Herumtoben. Es machte solchen Spaß, sich im Kreise zu drehen! Ich besaß drei Kleider, aber mein Lieblingskleid war zartgrün, mit einem weiten Rock und einer Schärpe. Tante Margie, die Schwester meiner Mutter, hatte es mir gekauft. Am Abend wusch ich es aus, damit ich mich am nächsten Tag wieder mit diesem Kleid im Kreis drehen konnte. Es wirbelte in hohen Bögen um mich herum. Ich war begeistert davon, so herumzuwirbeln. Es half mir, zu vergessen.

Bevor ich abends zu Bett ging, zog ich mir den Eßzimmerstuhl ganz nah ans Spülbecken heran und wusch mein grünes Kleid und die Söckchen. Ich hatte festgestellt, daß die anderen Mädchen saubere Kleider und strahlend weiße Söckchen trugen, und ich setzte alles daran, wie sie zu sein. Ich besaß nur ein Paar Socken, und so wusch ich sie sorgfältig und hängte sie zum Trocknen auf die Stuhllehne neben den tragbaren Heizkörper. Ich lernte sogar, mein Kleid zu bügeln. An besonderen Tagen drehte ich meine Haare in die Form von etwas, von dem ich hoffte, es seien Locken, um beim Herumwirbeln ganz besonders hübsch zu sein. Mommy lobte mich sehr für all diese Aktivitäten und sagte, ich sei ein großes Mädchen, aber sie half mir nie.

Trotz Geraldine, den Grahamcrackern und dem Herumwirbeln auf dem Schulhof gab es im ersten Schuljahr doch viele traurige Tage. Ich wußte nicht genau, warum.

Der Erste Mai war der schlimmste Tag. Der Lehrer hatte uns aufgefordert, auf dem Schulhof einen großen Kreis zu bilden, um den Maitanz zu lernen. Ich schämte mich und fühlte mich ganz häßlich, weil die Kinder rechts und links von mir zurückschreckten, als sie meine Warzen sahen.

»Sie hat Warzen! Sie hat Warzen«, höhnten sie.

Der Lehrer bestand darauf, daß sie mich bei der Hand nahmen, aber das half mir nun auch nicht mehr.

März 1950
Venice Beach

»Um Gottes willen, Cecelia, die Mädchen haben grüne Zähne.« Dads Stimme schwoll bedenklich an. »Ihre Hälse sind schmutzig. Warum kannst du sie verdammt noch mal nicht wenigstens sauberhalten?«

»Und warum kannst du nicht dafür sorgen, daß Bernie nicht ständig im Haus herumläuft?« brüllte Mom.

»Sie würde den Kindern immerhin keine Blue Jeans anziehen«, schoß Dad zurück. »Du ziehst meinen Mädchen solche verdammten Dinger nicht noch mal an! Sie sollen wie junge Damen aufwachsen. Und Damen tragen keine Jeans.«

Es schien so, als würde meine Mutter kleiner, wenn Dad sie anschrie. Meine Eltern stritten immer über alles – vor allem über uns Kinder. Aber seitdem Bernie in unserer Nähe wohnte, waren ihre Streitigkeiten ganz besonders bösartig geworden. Mir war nicht ganz klar warum, denn Bernie war eigentlich ein ziemlich nettes Mädchen, aber durch sie änderte sich alles in unserer Familie. Mom war immer schon ein wenig distanziert gewesen, aber jetzt schien sie unser Familienleben überhaupt nicht mehr zu interessieren. Sie sollte sich von da an nie wieder völlig auf uns einstellen. Immer weiter zog sie sich in ihre Welt der Gesangsstunden und der Universität zurück.

Dad hatte einen recht mitgenommenen alten Wohnwagen vor unser Haus gestellt und ließ Bernie dort einziehen. Sie war 17, übergewichtig und hatte braune Zöpfe, die sie auf ihrem Kopf feststeckte. Sie schminkte sich kaum und kam dem wundervollen Aussehen meiner Mutter auch nicht im entferntesten nahe. Bernie hatte an Big Rays Eisbar, die jetzt meine Eltern bewirtschafteten, gearbeitet, und Dad fand, daß sie sicher ein guter Babysitter werden würde. Zumindest war es das, was er uns erzählte. Ich war gerade sieben geworden, Sandy war fünf, und wir brauchten jemanden, der sich um uns kümmerte.

Bernie und Mom saßen manchmal an unserem kleinen Eßtisch zusammen und tranken gemeinsam Kakao. In der Regel bedauerten sie sich gegenseitig wegen Dad. Trotzdem beklagte sich Mom bei Dad darüber, daß Bernie zu jeder Tages- und Nachtzeit in unser Haus kam, um die Toilette zu benutzen. Die Welt der Erwachsenen war nicht leicht zu verstehen. Im Umgang mit ihnen entschied ich mich dafür, still zu sein und zu tun, was man mir sagte.

Ich kam gut mit Bernie klar. Sie war viel besser als irgendein Babysitter vor ihr, und ich wuchs unter ihrer Aufsicht auf angenehme Weise heran. Auch sie schien mich zu mögen, und mit der Zeit begannen wir, einander zu lieben.

Dad kümmerte sich oft um uns, und es machte ihm Spaß, mit uns zu den Vergnügungsparks am Strand zu gehen. Wir freuten uns immer darauf, nach Venice Pier oder zum Vergnügungszentrum am Ocean Park zu gehen, wo wir uns in rollenden Fässern kugelten oder uns vor den Zerrspiegeln kranklachten. Sandy und ich liefen gern hin und her und beobachteten dabei, wie wir in den Spiegeln abwechselnd kurz, lang, dick oder dünn wurden. Dad schien sich dabei ebenso wie wir zu amüsieren.

An einem Wochenende packte Dad mich in unser Auto, und wir fuhren den langen Weg bis Big Bear Lake ganz allein. Kilometerlang fuhren wir durch das Becken von Los Angeles, dann in Richtung Osten aus der Stadt hinaus auf Palm Springs zu. Die Landschaft verwandelte sich mit jedem Kilometer immer mehr in eine Wüste.

Auf dem Weg sprach er über Bernie und Mom, und ich hörte angestrengt zu.

»Donnie, du verstehst, warum ich Bernie habe, nicht wahr? Deine Mutter ist frigide.«

Ich hatte nicht die geringste Ahnung, was das bedeuten mochte, aber ich nickte wissend. Ich war daran gewöhnt, daß meine Eltern so mit mir sprachen, als würde ich sie verstehen.

Dad tätschelte meine Hand. »Das ist meine Tochter! Weißt du, Bernie hat Glück, daß sie mich hat. Ich könnte jede Frau haben, aber ich will wegen euch Mädchen bei eurer Mutter bleiben.«

Ich war froh zu hören, daß sie zusammenbleiben würden und nickte wieder, diesmal mit mehr Begeisterung.

»Ich hätte richtiges Geld heiraten können. Mary Blank, die süße Erbin, Mann war die scharf auf mich. Sie ist eine gute Frau. Eine echte Aristokratin«, setzte er seine Ausführungen träumerisch fort. Seine Augen verengten sich, und seine Stimme veränderte sich, als er fortfuhr. »Bernie ist Unterschicht. Ich tu ihr nicht weh. Sie hat nicht so gute Aussichten. Sie wird mich mit deiner Mutter weiter zusammenleben lassen.«

Am Fuß des San-Bernadino-Gebirges fanden wir die steile, gewundene Straße nach Big Bear, und Dad wurde wieder ruhig, weil er die Serpentinen meistern mußte. Die Luft kühlte immer stärker ab, je näher wir dem Gipfel kamen, und Pinien säumten die Straße. Auf dem Gipfel des Berges sahen wir riesige Granitblöcke am Ufer des Sees verstreut, so als ob ein verrückt gewordener Gigant sie vom Himmel geschleudert hätte. Wir hielten an einem Geschäft, das aussah wie in einem Wildwestfilm. Ein verblichenes Holzschild über der ramponierten Eingangstür verkündete: »Coca-Cola«. Das Licht im Geschäft war gedämpft, aber mein Blick fiel sofort auf ein Glas mit frischen Haferflockenplätzchen auf der Theke. Sie sahen köstlich aus!

Dad bemerkte mein Interesse sofort. »Schatz, möchtest du eins von diesen dicken Plätzchen?«

»Darf ich? Ich mag sie so gern.«

Dad nickte der Ladenbesitzerin zu, und sie fragte mich lächelnd: »Welches möchtest du denn?«

Meine Augen waren genau auf der Höhe der Plätzchen, und ich beobachtete sie ernsthaft.

»Dieses hier mit den meisten Rosinen, bitte.« Ich deutete auf das größte Plätzchen im Glas.

Daddy und die Ladenbesitzerin lachten und schienen die Szene so sehr zu genießen wie ich.

»Sie haben wirklich ein guterzogenes Töchterchen, Mister«, war der Kommentar der Frau.

Dad bezahlte das Plätzchen. Es war frisch und köstlich. Es sollte sich herausstellen, daß es das Beste am ganzen Ausflug war. Ich aß es so langsam wie möglich und ließ mir die knusprige Köstlichkeit auf der Zunge zergehen. Ich ahnte, was auf mich zukommen würde.

Wir mieteten eine rustikale Holzhütte mit einem einzigen quietschenden Bett, und ich versuchte an das wunderbare Plätzchen zu denken, als sich Dad im Dunkeln an mir vergriff.

Als ich versuchte, Widerstand zu leisten, griff er mein schmales Handgelenk und verdrehte meinen Arm so sehr, daß er mir fast den Ellbogen gebrochen hätte. Ganz leicht hatte er mich so in der Gewalt. Aber ich glaubte ihm, als er mir sagte, ich sei sein besonderes Mädchen und er liebe mich mehr als irgend etwas auf der Welt. Er tat mir weh, aber er beteuerte immer wieder, daß seine besondere Aufmerksamkeit nur die Folge seiner übergroßen Liebe für mich sei. Ich schob also meine ängstlichen Gefühle beiseite und dachte wieder an mein Haferflockenplätzchen.

Er brauchte mich nicht mehr zu warnen. Ich würde Daddy nie verraten. Ganz tief in meinem Inneren wußte ich, daß ich Mommy für immer verlieren würde, wenn ich ihr auch nur ein Sterbenswort darüber sagen würde. Sie würde verrückt werden. Diese Vorstellung beängstigte mich noch mehr als die schrecklichen Dinge, die Dad mir antat.

Wir machten danach noch viele Wochenendausflüge – nur wir beide ganz allein – aber an die Fahrt nach Big Bear erinnere ich mich am deutlichsten.

Jahre später, als ich um die Vierzig war, fuhr ich mit meinem Mann und unseren drei Kindern dort hoch zum Skifahren. Wir kamen an derselben Holzhütte vorbei. Die blitzartige Erinnerung an meinen Ausflug mit Dad drängte sich in mein Bewußtsein, und diese furchtbare Nacht war wieder da. Sie versetzte mich in Panik, machte mich atemlos, und ich roch den Duft des Haferflockenplätzchens, als wäre alles gestern passiert. Ich schnappte nach Luft, um mein Gleichgewicht wieder herzustellen. Mein Mann und meine Kinder durften nicht erfahren, daß etwas nicht in Ordnung war. Nein, ich würde nicht sprechen. Ich würde niemals sprechen.

Frühjahr 1950
Venice Beach

»Mommy, guck mal, was ich für dich habe.« Ich war furchtbar glücklich, als ich mit der großen roten, in Zeitungspapier eingeschlagenen Rose zur Haustür hineinhüpfte. Unsere Nachbarin hatte bemerkt, daß ich ihre Rosensträucher bewunderte und hatte die schönste Blume für mich abgeschnitten. Die sollte ich meiner Mutter mitbringen. Ich war so stolz. Ich wußte genau, Mom würde lächeln.

Aber niemand war zu Hause. Ärgerliche Stimmen kamen aus Bernies Wohnwagen und zerstörten meine glücklichen Vorstellungen.

»Wer hat dich geschwängert, du verdammte Hure?« Dads Stimme wurde immer lauter. »Ich weiß genau, du hast jedesmal draußen herumgemacht, sobald ich dir nur den Rücken zudrehte«, schrie er.

Ich rannte zum Wohnwagen und kam gerade rechtzeitig, um Bernies vor Angst verzerrtes Gesicht zu sehen. »Nein, nein, ich habe nichts gemacht, keiner«, war alles, was sie unter Schluchzen hervorbrachte.

»Lüg mich nicht an, du dumme Kuh. Es war der Rettungsschwimmer. Ich kenne dich, immer bist du mit diesen Muskelpaketen zusammen.« Er sah aus, als ob er sie schlagen wollte.

»Hör auf zu brüllen. Willst du, daß die ganze Welt es erfährt?« fiel Mom ein.

»Du hältst dich da raus, Cecelia. Das geht nur Bernie und mich was an. Sie wird an den Lügendetektor angeschlossen, verdammt. Ich weiß, daß sie mit anderen rumgemacht hat.«

Er ließ seine Wut wieder an Bernie aus, die sich aus Angst vor ihm duckte. »Entweder läßt du dich an den Lügendetektor anschließen, oder du wirst mich nie mehr wiedersehen. Ich werf dich auf die Straße. Dann kann sich dein Rettungsschwimmer um dich kümmern.«

Wenn sie mich gefragt hätten, hätte ich ihnen sagen können, daß Bernie mit Skip, unserem Rettungsschwimmer, der auf dem Turm in der Nähe unseres Hauses eingesetzt war, nur über die Strömung sprach. Das wußte ich genau, ich war ja immer dabei. Aber mich fragte ja keiner. Sie stritten alle drei weiter, bis Mom schließlich auf dem Absatz kehrtmachte und Bernies Wohnwagen verließ. Ich ging mit ihr.

»Ich weiß gar nicht, warum ich mich da einmische«,

murmelte sie vor sich hin. »Das geht mich eigentlich alles nichts an.«

Ich hatte keine Ahnung, was das bedeutete. Auf jeden Fall mußte der armen Bernie etwas Schreckliches zugestoßen sein. Mom schien darüber ganz furchtbar unglücklich zu sein. Ich stellte die Rose in ein mit Wasser gefülltes Glas für sie, und sie umarmte mich, aber sie lächelte nicht wirklich.

Später in der Nacht, als Mom annahm, daß wir schliefen, brachte sie das Gespräch wieder auf Bernie.

»Wer wird für deinen Bastard sorgen?« flüsterte sie Dad wütend zu. »Es reicht nicht, daß du deine Geliebte in der Auffahrt parkst und sie schwängerst, jetzt kannst du auch noch ein anderes Kind ernähren. Und womit bitte?«

Dad war es egal, ob wir schliefen oder nicht. »Ich hab dir schon mal gesagt, daß ich es nicht war. Bernie hat rumgebumst«, schrie er. »Und außerdem hat meine Familie Geld. Sie werden immer mit Geld rüberkommen.«

»Davon habe ich für deine richtige Familie nicht viel gesehen, um so weniger wird Bernies Baby etwas davon kriegen.«

Eine Minute lang war Dad ruhig.

Mom fuhr fort: »Sie kann das Baby nicht hierlassen, Ray, das geht einfach nicht. Jeder wird merken, daß du mit ihr ins Bett gehst.«

»Laß mich bloß in Ruhe, Cecelia. Ich mache was ich will mit Bernie, und du wirst mich nicht daran hindern. Und jetzt halt's Maul.«

Ich konnte nicht sagen, ob Mom weinte oder nicht. Meistens sah sie nur traurig aus, wenn Dad sie anschrie, unendlich traurig. Ich wünschte mir so sehr, daß sie sich wenigstens über die Rose gefreut hatte.

»Hör mal, Sandy! Da weint ein Baby.« Ich rüttelte ganz

aufgeregt an der Schulter meiner kleinen Schwester. »Hörst du es?«

Sandy war verwirrt und verdrehte die Augen. Sie lauschte aufmerksam.

»Da ist es wieder. Du kannst es auch hören. Streng dich nur ein bißchen mehr an.«

Ich war sicher, das schwache Weinen eines Babys durch den Lärm der vorbeirauschenden Autos auf dem Washington Boulevard zu hören.

Sandy und ich standen vor dem Krankenhaus, drückten uns gegen die Fensterscheiben und versuchten, uns unter dem vorstehenden Dach vor der Hitze zu schützen. Für einen Junitag war es unglaublich heiß. Wir durften das Krankenhaus nicht betreten, während Mom und Dad Bernie besuchten. So standen wir draußen vor dem Fenster und lehnten uns an die staubige Scheibe, in der Hoffnung, dahinter etwas zu erspähen. Ich konnte gerade ein paar Formen im Schatten ausmachen, aber nachdem meine Augen sich an das Halbdunkel gewöhnt hatten, war ich ziemlich sicher, vier Frauen in an der Wand aufgestellten Betten liegen zu sehen. Eine von ihnen winkte mir zu. Ich nahm an, es war Bernie. War es ihr Baby, das ich weinen hörte?

Sandy und ich spielten gerne mit Puppen, aber wir hatten noch nie ein richtiges Baby zum Spielen gehabt. Ich war so aufgeregt, daß ich nicht ruhigbleiben konnte. »Ein richtiges Baby, Sandy. Wir haben ein richtiges Baby!«

Als wir nach Hause kamen, holte ich meine Lieblingspuppe raus, gab ihr das Fläschchen und wechselte die Windeln, als sie sie wie auf Befehl naßgemacht hatte. Ich mußte so viel wie möglich üben, bis Bernies Baby nach Hause kommen würde. Ich hatte noch nie ein richtiges Baby in den Händen gehalten und konnte mir das Gefühl nur schwer vorstellen.

Ein paar Tage später fuhren Mom und Dad wieder ins Krankenhaus, um Bernie und ihr Baby abzuholen. Aber sie kamen nicht zu uns nach Hause – Dad hatte in einer Garage, gegenüber der Durchfahrt zu einer Nebenstraße, eine neue Wohnung für Bernie gefunden. Als wir hereinkamen, wirkte sie sehr klein, und ich bemerkte sofort, daß sie kein Badezimmer hatte. Eine weiße Porzellanpfanne stand hinter einem Vorhang und stellte Bernies Badezimmer dar. Ich fand das seltsam. Es gab auch kein Spülbecken, und das Wasser kam aus einem Schlauch im Hinterhof.

Bernie setzte sich mit dem Baby hin, und ich konnte es betrachten. Sie hatte braune Haare wie Bernie, ein faltiges rosafarbenes Gesicht und die kleinsten Hände, die ich jemals gesehen hatte.

»Wie heißt sie, Bernie?« flüsterte ich.

»Cee Cee. Das ist die Kurzform von Cecelia«, antwortete Bernie und lächelte ihre Tochter zärtlich an.

Darüber mußte ich eine Minute lang nachdenken. Ich fragte mich, warum Bernies Baby nach meiner Mom benannt war, aber ich beschloß, keine Fragen zu stellen. Ich war mir nicht ganz sicher, wie Beziehungen eigentlich funktionierten, aber in meinem tiefsten Inneren wußte ich, daß Cee Cee und ich eine Familie waren.

Cee Cee fing an zu schreien. Daß so ein kleines Mädchen so viel Lärm machen konnte! Mom nahm sie Bernie ab und wiegte sie sanft in ihren Armen, aber Cee Cee schrie einfach weiter.

Mom gab sie Bernie zurück, die nun auch versuchte, sie zu beruhigen.

»Komm, Donnie«, sagte Mom, nahm meine Hand und führte mich hinaus. »Laß uns ein paar Decken und Kleider für Cee Cee kaufen. Es sieht nicht so aus, als gäbe es hier irgend etwas für das arme kleine Baby.«

Mom war liebevoll und zärtlich zu Cee Cee, aber ihre Stimme war immer ärgerlich, wenn sie mit meinem Vater sprach. Innerhalb unserer Familie veränderte sich die Stimmung völlig. Die Beziehung zwischen Mom und Dad war abgekühlt. Die langen sonnigen Tage, an denen wir vier am Strand Steine über das Wasser hüpfen ließen, waren Vergangenheit.

Mom verbrachte immer weniger Zeit mit uns. Sie hatte jetzt einen Job auf einem Spielplatz und ging immer noch zum Gesangsunterricht. An einigen Abenden kam sie erst sehr spät nach Hause. Einmal hörten wir, wie sie Dad von ihrem neuen Freund erzählte, und ihm schien es egal zu sein. Manchmal tauschten sie nachts wie alte Freunde Geheimnisse aus, was im Gegensatz zu den heftigen Auseinandersetzungen stand, die sie tagsüber führten. Ich fühlte mich nicht wohl, war mir nicht sicher darüber, was in unserer Familie geschah, aber ich hütete mich davor, Fragen zu stellen.

Nicht lange nach Cee Cees Geburt nahm Dad mich beiseite und warnte mich in der mir mittlerweile vertrauten, ernsten Art: »Donnie, wenn dich irgend jemand nach diesem neuen Baby fragt, mußt du erzählen, daß ihr Name Cee Cee Davis ist und daß ihr Vater bei einem Unfall mit einem Taxi in Chicago ums Leben gekommen ist.«

Diese Rede war nicht einfach zu behalten, aber ich versuchte, mich an alle diese Wörter zu erinnern, wie man es uns in der Schule beigebracht hatte. Ich würde es schon schaffen.

»Du vergißt das besser nicht, Donnie.«

Ich nickte. »Okay.«

»Ich mache keine Scherze, Donnie. Wer ihr wirklicher Vater ist, ist ein Geheimnis. Du darfst niemandem die Wahrheit erzählen.«

Ich war mir über ihren wirklichen Vater gar nicht sicher, aber was ich verstand war, daß ich die Wahrheit nicht sagen durfte. Er konnte auf mich zählen. Ich würde schweigen wie ein Grab. Ich benahm mich immer wie ein liebes kleines Mädchen – ein liebes kleines Mädchen, dem Warzen auf den Händen wuchsen, das nachts mit den Zähnen knirschte und hin und wieder ins Bett machte.

Mit den Zähnen knirschte ich, wenn ich allein war, und auch beim Bettnässen war ich allein, so daß davon niemand etwas wissen konnte, aber mit den Warzen war es etwas anderes. Sie machten meine Hände so häßlich, und es war schwierig, sie zu verstecken. Ich fragte mich, wo diese Warzen wohl herkamen. Als ich jünger war, vor dem ersten Schuljahr, hatte ich keine gehabt. Bis zu dem Zeitpunkt, als Daddy anfing, mich am Morgen in die Schule zu fahren.

Februar 1951
Venice Beach

»Laß uns rein! Bitte laß uns rein. Wir benehmen uns auch wieder anständig.«

Sandy und ich zitterten am ganzen Leib und schrien laut, aber die Tür blieb verschlossen. Wir waren schon wieder ausgesperrt auf dem pechschwarzen Strand, allein mit der stürmischen Brandung und den gespenstischen Ölquellen.

Sie sahen aus wie eine Herde von Metalldinosauriern, die ihre Hälse im unheimlichen Licht des Neumondes auf- und abbewegten. Sie knirschten und ächzten – kuh plamp, kuh plamp –, als sie das dickflüssige, schlechtriechende Öl aus der Erde förderten.

Mir und meiner kleinen Schwester war die Nacht nicht fremd. Wir wurden oft zur Strafe ausgesperrt, weil wir zu laut waren oder zu angeregt spielten. Doch wir fürchteten uns immer vor den Geräuschen der Nacht.

Beängstigend war es auch, in Bernies neuer Wohnung auf Sandy und Cee Cee aufpassen zu müssen. Ich mußte häufig den Babysitter spielen, wenn mein Dad mit Bernie ausging. Sie war in ein anderes Apartment gezogen, als Cee Cee sieben Monate alt war. Tagsüber gefiel es mir dort sehr. Es gab einen Ofen, einen kleinen Hof und sogar ein richtiges Badezimmer. Die Familie nebenan hatte zwölf Kinder, mit denen wir spielen konnten, und wir amüsierten uns großartig miteinander. Sie waren arm, aber in ihrer Wohnung wurde immer viel gelacht, und es roch nach selbstgebackenem Brot. Wenn ich aber nach Einbruch der Dunkelheit Angst bekam, dachte ich nie daran, an ihre Türe zu klopfen und um Hilfe zu bitten.

Ich war besorgt um Cee Cees weichen kleinen Kopf und bemühte mich sehr, sie ganz vorsichtig zu behandeln. Sie war ein süßes Baby, und ich konnte nicht genug davon kriegen, sie zu drücken und mit ihr zu spielen. Aber ich hatte auch immer Angst, ihr wehzutun und fürchtete außerdem, ihr Fläschchen nicht richtig zuzubereiten. Allein das Gas anzuzünden war schon gefährlich – wenn es mir nicht gelang, das Streichholz blitzschnell anzumachen, bestand die Gefahr einer Explosion. Und ich wollte die Milch auch nicht zu heiß machen und ihr damit das Mündchen verbrennen.

Normalerweise kam Sandy mit, wenn ich Cee Cee hütete. Wenn Bernie und Dad lange wegblieben, ängstigten wir uns vor jedem Geräusch, das von draußen kam. Nachdem ich Cee Cee in ihr Bettchen gelegt hatte, bat ich Sandy, ganz still zu sein und schlich mich auf Zehenspitzen zur Tür. Ich mußte sichergehen, daß sie auch wirklich verriegelt war. Schließlich schliefen Sandy und ich eng umschlungen in einem großen Stuhl ein, nachdem wir noch lange angestrengt den seltsamen Geräuschen der Ölbrunnen und des Windes gelauscht hatten, der draußen durch die Palmen rauschte.

Wir verbrachten viel Zeit in Bernies Apartment. Wir waren immer dort, wenn Mommy zu tun hatte – und sie war ständig beschäftigt. Wenn sie nicht arbeitete, übte sie für den Gesangsunterricht an der Oper. Samstags, wenn sie zu Hause war, hatte sie immer ein riesiges Wörterbuch auf ihrem Zwerchfell plaziert, um auf dem Boden liegend Tonleitern zu üben.

»Mai, mi, mau, mu-u-u-u-u«, sang Mom lauthals, wobei sie die Töne so lang wie möglich hielt, um ihre Bauchmuskeln zu stärken.

»Mai, mi, mau, mu«, echoten Sandy und ich, während wir kichernd durchs Haus liefen.

»Schluß jetzt mit dem Lärm«, rief Dad. »Ihr Mädchen haut jetzt mal schön hier ab und geht draußen spielen. Laßt eure Mutter gefälligst in Ruhe.«

Wir hatten uns daran gewöhnt, daß Mom nicht gestört werden durfte und liefen in die Auffahrt, wo ein großartiger Chevrolet aus dem Jahre 1936 stand, den meine Eltern gerade restaurierten. Mom hatte ihn in sorgfältiger Handarbeit frisch lackiert. Er hatte vier Türen mit Zentralverriegelung und eignete sich perfekt zum Spielen.

Sandy und ich versteckten uns vor den Angriffen der Indianerhorden auf der Rückbank. Als die Desperados und Indianer sich von der nächstgelegenen Ölquelle aus an uns heranpirschten, waren wir furchtbar aufgeregt.

»Sie kommen. Vorsicht!« brüllte ich.

»In Deckung«, quiekte Sandy und knallte die Wagentür zu, um die Angreifer auszusperren.

Als wir uns so richtig in Rage gespielt hatten, knallten wir nur noch ununterbrochen mit den Autotüren, und am Abend dieses Tages war es uns beiden gelungen, unsere Zeigefinger zu brechen.

Mom war außer sich. Sie konnte nicht glauben, daß wir so dumm gewesen waren. Meine Schwester und ich gaben diesem besonders rauhen Tag die Schuld, aber

Mom schüttelte den Kopf, während sie unsere gebrochenen Finger wieder zu richten versuchte. Unsere seltsam gekrümmten Finger waren noch jahrelang Zeugen dieses heftigen Indianerüberfalls.

Jahrzehnte später verlangte Sandy von Mom eine Erklärung dafür, daß sie uns damals so gefährliche Spiele spielen ließ. Sie wollte wissen, warum unsere Finger nicht von einem Arzt behandelt worden waren. Ich hatte darüber nie weiter nachgedacht. Vielleicht, weil ich von niemandem viel erwartete.

Normalerweise achtete ich darauf, ein braves Mädchen zu sein. Aber manchmal spielten Sandy und ich gefährliche Spiele, besonders, seitdem sie nachmittags in den Nightingale-Kindergarten ging und wir die Stunden danach immer noch zusammen verbrachten. Ich bin mir nicht ganz klar darüber, warum ich so waghalsig sein mußte. Vielleicht mußte ich an meine Grenzen gehen, weil ich extrem wenig Kontrolle über meinen eigenen Körper besaß. Nur so bekam ich das Gefühl, über mich selbst verfügen zu können.

In den Jahren, als Mom die Leitung des Spielplatzes übernommen hatte, gingen Sandy und ich regelmäßig nach der Schule durch Venice Beach zu ihrem Arbeitsplatz. Hüpfend liefen wir über die grasbewachsenen Bürgersteige der Windward Avenue, wo hochherrschaftliche Häuser mit einst majestätischen Säulengängen ihrem allmählichen Verfall preisgegeben waren. Sie dienten jetzt als Heimstätte für Alkoholiker, Obdachlose und andere bizarre Außenseiter der Gesellschaft.

Jeder, dem wir auf unserem Weg begegneten, kannte uns. Zwei kleine Mädchen, die, einander an den Händen haltend, auf dem Weg zum sicheren Spielplatz waren, wo ihre Mutter arbeitete. Wir sprachen nie mit Fremden, auch wenn sie uns ansprachen. Wir waren immer vor bösen Männern gewarnt worden, die kleine Mädchen mit Süßigkeiten in ihre Autos lockten, und diese Warnungen nahmen wir sehr ernst. Ich wollte weder zu Hause angebrüllt noch ausgesperrt werden, und erst recht wollte ich nicht, daß der kleinen Sandy etwas Schlimmes zustieß.

Mom wartete immer am Eingang des Spielplatzes auf uns, der dem verrottenden alten Pier von Venice Beach genau gegenüberlag. Aber sobald wir angekommen waren, konnte sie sich nicht weiter um uns kümmern. Ihr Vorgesetzter hätte sich sonst darüber aufgeregt, daß ihre Kinder auf dem Spielplatz rumliefen. Wir taten also so, als seien wir nicht ihre Töchter. Wir waren einfach unsichtbar.

Eines Tages hatte ich allerdings eine ganz wichtige Frage. Ich schlich zum Büro hinüber und starrte dort auf den Boden. Ich wartete darauf, daß Mom einen Augenblick Zeit finden würde. Der rote Zement des Spielplatzes war von einer feinen weißen Sandschicht bedeckt. Ich versuchte, still zu bleiben, aber ich hielt es nicht mehr länger aus.

»Mommy, welche Religion habe ich? Das große Mädchen da drüben an der Schaukel möchte das wissen.«

»Du bist evangelisch, Donnie«, antwortete sie sachlich. Das sagte mir gar nichts, aber immerhin gehörte ich jetzt auch einer bestimmten Kategorie an.

Eines Tages schlichen Sandy und ich zusammen mit Elsa, einem elfjährigen Mädchen, das oft mit ihrem kleinen braunen Dackel Hans auf den Spielplatz kam, aus dem eingezäunten Hof heimlich davon. Wir stürzten an den Schildern mit der Aufschrift »Betreten verboten« vorbei und schlüpften durch den mit Brettern vernagelten Eingang zum Pier, der seit langem aus Sicherheitsgründen für Besucher geschlossen war. Elsa nahm ihren Hund auf den Arm und rannte auf die Landebrücke hinaus, den engen Steg entlang, der sich zwischen dem alten, arkadengeschmückten Gebäude und der tief unten tobenden Brandung hinzog.

»Komm schon, Donna. Das macht richtig Spaß hier!« forderte sie mich auf.

Ich hatte Angst. »Das geht doch viel zu tief runter. Ich hab' Angst«, brüllte ich ihr zu. Sie war schon weit vor uns, und ich sah, wie der arme kleine Hans in ihren Armen zitterte.

»Angsthase, Angsthase«, rief sie spöttisch zurück.

Sandy stand ohne ein Wort zu sagen neben mir. Ich schaute auf die Brandung, die unter mir tobte. Ich konnte den weißen Schaum der Wellen zwischen den rauhen Holzbrettern der wackeligen Landebrücke sehen, die unter dem Ansturm der Wellen erbebte.

»Es gibt kein Geländer. Was mache ich, wenn ich falle?« schrie ich in den Winternachmittag.

»Paß einfach auf, du dummes Huhn.«

Ich holte tief Luft und betrat die splittrigen, schmalen Holzbretter. Behutsam setzte ich einen Fuß vor den anderen und arbeitete mich mit kleinen Schritten an dem Gebäude entlang. Ich brauchte eine Ewigkeit. Einmal schaute ich hoch, um Elsa zu sehen. Aber das war ein Fehler. Sie sah böse aus, so als hoffe sie, ich möge ins Meer fallen und von ihm verschlungen werden. Mein Herz klopfte immer heftiger, aber nun konnte ich nicht mehr zurück. Ich beschleunigte meine Schritte, überwand die letzten Meter schnell. Ich hatte es geschafft!

Ich schaute zurück zu meiner kleinen Schwester und rief: »Versuch das bloß nicht, Sandy! Komm nicht hier heraus.«

Ich weiß nicht, ob sie mich bei der Lautstärke des Windes und der Brandung hören konnte, aber ich sah ihrem entsetzten Gesicht an, daß sie es auf keinen Fall versuchen würde.

Elsas kleiner Dackel zitterte. Er schien zu verstehen, daß ein Fehltritt unseren Tod bedeuten konnte. Ohne ein Wort an Elsa zu richten nahm ich allen Mut zusammen und machte mich auf den Rückweg. Während der Wind mir um die Ohren fegte, setzte ich vorsichtig einen Fuß vor den anderen und brachte mich so Schritt für Schritt in Sicherheit.

Endlich war ich wieder an der Seite meiner Schwester. Wir waren beide wie versteinert. Wir starrten auf das große Mädchen, das sich, ihren kleinen Hund fest umschlungen haltend, ebenfalls auf den Weg in die Sicherheit gemacht hatte. Sie höhnte nun nicht mehr, sondern war mindestens so verängstigt wie wir. Schließlich erreichte auch sie das sichere Ende des Piers, und alle vier rannten wir zurück auf den Spielplatz, wo wir endlich wieder sicheren Boden unter den Füßen hatten. Wir schworen uns, uns dort nicht wieder hinzuwagen. Mit Elsa spielten wir nie mehr, und kein Mensch erfuhr jemals, was wir erlebt hatten.

Nach diesem Ereignis saß ich monatelang auf der Schaukel und starrte auf diesen kleinen, engen Steg hinaus. Im Jahr darauf ließ die Stadt die gefährliche Landebrücke abreißen, aber ich sollte sie und unseren todesmutigen Ausflug nie vergessen. Ich fragte mich immer, was mich wohl bewogen haben mochte, ein solches Risiko einzugehen.

Sommer 1952
Culver City, Kalifornien

»Los, komm, Donnie, ich will dir unser neues Haus zeigen.« Dad strahlte. »Es wird dir gut gefallen, Schatz. Es ist richtig schön. Und viel sonniger als am Strand.«

Wir stiegen ins Auto und zitterten ein wenig, als wir

durch den kühlen Nebel fuhren, der im Juni über der Küste liegt. Nach ein paar Kilometern ließen wir den Nebel hinter uns und fuhren weiter im blassen Sonnenlicht des späten Nachmittags. Schließlich erreichten wir das kleine, stuckverzierte Holzhaus in Culver City.

Ich war so aufgeregt, daß ich kaum erwarten konnte, es von innen zu sehen. Ich hatte mein kleines Schönheitsset aus Plastik mitgebracht, obwohl unsere Möbel erst am nächsten Tag geliefert werden sollten. Den kleinen Kamm, die Bürste und den Spiegel hatte ich von meinem eigenen Geld gekauft, um etwas ganz Besonderes in meinem neuen Schlafzimmer zu haben.

Ich hüpfte den Weg entlang über die kleine grüne Rasenfläche und sprang herum, als Dad die Tür aufschloß. Ich wollte sofort durch das ganze Haus laufen, aber Dad verbot es mir.

»In einer Minute kannst du dir alles ansehen«, sagte er mit dieser mir so bekannten, drohenden Stimme.

»Daddy, ich will alles sehen.« Ich fühlte mich elend, ich wußte, was auf mich zukam.

»Bitte, Daddy«, bettelte ich.

Aber er ignorierte meine Bitten einfach und führte mich in das gemeinsame Schlafzimmer meiner Eltern. Ich mußte mich hinknien und vorbeugen, so daß ich auf allen Vieren hockte. Dabei steckte mein Kopf im Kleiderschrank.

»Halt still«, befahl er.

Ich war an dieses »Halt still« nur zu gut gewöhnt. Das sagte er immer zu mir, seit meinem ersten Schultag, an dem wir Verstecken gespielt hatten.

Ich hielt meine Haarbürste fest umklammert, während er seine Finger in mein Höschen schob. Ich betete, es möge schnell vorbeigehen. Ich hatte mich darin trainiert, mich auf etwas völlig anderes zu konzentrieren, wenn Daddy mit seiner freien Hand das mit sich machte, was er immer tat. Diesmal dachte ich an das neue Haus.

Später zeigte Dad mir alle Zimmer.

Obwohl meine freudige Erwartung nach der Haltstill-Episode gedämpft war, war ich doch überwältigt von meinem Rundgang durch das Haus. Es hatte so viel Ähnlichkeit mit den Wohnungen anderer Kinder. Im dämmrigen Licht konnte ich ein richtiges Badezimmer erkennen, echte Kleiderschränke und ein eigenes Zimmer nur für Sandy und mich.

Ich war neun Jahre alt, und es sah zum ersten Mal danach aus, als ob mein Leben normal werden würde – zumindest nach außen hin. Unter der Oberfläche fühlte ich mich alles andere als normal. Aber ich war gut darin geworden, mich zu verstellen. Ich handelte so, als fühlte ich mich nicht schmutzig, ich gab vor, nicht gebrandmarkt zu sein. Verstellung war meine Hauptverteidigungsstrategie. Was hätte ich sonst tun sollen?

September 1952
Culver City

Ich war jetzt neun Jahre alt und konnte es kaum erwarten, ins vierte Schuljahr zu kommen. Ich war überrascht, daß unser Lehrer ein Mann war. Er hieß Mr. Good. Da ich ihn nicht so recht einschätzen konnte, begann ich das Schuljahr auf der letzten Bank, wobei ich immer ostentativ das alte Tintenfaß anstarrte. Aber es stellte sich heraus, daß Mr. Good seinem Namen gerecht wurde, und ich begann sehr schnell, mich wohlzufühlen.

Als wir uns in der Schule über die Sommerferien unterhielten, erzählten einige der Kinder von den Ausflügen, die sie unternommen hatten. Ich hatte keine Lust, irgendwas über meine Tagesausflüge mit Dad zu erzählen, und sprach daher über unseren Umzug vom Strand in das neue Haus in Culver City.

Als ein Rotschopf namens Leanne aufstand und über die neue Zehn-Meter-Segeljacht ihrer Eltern, die Sea Gypsy, erzählte, fand ich, sie sei das schönste Mädchen, das ich jemals gesehen hatte. Ihre Haut war von Sommersprossen übersät, und sie hatte einen langen Pferdeschwanz mit drei Ringellöckchen. Ich wünschte mir, ich könnte so sein wie sie: schön, voller Sommersprossen, rothaarig, süß und selbstsicher. Vor allem wünschte ich mir so sehr, ihre Freundin zu sein.

Nicht lange danach wurden wir tatsächlich Freundinnen. Leanne wohnte direkt gegenüber unserer Schule und lud mich jedesmal nach dem Unterricht zu sich nach Hause ein. Ich werde nie vergessen, wie ich das erste Mal ihr Haus betrat. Es war so sauber wie bei meinen Großeltern und roch nach Möbelpolitur. Ihre Mutter war immer glücklich, wenn sie uns sah. Sie lächelte dann, lachte mit uns und unterbrach ihre Hausarbeit, um uns Plätzchen und Milch zu bringen. So benahmen sich also die Mütter anderer Kinder!

Ich merkte mir immer alles, wenn ich bei Leanne war. Vor Leannes Bett stapelte sich die saubere, ordentlich gefaltete Wäsche, in der Küche blinkten die Küchenschränke, nirgendwo war ein Körnchen Staub zu sehen, und die Spielsachen waren alle ordentlich weggeräumt. Als Leanne und ihre Mutter mich mit zum Einkaufen in ein Kaufhaus nahmen, war ich wirklich beeindruckt. Ich war immer ganz allein mit dem Bus zu W. T. Grant's Billig-Warenhaus gefahren, wenn ich etwas Neues zum Anziehen brauchte.

Die Freundschaft mit Leanne war die glücklichste Erfahrung meiner Kindheit. Ich liebte sie und fühlte mich sicher in ihrem Haus. Fast täglich war ich bei ihr, und wir vergnügten uns großartig beim Kartenspielen mit den

Baseballkarten ihres Bruders oder kicherten einfach nur wie verrückt über die witzigen Sachen, die in der Schule passierten. Alle anderen Kinder dachten, wir seien albern. Wir lachten immer so lange, bis wir Seitenstiche bekamen.

In diesem Jahr verschwanden meine Warzen. Ich hatte gelesen, daß Warzen psychosomatische Gründe haben können und weiß heute nicht genau, ob ich das damals schon richtig verstehen konnte. Aber die Freundschaft mit Leanne brachte so viel Glück in mein Leben, daß die Warzen plötzlich verschwanden.

Schließlich mußte ich Leanne doch auch zu uns nach Hause einladen, nachdem ich es so lange wie möglich hinausgezögert hatte. Am Tag bevor sie kam, arbeitete ich wie besessen. Ich harkte die Blätter im Hinterhof zusammen, kehrte den Staub und Hunderte von Bonbonpapierchen unter dem Doppelbett in Sandys und meinem Schlafzimmer hervor. Welche Unordnung! Vor Schulbeginn war ich schon fleißig damit beschäftigt, alle Betten zu machen und Staub zu wischen. Ich füllte eine Waschmaschine, faltete einige meiner Kleidungsstücke zusammen und stapelte sie am Fußende meines Bettes. Ich wollte unbedingt, daß Leanne den Eindruck bekam, meine Mutter kümmere sich so um uns wie ihre.

Ich hatte bei Leanne zu Hause so viel darüber gelernt, wie es in normalen Haushalten zuging, daß es mir jetzt leichter fiel, so zu tun, als sei unsere Familie wie die von Leanne. Das war für mich zu einer Notwendigkeit geworden. Im Eßsaal der Schule tat ich immer so, als wüßte ich nicht, was wohl heute in meinem in braunes Papier eingeschlagenen Lunchpaket sein würde. Natürlich wußte ich es ganz genau – immer war ein Mortadella-Sandwich und ein Apfel drin. Ich machte mir mein Lunchpaket jeden Morgen selbst und fand eigentlich nichts dabei.

Es dauerte nur eine Minute. Aber ich war neidisch auf die Kinder, die jemanden hatten, der das Mittagessen für sie machte. Und das Frühstück.

In diesem wunderbaren Jahr, in dem ich die vierte Klasse besuchte, schloß ich viele Freundschaften, und bald wurde ich von einigen Mädchen aufgefordert, ihrer Brownie-Truppe beizutreten. Es war aufregend, sich vorzustellen, das süße Kostüm der Brownies zu tragen und an den regelmäßigen Gruppentreffen teilzunehmen, und ich bat meine Mutter inständig, sofort die Gruppenleiterin anzurufen.

Als die Gruppenleiterin der Brownies meiner Mutter erklärte, daß jedes Mädchen einmal Gastgeberin bei einem Gruppentreffen sein müßte und daß auch die Mutter dabei zu sein hätte, sah meine Mutter ganz geknickt aus. Sie hatte ihre Stelle auf dem Spielplatz noch und konnte unmöglich gleichzeitig zu Hause ein Brownie-Treffen durchführen. In den fünfziger Jahren waren arbeitende Mütter in Amerika noch etwas sehr Ungewöhnliches. Die Mütter, die dennoch arbeiteten, wurden von oben herab betrachtet, und ihre Kinder waren oft von allen Aktivitäten ausgeschlossen.

»Donnie, meine Süße, das tut mir so leid.«

»Ich weiß, Mom. Es ist schon in Ordnung«. Es war schwer, aber ich wußte, Mom litt so sehr wie ich darunter, und ich versuchte daher, tapfer zu sein.

»Schatz«, fuhr sie fort, »du hast in den letzten Wochen von nichts anderem als den Brownies gesprochen. Aber ich werde das wiedergutmachen. Wir machen was Schönes zusammen. Du wirst dabei sein, wenn ich im nächsten Sommer Bastelunterricht gebe. Die Damen sind sicher begeistert von dir. Wir werden diese Stoffblumen machen, die du so liebst. Das gefällt dir doch, nicht wahr, mein Schatz?«

Ich wollte nicht, daß es Mommy für mich so leid tat.

Es war schließlich nicht ihre Schuld, wenn sie zum Lebensunterhalt unserer Familie beitragen mußte.

»Mach dir über die Brownies nicht so viel Sorgen, Mom. Die Mädchen sind schließlich immer noch meine Freunde. Ich sehe sie täglich in der Schule. Leanne hat auch so noch Zeit genug zum Spielen.«

Ich verstand, warum ich nicht bei den Brownies mitmachen konnte. Ich hatte diese Dinge immer verstanden und tat so, als fühlte ich mich trotzdem wohl. Ich wußte ja, daß ich anders als die anderen Kinder war, aber ich war mir nicht immer so sicher, warum eigentlich. Obwohl ich ein bißchen verwirrt war, beklagte ich mich nie, nicht mal donnerstags, wenn die Brownies zusammenkamen. Die Mädchen kamen dann in ihren Uniformen in die Schule und gingen ohne mich zu ihren Treffen. Ich hätte so gern zu dieser Gruppe gehört. Besonders dann, wenn die Brownies ihre monatliche Pyjamaparty in der Wohnung eines der Mädchen feierten. Ich hörte zu, wenn sie in lebhaften Einzelheiten den Ablauf des Festes und ihre verrückten Einfälle schilderten. Ich verhielt mich so, als sei ich begeistert und lachte über ihre Streiche, aber in meinem tiefsten Innern, dort, wo sich die Wahrheit versteckte, litt ich schreckliche Qualen.

Sommer 1953
Culver City

Wir waren froh, als es Sommer wurde, und strömten aus der Klasse direkt in die Ferien, die lange Nachmittage am Strand versprachen. Aber in diesem Sommer, zwischen dem vierten und dem fünften Schuljahr, geschah etwas, das meiner Seele einen Schock versetzte und Schatten über den Glanz meines Lebens warf.

Es begann mit einem zweitägigen Ausflug zum Fischen. Ich fuhr mit Dad nördlich von Malibu die Küste hinaus nach Sycamore Cove, wo es einen hübschen Steg zum Angeln gab.

Es begann ziemlich gut. Ich konnte schon recht gut fischen und fing fünf Fische auf einmal an einer Angel mit mehreren Haken. Fünf dicke Fische auf einen Schlag machten mich ganz schön stolz, und Dad brüllte aufgeregt herum, so daß alle anderen Angler auf dem Pier ihn hören konnten. Ich glaube, ich war das einzige Mädchen dort und hatte meine Qualität als Anglerin bewiesen. Ich zog sogar einen Hai an Land, was für eine Neunjährige eine ziemliche Leistung war.

Später machten wir ein Lagerfeuer und aßen Hot Dogs. Die Fische hatten wir ins Meer zurückgeworfen. In dieser Nacht war der Pazifik wunderbar, und die Sterne waren schon über unseren Köpfen zu sehen, noch bevor die Sonne in den lavendelfarbenen Wellen untergegangen war. Als wir so dasaßen und beobachteten, wie es dunkel wurde, rückte Dad näher an mich heran und nahm mein Gesicht in seine Hände. Er schaute mir in die Augen und lächelte mild.

»Du bist mein ganz besonderes Mädchen«, flüsterte er und liebkoste mich mit seinem Gesicht. »Ich liebe dich mehr als sonstwas auf der Welt.«

Ich wußte schon, was jetzt wieder kommen würde. Er würde von mir verlangen, mich vorzubeugen und für ihn stillzuhalten. Ich ließ meinen Blick über den Strand schweifen, um sicher zu gehen, daß uns auch niemand sehen konnte. Ich wollte nicht, daß irgend jemand erfuhr, auf welche Art er mich berührte.

Aber diesmal hatte ich mich getäuscht. Er wollte etwas ganz anderes.

In dieser Nacht zog er mich stärker als jemals zuvor an sich heran. Er trug seine Badehose, und ich konnte den Schweiß in den Haaren auf seiner Brust riechen.

Tief in der Nacht, nachdem ich längst in meinem Bett eingeschlafen war, weckte Dad mich auf. Er war nackt, was für mich nichts Ungewohntes war, aber diesmal war er anders. Er schob mein Nachthemd hoch, legte sich neben mich und begann, mich zu berühren. Ich hielt den Atem an und versuchte, mich schlafend zu stellen, aber er machte unentwegt weiter. Dann rollte er sich auf mich, lag mit seinem riesigen nackten Körper direkt auf meinem kleinen Körperchen. Ich geriet in Panik, als er anfing, immer schneller zu atmen, aber ich schrie immer noch nicht. Was er tat, schmerzte ganz fürchterlich zwischen meinen Beinen. Es schien nicht enden zu wollen, aber schließlich hatte er es doch geschafft.

»Du bist jetzt eine richtige Frau, Donnie«, seufzte er.

Aber das war ich nicht. Nicht im geringsten. Ich war eine verschreckte Neunjährige, die gerade von ihrem eigenen Vater vergewaltigt worden war, zu verängstigt, um um Hilfe zu schreien. Wenn ich das versucht hätte, wäre er wild geworden, hätte meine Handgelenke nach hinten verdreht und mir so die Ellbogen gebrochen, er hätte mich angebrüllt und mich wütend angestiert, bis meine Seele zu Eis geworden wäre. Er hätte mich auf den Strand hinausgeworfen und mich nie wieder ins Haus gelassen. Wenn ich versucht hätte, mich zu verteidigen, wäre keine Strafe schrecklich genug gewesen. Und außerdem hätte es überhaupt nichts genützt. Niemand war da, mir zu helfen.

Danach lag ich da, von Schmerz und Schrecken wie gelähmt. Mein Vater kehrte in sein Bett zurück, als sei nichts geschehen. Ich war so wund, daß ich mehrere Tage lang nur mit Schwierigkeiten laufen konnte. Bedeutete das, eine richtige Frau zu sein?

Darüber dachte ich den ganzen Sommer lang nach. Während Leanne und meine anderen Klassenkameradinnen sich darüber unterhielten, die Brownies zu verlassen und zu den Pfadfindern überzuwechseln, wurde es für mich immer schwieriger, meine Zeit mit ihnen zu verbringen. Meine Gedanken schienen festgefahren – sie drehten sich nur noch um die Qual und die Erniedrigung, die der Preis dafür waren, eine richtige Frau geworden zu sein.

Daddy war den ganzen Sommer lang hinter mir her. Er machte es mir unmöglich, zu vergessen.

Als es September wurde und ich wieder in die Schule mußte, wollte ich nicht mehr hin. Ich wollte den anderen Kindern nicht gegenübertreten, wollte nicht, daß sie mich sähen, mir ins Gesicht schauten. Ich war sicher, jemand würde mir in die Augen sehen und entdecken, daß ich nun eine richtige Frau war. Ich dachte, sterben zu müssen, wenn jemand davon erfahren würde.

September 1953
Culver City

»Verarsch mich nicht, Donnie«, schrie Dad mich an. Sein Gesicht war aschfahl vor Wut. »Du gehst jetzt und arbeitest weiter an dem Auto.«

»Ich will aber nicht. Das ist eine Arbeit für Jungen«, schrie ich zurück.

»Wag es bloß nicht, mir zu widersprechen, verdammt. Aus dir wird nicht so eine Mieze, so ein hilfloser Nichtsnutz, der einen Vergaser nicht von einer Kommode unterscheiden kann.«

Wie immer hatte Dad das letzte Wort, und ich ging zurück unter die Motorhaube.

Dad hatte für mich einen alten Hudson gekauft, der einen neuen Motor brauchte. Er hatte beschlossen, daß es jetzt für mich nicht nur Zeit geworden war, eine richtige Frau zu sein, sondern auch zu lernen, wie man ein Auto zusammensetzt. Wenn meine Freunde aus dem fünften Schuljahr sich bisher immer nur über meine etwas seltsame Familie gewundert hatten, so konnten sie jetzt sicher sein, daß bei uns etwas nicht ganz stimmte. Denn wer hatte jemals davon gehört, daß ein kleines Mädchen eine alte Kiste zu ihrem zehnten Geburtstag geschenkt bekommt?

Dads Vorstellung war, daß ich den Motor nach der Schule und an den Wochenenden auseinandernehmen sollte, und genau das tat ich während des fünften Schuljahres. Dad hielt unerbittlich daran fest, daß ich die Prinzipien des Verbrennungsmotors verstehen lernen sollte. Ich sollte außerdem in der Lage sein, einen Motor zu reparieren. Ich haßte es, an diesem Auto zu arbeiten. Ich wollte viel lieber Fahrrad fahren oder mich am Telefon mit Leanne über Büstenhalter oder Lippenstifte unterhalten, oder Krimis von Nancy Drew lesen. Aber ich hatte Angst davor, mich gegen die Wünsche meines Vaters aufzulehnen, und so arbeitete ich am Hudson.

Ich fehlte häufiger in der Schule als sonst eine Schülerin der fünften Klasse. Es war mir egal. Leanne war in diesem Schuljahr in einer anderen Klasse, so daß ich sie tagsüber sowieso nicht sehen konnte. Erstaunlicherweise sagten meine Eltern, es sei meine Entscheidung, in die Schule zu gehen oder nicht. Meine neue Lehrerin, Mrs. Ferguson, machte mich so gnadenlos lächerlich wegen meiner Zerstreutheit, daß ich es vorzog, zu Hause zu bleiben. Außerdem war es leichter, den anderen Kindern aus dem Weg zu gehen, anstatt mich vor ihnen wegen des alten Autos zu verteidigen.

Außer dem Hudson besaß ich noch eine neue, rosafarbene Nähmaschine, die Dad mir in einem Pfandhaus gekauft hatte. Es machte mir Spaß, mir Röcke und Kleider zu nähen. Auch für Cee Cee nähte ich hin und wieder etwas, weil Bernie es nicht konnte und die arme Dreijährige in Lumpen herumlaufen ließ. Mom unterrichtete mich regelmäßig im Nähen, und ich war stolz darauf, einen wunderschön gerafften Baumwollrock nähen zu können. Insgeheim träumte ich davon, daß Mommy mir auch mal etwas Hübsches schneidern würde. Sie hatte aber zuviel damit zu tun, ihre eigenen Kostüme für die Oper und Kleidchen für Sandy zu machen, die noch zu klein war, irgend etwas selbst zu nähen.

So seltsam es bei uns zu Hause auch zugehen mochte – es gab durchaus auch gute Tage. Manche Verrücktheiten zahlten sich sogar aus. Zum Beispiel war der Hudson ein Erfolg. Dad und ich verkauften ihn am Ende des Schuljahres, und ich durfte das Geld behalten. Dad wollte, daß ich den Wert des Geldes verstehen lernte und wie man es verdienen konnte. Die Botschaft hatte ich verstanden – und das Geld bekommen, aber ich haßte es fast ebensosehr, an diesem Auto zu arbeiten und wie ein Junge behandelt zu werden, wie ich es haßte, eine richtige Frau zu sein.

Mutter machte Fortschritte mit ihrer Opernkarriere und bekam die Stelle als erster Sopran an der Civic-Light-Opera-Association von Santa Monica. Manchmal hatte auch Dad eine Gesangsrolle dort, und oft waren Sandy und ich als »Speerträger« auf der Bühne. Unsere kleinen stummen Rollen gefielen uns. Mom sang die Gilda in Verdis *Rigoletto* und war die Musetta in *La Bohème.* Sie sang wie ein Engel.

Es war überwältigend, in der Oper zu sein, besonders, wenn Mom in den tragischen Opern auf der Bühne sterben mußte. Am schlimmsten war die leidenschaftliche Todesszene im *Rigoletto* mit ihren schmetternden Zimbeln und klagenden Violinen, hinter denen sie schon mal ein hohes C der schwierigen Arie verstecken konnte. Es war ein solch intensives Erlebnis, als sie mit ihrem letzten Atemzug ihre letzte Note sang.

Sie sah so wunderbar aus unter der Jupiterlampe, strahlend in ihrem üppigen brokatgeschmückten Gewand aus Satin, mit ihrer überwältigenden blonden Schönheit die gierenden Horden blendend. Sie war ein Star!

Nach einer unendlichen Zahl von Vorhängen und Hunderten von langstieligen roten Rosen hielten Sandy und ich uns in ihrem Umkleideraum auf, während sie sich abschminkte. Ihre Freunde von der Oper wirbelten um sie herum, ganz in ihr Talent verliebt und mit der Hoffnung, etwas von Moms Glanz möge sich auf sie übertragen. Einige von ihnen waren alternde Operngroupies. Manchmal ließen sie ihre Begeisterung auch an den zwei kleinen Töchtern aus, die ganz still im Schatten standen. Sie kniffen uns in die Wangen und gackerten anerkennend über uns, aber keine nahm sich je die Zeit, uns wirklich kennenzulernen.

Abgesehen davon, daß ich im fünften Schuljahr eine Opernstatistin, eine Automechanikerin und eine richtige Frau geworden war, wurde ich jetzt auch noch zu einer begeisterten Schwimmerin.

Mein Vater kaufte einen nagelneuen, vier Meter langen Wohnwagen für unsere Familie, den wir im Winter auf einem Campingplatz für Wohnwagen in der Nähe von Palm Springs stehen hatten. Hier perfektionierte ich meine Schwimmkünste im beheizten Pool.

Verglichen mit dem Rest meines Lebens war die Zeit in der Wüste wunderbar. Es schien so, als verstünden meine Eltern sich hier besser, und das machte mich glücklich. Trotzdem war ich noch beunruhigt bei dem Gedanken, daß sie sich möglicherweise scheiden lassen würden. Vor einigen Jahren mußte Daddy mir nach einer ihrer häßlichsten Auseinandersetzungen versprechen, daß er sich niemals von Mom würde scheiden lassen. Er kuschelte sich an mich und versprach: »Donnie, ich werde deine Mutter nie verlassen, und ganz bestimmt werde ich dich nie verlassen.« Ich wußte, daß er mich niemals verlassen würde.

Als ich in der dritten Klasse war, hatten sie sich einmal für kurze Zeit getrennt. Dad hatte ein Apartment gemietet, war mit mir dort eingezogen und nannte mich »die Dame des Hauses«. Ich haßte das. Es war so schwierig, das Abendessen zu kochen, und ich vermißte Mommy und Sandy. Ich war sehr erleichtert, als meine Eltern wieder zusammenzogen und glücklich zu sein schienen.

Auf unserem Rückweg von diesen idyllischen Wochenenden im Wohnwagen fuhren wir auf dem Hollywood-Freeway durch Los Angeles und hörten die Jack-Benny-Show oder George Burns und Gracie Allen im Radio. Ich legte meinen Kopf in den Schoß meiner Mutter, und sie streichelte meine Stirn. Ich träumte, braungebrannt, müde und glücklich vom Schwimmen in der Sonne. Ich träumte von diesem wunderbaren Schwimmbad.

Ich mochte die kühlen Finger meiner Mutter auf meinen sonnengebleichten Augenbrauen. Es fühlte sich so gut an. Was würde aus mir werden, wenn ich groß wäre? Würde ich berühmt wie Gracie Allen? Nein, sie benahm sich zu dumm. Eine Apothekerin wie Big Rays Mutter Lydia? Vielleicht eine Mutter? Ja, eine Mutter würde ich mit Sicherheit. Vielleicht auch eine berühmte Schwimmerin wie Esther Williams . . . Mir fielen die Augen zu, und ich lächelte zufrieden, dachte daran, wie ich im Pool geplanscht hatte.

Frühjahr 1954
Culver City

Dad begann sehr früh damit, Sandy und mir seine verquere Weltanschauung zu vermitteln. Er versuchte dabei, unsere Vorstellung von der Bedeutung des Lebens und der Rolle der Frau seinen eigenen Bedürfnissen entsprechend zu formen.

Es begann damit, daß Dad uns etwas über Darwin und die Evolution beibrachte. Wir machten Ausflüge ins Museum für Naturgeschichte, um uns Fossilien anzusehen. Wir sahen affenähnliche Steinzeitmenschen und verglichen ihre Schädel mit denen zeitgenössischer Männer und Frauen. Dad erklärte uns, der Mensch sei eigentlich ein Tier und habe sich nicht sehr weit entwikkelt.

»Ich habe vor langer Zeit beschlossen, mir die gleichen Dinge zu erlauben, die auch die Hunde tun«, meinte er mehr als einmal zu mir.

Ausstellungen, die das Leben der Frösche vom Laichplatz bis zum Landgang thematisierten, zeigten deutlich, wie sich die Dinge entwickelten. Ich war fasziniert vom Lungenfisch, der in einem papierähnlichen Kokon die Trockenzeit überstand. Er lag so lange in diesem Kokon und atmete mit Hilfe eines lungenartigen Apparates, bis die Regenzeit wieder einsetzte. Wenn sich dann um ihn herum ein See bildete, konnte er sich wieder frei bewegen. Ich mußte oft über diesen kleinen Fisch nachdenken. Vielleicht würde auch ich eines Tages frei sein, wenn ich nur lange genug stillhalten konnte.

Wir fuhren zu den La-Brea-Teergruben in der Nähe von Maymies und Big Rays Haus und sahen Knochen von Dinosauriern, die hier durch ihre Nachbarschaft gestreift waren, lange bevor es Menschen auf der Welt gab. Im

Alter von zehn Jahren war ich stolz darauf, eine Expertin in Fragen der Evolution zu sein. Ich war davon überzeugt, daß der Mensch lediglich das höchststehende Tier in der evolutionären Rangskala sei.

Nachdem wir alles über die Evolution gelernt hatten, fing der Unterricht erst richtig an. Während Mom an mehreren Abenden in der Woche zum Proben in der Oper war, brachte Dad uns bei, Gott existiere nicht. Er hatte Robert Ingersolls Thesen gegen die Möglichkeit der Existenz eines Höheren Wesens gelesen und erwartete nun von uns, über diese Thesen an den folgenden Abenden mit ihm zu diskutieren. Wir sollten selber Argumente für sie finden. Es schien mir logisch zu sein. Wie konnte es einen Gott geben, wenn ich ihn nicht sehen konnte?

Dann kamen die Bibelstunden. Dad erzählte uns, wie lächerlich es sei zu glauben, Gott habe die Welt und ihre Bewohner in sechs Tagen erschaffen – schließlich wußten wir bereits alles über die Evolution. Und wie konnten all diese alten Bibelhelden jahrhundertelang leben und eine solche Anzahl von Nachwuchs hervorbringen? Und was war mit der sprechenden Schlange? Wie dumm die ganze Sache war!

Dad erklärte, daß die Religion dazu diente, die verelendete, unwissende Unterschicht unter Kontrolle zu halten. Sie war das »Opium des Volkes«. Natürlich konnte ich nicht wissen, daß er Karl Marx zitierte. Er ließ uns nie vergessen, daß Moms Großvater ein evangelischer Geistlicher gewesen war, ein Beweis für die Ignoranz ihrer Familie.

Dann drehte Dad alles herum und lehrte uns die Zehn Gebote, wobei er den Schwerpunkt auf »Du sollst Deinen Vater ehren« legte. Er erzählte uns, daß Eva aus Adams Rippe geschaffen worden war und der Zweck ihres Daseins darin bestand, Adam zu dienen. Sandy und ich lernten, daß Frauen dem Mann unterlegen seien und auf dieser Erde für seine Bequemlichkeit zu sorgen hätten. Wir sollten verstehen, wie glücklich wir darüber zu sein hätten zu leben, vor allen Dingen ich. Er erzählte mir immer wieder, daß die Eltern meiner Mom von ihr verlangt hätten, mich abzutreiben, weil sie so jung war. Er aber hätte gekämpft und mich gerettet. Ich verdankte ihm mein Leben.

Jahrelang hatten wir bei ihm Unterricht. Wir hörten nicht nur, daß die Weltreligionen und ihre Wertvorstellungen Unsinn waren, sondern wurden auch in allen Einzelheiten über die Bewohner der Südseeinseln unterrichtet, die er für überlegen hielt, weil es in ihrer Kultur keine Inzesttabus gab. Dad erklärte uns, es würde dort für notwendig gehalten, die jungen weiblichen Stammesmitglieder alles über sexuelle Praktiken zu lehren, damit aus ihnen gute Ehefrauen würden. Er brachte uns bei, Mädchen müßten daran arbeiten, einem Manne würdig zu sein. Er las uns sogar immer wieder die Stelle aus der Bibel vor, in der von den Töchtern erzählt wird, die ihren Vater mit Wein betrunken machten und dann mit ihm schliefen, um seinen Samen zu retten.

Mein Vater hatte die Kontrolle über unsere Körper, unsere Seelen und unseren Geist. Als unsere Hauptbezugsperson liebte er uns, aber diese Liebe war gepaart mit Gehirnwäsche, Mißbrauch und der strengen Warnung, niemandem jemals etwas zu erzählen. Wir lebten in Angst, unter ständiger Gewaltandrohung. Wir wußten nie, welche Form diese Gewalt annehmen würde – Wutausbrüche, verdrehte Handgelenke, Ausgesperrtsein in der Dunkelheit. Wir schämten uns so sehr – wie hätten wir jemals irgend jemandem erzählen können, was er mit uns machte? Wie hätten wir darüber auch nur miteinander reden können? Und außerdem, wer hätte uns denn helfen wollen, wo wir so schmutzig, anders und ekelerregend waren? Nein, er hatte vollständige Macht über unser Leben. Es gab keine größere Autorität.

Mein verzweifelter Wunsch war es, einfach ein liebes kleines Mädchen zu sein wie meine Freundinnen und Eltern zu haben, die mich liebten und umsorgten. So gab ich vor, alles sei in schönster Ordnung, obwohl Dad immer allein mit mir wegfuhr, weg von Mom und Sandy.

Frühjahr 1955
Culver City

»Ich halte das nicht länger aus, Ray«, brachte Mom unter Tränen hervor. »Ich verlasse dich. Ich miete mir eine Wohnung und nehme die Mädchen mit. Du kannst Bernie und Cee Cee behalten.«

»Du kannst meinetwegen ausziehen, aber Donnie und Sandy bleiben bei mir«, donnerte Dad sie an. »Und hör auf zu heulen!«

Ich haßte es, Mom weinen zu sehen. Ich war so machtlos dabei, daß ich mich in der Ecke des Rücksitzes ganz klein machte. Wir waren gerade in unsere Auffahrt abgebogen, und das Auto hielt an, aber ich war zu verängstigt, um auszusteigen.

Dad drehte gerade erst auf. »Ich hab' dich gewarnt. Wenn du gegen mich angehen willst, passiert was«, schrie er. »Alles ist dann vorbei – deine Karriere, deine kleine Liebesgeschichte. All das ist vorbei, wenn du versuchst, etwas gegen mich zu unternehmen. Nicht nur das, ich werde mich auch darum kümmern, daß dein verdammter Freund seinen angenehmen Job verliert. Ich hab' schon den besten Anwalt in L. A. engagiert, und wenn du kämpfen willst, wirst du es dein Leben lang nicht vergessen. Ich hab' deinen kleinen Arsch in der Schlinge.«

Mom war in Tränen aufgelöst, als Dad fortfuhr, wobei er seine Stimme um eine Oktave senkte. »Ich werde mit Donnie und Sandy Kalifornien verlassen«, knurrte er, »und du wirst sie nie mehr wiedersehen.«

Von meiner günstigen Position auf dem Rücksitz des Autos aus konnte ich sehen, wie Mom bis zur Wagentür zurückwich und ihre entschiedene Haltung verloren hatte. Auch über meine Wangen rollten Tränen, aber ich hatte Angst davor, in die Auseinandersetzung einzugreifen. Ich hoffte nur inständig, Mom würde uns nicht verlassen.

Aber schließlich tat sie es doch. Bevor sie ging, erklärte sie uns, wie sehr sie Sandy und mich liebte. Sie könne es aber nicht mehr ertragen, daß Dad darauf bestand, Bernie und Cee Cee weiter zu sehen. Sie sagte mir, sie habe ein Zimmer für uns Mädchen in ihrem neuen Apartment. Sie hoffte, wir kämen sie oft besuchen. Sie hatte die Wohnung direkt gegenüber unserer Junior-Highschool gemietet, um es uns zu erleichtern, sie zu sehen. Ich hatte ihr dabei geholfen, diese Wohnung zu finden, redete mir aber die ganze Zeit ein, daß sie uns nicht wirklich verlassen würde. Sie hatte immer noch Zeit, ihre Meinung zu ändern.

Ich war ängstlich und beschämt darüber, daß unsere Familie auseinanderbrach. Aber das hätte ich ihr im Traum nicht verraten. Statt dessen tat ich mein Bestes, um sie zu trösten. Sie schien immer so unglücklich zu sein, und ich war die letzte, die ihr dazu Anlaß geben wollte. Meine Aufgabe war es, keinen Ärger zu machen.

»Mach dir keine Sorgen, Mommy. Mit Sandy und mir geht alles in Ordnung«, versicherte ich ihr.

»Bist du sicher, Donnie?« fragte sie mich immer wieder, so, als brauche sie eine Erlaubnis für ihr Handeln.

Ich spielte meine beste Rolle als Erwachsene für sie. »Natürlich, Mom. Du weißt, daß ich putzen und kochen kann. Und wir können dich nach der Schule besuchen. Es wird alles gut werden.«

Das war es, was ich ihr sagte. Aber davon war ich keineswegs überzeugt. Wie sollte ich ohne sie auskommen? Wie konnte sie mich verlassen?

Der letzte Tag unseres Zusammenlebens mit Mom kam unvermeidlich, und er war furchtbar. Nach dem Aufwachen hatte sich mein Magen zu einem Klumpen zusammengezogen bei dem Gedanken, daß dies der letzte gemeinsame Tag unserer Familie sein würde. Ich holte tief Luft, setzte ein glückliches Gesicht auf und ging in die Küche, wo sie ihre Umzugskisten packte.

»Oh, Donnie, ich bin froh, daß du da bist.« Sie glühte vor Aufregung. Ich spürte, daß sie von einer neuartigen Aura von Energie umgeben war.

»Guten Morgen, Mom. Das ist also der große Tag.« Ich benutzte meine fröhliche Erwachsenenstimme um zu verbergen, wie ängstlich ich mich fühlte.

»Würdest du dich bitte schnell anziehen? Die Umzugsleute sind gegen Mittag hier, und ich muß noch so viele Kisten packen. Würdest du so lieb sein und dich ein bißchen ins Zeug legen?«

»Ja sicher«, murmelte ich, wobei mir bewußt war, daß meine Fassade zu bröckeln begann. Das letzte, was ich wollte, war, ihr beim Packen zu helfen. Tief in meinem Herzen wünschte ich, sie würde alles wieder auspacken und hierbleiben. Ich schaute mich ein letztes Mal um, bevor sich alles ändern würde. Das altmodische Klavier, das Mom von ihrer Mutter geerbt hatte, stand zwischen einem grünen Sofa und unserem neuen Schwarz-Weiß-Fernseher. Unter Dads grünem Klubsessel aus Plastik lag ein hübscher Wollteppich.

Die Küche war fröhlich und sauber, ein schöner blauer Raum, den Mom angestrichen hatte. Sie hatte ein dunkleres Blau für die schmalen Stühle und den Tisch aus dem Second-Hand-Laden gewählt, wodurch der Eindruck entstanden war, alles gehöre zusammen. Ich hatte es gemütlich gefunden in diesem kleinen Haus – es war so viel heimeliger als unser Bungalow am Strand. Was würde jetzt geschehen? Sandy und ich waren daran gewöhnt, auf uns selbst achtzugeben, aber wenn Mom uns jetzt verließ, um ihr neues Leben zu beginnen, wer würde uns je wieder so schöne Osterkörbchen machen? Wer würde uns in den Arm nehmen?

Allerdings konnte ich ihr nicht vorwerfen, daß sie Dad verließ. Ich war alt genug zu verstehen, warum sie Bernie nicht ertragen konnte. Bernie wurde ununterbrochen schwanger. Ich erinnerte mich daran, wie aufgeregt Mom in der Nacht vor genau einem Jahr gewesen war, in der Bernie sich hochschwanger auf unser grünes Sofa hatte fallen lassen und zu meinem Vater gesagt hatte, es sei jetzt soweit. Sie hatten das Haus zusammen verlassen und waren einige Tage später ohne das Baby zurückgekommen. Sie hatten erzählt, es sei ein wunderbarer Junge, und sie hätten ihn zur Adoption freigegeben. Ich hatte mich damals gefragt, ob sie ihn auch weggegeben hätten, wenn er wieder ein Mädchen gewesen wäre, das auf diese Welt gekommen war, um den Männern zu dienen. Ich fragte mich immer, wo mein Brüderchen wohl sein mochte.

Dann wurde Bernie einige Monate später schon wieder schwanger. Diesmal fuhren Dad und Sandy sie nach Tijuana, um dort eine Abtreibung vornehmen zu lassen. Sie brachten sie in unser Haus zurück, und ich bezog die Couch mit frischen Bettlaken, damit Bernie ein paar Tage dort schlafen konnte. Mom war diesmal wütend auf Dad und beschwerte sich lauthals über das Blut auf unserem Sofa.

Aber den schlimmsten Streit hatten sie, als Moms Diaphragma verschwunden war. Sie erzählte mir diese Geschichte immer wieder – offensichtlich konnte sie sie selbst nicht glauben.

»Donnie, als ich deinen Dad fragte, wo mein Diaphragma sei, grinste er mich nur unverschämt an. Alles, was er herausbrachte, war: ›Nun, du wolltest doch nicht, daß ich Bernie wieder schwängere, oder etwa doch?‹ Ich weiß nicht, wie ich ihm das jemals verzeihen soll!«

Ich konzentrierte mich wieder auf die Gegenwart und fing an, Mom beim Packen zu helfen. Ich wußte einfach nicht, wie ich meinen Eltern bei ihren Problemen beistehen sollte – es gab keine Hilfe für sie.

Die Leute vom Umzugsunternehmen kamen und luden alles auf den Lastwagen, mit Ausnahme von Dads grünem Sessel, dem Fernseher und unseren Betten und Kleiderschränken. Unsere Stimmen hallten in den leeren Räumen wider. Mom verließ uns, um ihr neues Leben zu beginnen, und nachdem sie gefahren war, fühlte auch ich mich leer. In meinem tiefsten Inneren hatte ich Angst davor, allein mit Dad zu leben.

In dem Jahr nach Moms Auszug saßen Sandy und ich immer zusammen auf dem großen grünen Klubsessel, guckten Fernsehen und warteten auf Dad. Er arbeitete als Designer bei einer Raumfahrtgesellschaft in El Segundo. Obwohl er immer pünktlich um halb sechs nach Hause kam, waren die Nachmittage endlos lang. Mom lebte zwar in der Nähe unserer Schule, aber von unserem Haus aus war es eine lange Busfahrt bis zu ihr, so daß wir sie nur selten sahen.

Ich hatte beschlossen, meine Scham über die Scheidung meiner Eltern dadurch zu vertuschen, daß ich niemandem davon erzählte. Ich wußte, ich würde dieses Geheimnis für mich behalten können – es war nur eins von vielen, ein weiterer Teil von mir, den ich vor anderen verborgen halten mußte. Wenn die Leute die Wahrheit über mich erfahren würden, bliebe mir kein einziger Freund mehr.

Ganz besonders hütete ich mein Geheimnis vor Leanne. Ihre Freundschaft bedeutete mir so viel. Ich glaube nicht, daß ich alles so gut überstanden hätte ohne den Spaß mit ihr, ihre Freundschaft und den Schutz, den sie mir bot. Ihr sicheres Zuhause war für mich wie eine Oase.

Ich verbrachte mindestens zwei Abende in der Woche bei Leanne, meistens in ihrem Haus. Als ich einmal aus Versehen eine Schallplatte von Johnny Mathis zerbrach, die einer Freundin ihrer Mutter gehörte, bemerkte Leanne, wie ängstlich ich wurde und beschloß, die Schuld auf sich zu nehmen.

Ich war verblüfft, jemanden gefunden zu haben, der sich so für mich einsetzte. »Was können sie mir schon tun?« fragte sie. Sie war vertrauensvoll und zuversichtlich.

Ich war von der Frage überrascht. Sie hatte überhaupt keine Angst vor einer Strafe, während ich vor Angst davor wie versteinert war. Wir mußten schließlich die Platte bezahlen, bekamen aber keine wirklichen Schwierigkeiten. Leannes Mutter hatte Verständnis und behandelte uns wie verantwortungsbewußte menschliche Wesen. Ich beschloß, so zu werden wie Leannes Mutter, sollte ich jemals eigene Kinder haben.

Leanne und ich wurden die dicksten Freundinnen, und als wir die schwierige Hürde in die Pubertät nahmen, tauschten wir unsere Geheimnisse miteinander aus – zumindest erzählte mir Leanne von ihren. Sie war sensibel und weichherzig, liebevoll und gut und weinte viel leichter als ich. Aber damals weinte ich überhaupt selten. Ich hätte ihr so gerne alles erzählt, aber ich wußte, wie ernst meine Geheimnisse waren.

Wir sprachen allerdings über Jungen. Das war das aufregendste Thema überhaupt.

Wir diskutierten darüber, wer süß aussah und wie aufregend es sein würde, hohe Absätze bei der High-School-Abschlußfeier zu tragen. Wir konnten es kaum erwarten. Als aus unserem mädchenhaften Gekicher und den Diskussionen über Jungen, Küssen und Ausgehen unvermeidlich ernstere Gespräche wurden, gab ich vor, genauso unschuldig zu sein wie sie. Ich mußte mich sehr vorsichtig ihrem Wissensstand anpassen, um wie eine normale Jugendliche zu klingen.

Am 15. Juli fuhr ich mit Leanne und ihren Eltern auf die Halbinsel Palos Verdes, um im Haus von Freunden der Familie eine Woche unserer Ferien zu verbringen. Es war wunderbar dort. Von den Hügeln aus hatte man einen herrlichen Blick über den Pazifik. Doch für uns Mädchen gab es wenig Unterhaltung auf der Insel, so daß unser Gastgeber, der Gruppenleiter einer Pfadfindergruppe war, für uns seine gesamte Truppe einlud. Leanne und ich waren außer uns vor Freude, den ganzen Tag über benahmen wir uns albern und nervös. Eine ganze Gruppe Jungs sollte zu Besuch kommen!

Sie kamen nacheinander an. Einer von ihnen, Kenny Friess, fiel mir besonders auf. Ich war von dem Moment an von ihm angezogen, in dem ich sein hübsches Gesicht und seinen kräftigen Körper durch die Scheiben der Glastür sah. Er war tadellos gekleidet, trug ein frisches weißes Hemd und dunkle Baumwollhosen, und sein Haar war ganz kurz geschnitten. Normalerweise war ich witzig und sehr gesprächig, aber die Begegnung mit diesem ernsthaften Jungen verschlug mir die Sprache. Mein Mund wurde trocken, das Gesicht ganz heiß, und meine größte Sorge war, daß er mich vielleicht nicht mögen würde. Was geschähe, wenn er entdecken würde, wie mein Vater mit mir umging? Wenn er erführe, daß wir keine normale Familie waren? Ich hätte es nicht ertragen können, wenn er mich schrecklich gefunden hätte. Er war der hübscheste Junge, den ich je gesehen hatte.

Wir verbrachten einen angenehmen Nachmittag zusammen, tranken Cola und lernten einander kennen. Als ich in dieser Nacht mit Leanne allein war, zappelte ich unruhig auf dem Bett herum.

»Lee, ist er nicht süß? Hast du gesehen, was er für starke Arme hat? War er nicht witzig, als er sagte, ›Was sollen wir jetzt machen? Einfach hier sitzen und uns gegenseitig beim Atmen zuhören?‹ Findest du ihn nicht klug? Ist er nicht einfach toll?«

»Donna, so habe ich dich noch nie gesehen.« Leanne kam kaum zu Wort.

»Er ist so nett. Ich bin wirklich durcheinander.« Aber Leanne hörte schon nicht mehr zu. Sie war eingeschlafen und ließ mich mit den bunten Fischen im Aquarium allein. Sie waren die einzigen, mit denen ich nun meine stummen Gedanken über Kenny Friess teilen konnte.

Die Tage vergingen, und meine Gedanken kreisten ununterbrochen um Ken. Ich konnte weder essen noch schlafen. Die Mutter unserer Freunde bemerkte meinen Zustand und vergnügte sich damit, mich auf den Arm zu nehmen: »Der Liebeskäfer hat dich gezwickt, und jetzt hast du keine Ruhe mehr.«

Ich lachte mit ihr und hoffte, jeder würde meine Verliebtheit als kindliche Laune abtun. Aber ich konnte es besser einschätzen, ich wußte, daß etwas Gewaltiges und Wirkliches in mein Leben getreten war. Es war gleichzeitig beängstigend und belebend. *Wie sich herausstellen sollte, ließ es mich nie wieder los.*

Als wir zurückgekehrt waren, konnte ich es kaum erwarten, Dad davon zu erzählen.

»Daddy, ich sterbe. Ich weiß es genau. Ich bin so durcheinander, daß ich noch nicht mal was essen kann!«

»Was? Schatz, jetzt erzähl mir mal ganz langsam alles über diesen Jungen. Ich habe gestern abend am Telefon nicht alles verstanden, du hast zu schnell gesprochen.« Daddys Worte verrieten eine Mischung aus Neugier und Zustimmung.

»O Daddy! Er ist so süß!« Die Worte tanzten förmlich aus meinem Mund.

»Ja dann erzähl mir doch davon! Erzähl mir alles.«

»Er ist einfach so nett und perfekt. Alles an ihm ist richtig. Ich liebe seine Arme. Sie sind wirklich muskulös, und er riecht so gut.« Ich hielt einen Moment inne. »Vielleicht sollte ich ihm eine witzige Geburtstagskarte schicken oder sowas.«

Daddy lächelte mich an. »Schatz, du weißt, daß die Leute von Jugendliebe sprechen und sich darüber lustig machen, wenn Kids von ihrem Schwarm erzählen, aber ich war verrückt vor Liebe nach deiner Mutter, als ich im zehnten Schuljahr war. Ich glaube, die Liebe von Jugendlichen ist sehr ernst zu nehmen.«

Ich grinste Daddy an. »Das glaubst du wirklich? Du findest nicht, daß ich mich dämlich benehme? Ich hab' das Gefühl, es ist so dumm, so aufgedreht zu sein wegen eines Jungen, den ich erst seit einer Woche kenne. Aber andererseits macht er mich so nervös, daß ich nicht mal richtig mit ihm sprechen kann. Ich glaube, er ist auch schüchtern.« Ich machte eine Pause. »Es ist so wundervoll, zu leben.«

»Donnie, vertraue deinem Instinkt. Fühlst du dich ganz leicht im Kopf? Verschlägt seine Gegenwart dir den Atem?«

»O Gott, ich kann in seiner Nähe nicht mal Luft holen!«

»Mach langsam. Du hast alle Zeit der Welt. Einen Partner zu wählen ist die wichtigste Entscheidung, die du jemals treffen wirst.«

»O Daddy. Du erlaubst mir ja noch nicht mal, auszugehen. Da suche ich doch jetzt keinen Ehemann!«

»Das kann man nie wissen!« Er drehte sich um und schaute mich an. Sein Blick war ernst. »Donnie, du bist der wunderbarste Mensch, den ich habe. Ich will nur dein Bestes. Jetzt erzähl mir auch noch den Rest der Geschichte.« Daddys Stimme war warm vor Begeisterung. Während ich redete wie ein Wasserfall, lauschte er aufmerksam jedem meiner Worte. In solchen Momenten gab er mir nie das Gefühl, jung oder dumm zu sein. Stattdessen fühlte ich mich als etwas Besonderes. Er hatte eine Art, mir zu zeigen, daß meine Vorstellungen für ihn von Bedeutung waren. Er schien von Kenny so beeindruckt zu sein wie ich, und ich war sehr erleichtert darüber, daß er anscheinend nicht eifersüchtig war.

Immer war es Dad, der sich für meine Freunde interessierte. Er interessierte sich für meine Schulaufgaben und für meine Zukunftspläne. Immer war es Dad.

Frühjahr 1956
Venice Beach

In dem Jahr, nachdem Mom uns verlassen hatte, zogen Dad, Sandy und ich wieder zurück in das Haus am Strand. Der Staat Kalifornien hatte unser Haus in Culver City gekauft, weil er das Land für die San-Diego-Autobahn brauchte, die direkt durch unser Wohnzimmer verlaufen sollte.

Sobald wir drei wieder zurück an den Strand gezogen waren, nahm Daddy sich sehr viel Zeit und kümmerte sich aufmerksam um uns. Er sorgte sich darum, daß wir unsere Hausaufgaben machten, gab sich Mühe, uns das Funktionieren von Maschinen und die Entwicklung einzelner Kulturen zu erklären. Es waren wunderbare Tage, wenn seine Augen aus Liebe zu uns strahlten. Wenn er glücklich war, schien die ganze Welt zu lächeln, und ich hatte das Gefühl von Wärme und Sicherheit.

Wenn er allerdings schlechter Laune war, war die Lage äußerst ernst. Ihm dann »in die Quere« zu kommen, war was für »arme Schwestern«, wie er es gern nannte, und die Strafen standen dann in keinem Verhältnis zu einem möglichen Vergehen. Seine Gewohnheiten durcheinanderzubringen oder seine Autorität in Frage zu stellen bedeutete, Probleme heraufzubeschwören. Wir hatten bedingungslos zu seiner Verfügung zu stehen und seine Befehle genau auszuführen. Wenn er ein Glas Wasser mit zerstoßenem Eis verlangte, wußten wir, daß ein Glas Wasser mit Eiswürfeln an unseren Köpfen gelandet wäre, wenn wir es nicht sofort brachten. Wenn er uns befahl, ihm den Rücken abzutrocknen oder ihm Badewasser einzulassen, taten wir, was er verlangte. Wir wußten, daß das Wasser genau die richtige Temperatur haben mußte, sonst hätte er einen Anfall bekommen und wäre gewalttätig geworden.

Einmal warf er ein Buch nach mir und traf mich ins Auge. Seine Wutausbrüche waren häufig und beängstigend. Aber sie ließen auch wieder nach, und er wurde so umgänglich wie vorher. Unser seelisches Gleichgewicht war von seiner unvorhersehbaren Dr.-Jekyll-und-Mr.-Hyde-Persönlichkeit völlig aus dem Gleichgewicht gebracht.

Er schien sein Vaterdasein sehr zu genießen und kochte sogar gerne Abend für Abend riesige Mengen Spaghetti. Wir aßen furchtbar gerne seine Spezialität: Eiswaffeln aus einem Teig, der mit Kartoffelbrei zubereitet wurde.

Manchmal lag er jedoch stundenlang besorgt in seinem Bett, völlig nackt und nur von einem Laken bedeckt, und schrieb in Schreibschrift Romane. Er schrieb einen Krimi, in dem es um einen Mordfall ging und bezog sich dabei häufig auf bestimmte Bücher. *How to Commit Murder and Get Away With It* (Wie man einen Mord begeht und ungestraft davonkommt) lag gewöhnlich geöffnet an seiner Seite. Es war mit Bildern von verstümmelten Körpern illustriert, die eine unausgesprochene Bedrohung darstellten.

Wenn ich ängstlich oder ärgerlich wurde, versuchte ich immer daran zu denken, wie süß er sein konnte, wie damals zum Beispiel, als er mir ein tolles Fahrrad geschenkt hatte.

Eines Freitagabends hörte ich, wie er schon meinen Namen rief, bevor er überhaupt im Haus war. Er schien sehr aufgeregt zu sein. Ich lief zur Tür, nicht sicher, was mich wohl erwarten würde.

»Was ist, Dad?«

Er grinste. »Sieh selber nach, Donnie.«

Er zeigte auf ein Fahrrad, das gegen die Hauswand gelehnt war. Es war ein elegantes Rennrad mit dünnen Reifen.

»Daddy, o Daddy«, kreischte ich ungläubig. »Ist das für mich? So ein tolles Erwachsenenfahrrad für mich ganz allein?«

»Noch gehört es dir nicht, aber es wird nicht mehr lange dauern. Morgen werde ich das Druckmeßgerät anständig ausrüsten, und dann streiche ich es an. Danach sieht das Fahrrad brandneu aus.«

»In welcher Farbe, Dad?«

»Das kannst du dir aussuchen, meine Süße. Du hast jetzt schon so lange von einem großen Fahrrad geredet – ich will, daß du damit glücklich bist. Ich streiche es dir in der Farbe, die du aussuchst.«

»Rot! Ich möchte Rot!« Darüber brauchte ich wirklich nicht lange nachzudenken. Das war das Fahrrad meiner Träume.

»Das sollst du haben.« Er lächelte aus der Tiefe seines Herzens, als ich meine Arme um seinen Hals schlang.

Mein leuchtend rotes Fahrrad war am Samstagmittag fertig. Es war wunderschön. Ich fühlte mich wie eine Prinzessin, als ich auf der Straße auf und ab fuhr. Dad war mindestens so zufrieden wie ich.

Trotz seiner vielen Fehler hatte Dad die seltene Gabe, sich beim Spielen auf die Ebene von Kindern zu begeben. Wir erlebten oft sehr schöne Momente miteinander. Als wir zusammen nach Disneyland fuhren, benahm er sich nicht wie die spießigen Eltern anderer Kinder, die nur in den Läden stöberten, ohne etwas zu kaufen. Nein, er machte alles mit, was uns Mädchen gefiel und amüsierte sich ebenso großartig dabei wie wir. Das wurde dann ein bißchen seltsam, als wir größer wurden und unsere Freunde mitnahmen. Wir wollten jetzt alles allein erkunden und uns vor allem um die Jungen kümmern, mit denen wir unterwegs waren. Aber ich fühlte mich schuldig, wenn wir Dad nicht mitnahmen. Er schien so verloren, wenn wir ihn bei unseren Ausflügen zu Hause lassen wollten.

Sommer 1956
Venice Beach

Ich hatte immer schon Tages- und Wochenendausflüge mit Dad unternommen, aber in dem Sommer, nachdem Mom uns verlassen hatte, verreisten wir sogar noch viel häufiger. Oft begleitete Maymie uns und beteiligte sich an den Benzinkosten. Ich vermißte meinen Großvater sehr, aber Maymie schien es nichts auszumachen, ohne ihn zu reisen.

Obwohl ich noch zu jung war, um den Führerschein zu machen, bestand Dad oft darauf, daß ich unseren Wagen steuerte. Ich genoß es durchaus, unser neues Kabriolett auf der Autobahn zu fahren, während mir der Wind durch das Haar strich. Manchmal ließ er auch Maymie ans Steuer und zog mich auf dem Rücksitz unter einer Decke ganz nah an sich heran. Seine Hose stand offen. Ich haßte das! Ich schämte mich so sehr, daß ich dachte, sterben zu müssen, wenn meine Großmutter gesehen hätte, was meine Hand unter dieser Decke tat. Ein Teil von mir wünschte sich allerdings heftig, sie möge es bemerken, das Auto anhalten und darauf bestehen, daß Dad sofort damit aufhöre. Aber das geschah nie.

Wir hatten eine schöne zweiwöchige Reise zur Weltausstellung in Seattle hinter uns, und ich saß am Steuer und fuhr den Wagen in Richtung Heimat. Glücklich sog ich den starken Duft des Waldes ein, als wir uns der Stadt Olympia im Staat Washington näherten. Dad, der allein auf dem Rücksitz ein Nickerchen hielt, murmelte, ich solle bei der Brauerei anhalten. Maymie und ich schauten einander an und beschlossen, trotzdem weiterzufahren. Wir hatten für diese Reisen die unumstößliche Regel aufgestellt, daß der Fahrer über die Pausen zu bestimmen hatte. Aber nachdem wir eine Viertelstunde weitergefahren waren, blickte Dad auf. Ihm wurde sofort klar, daß ich ihm nicht gehorcht hatte, und er begann zu toben.

»Halt an, du Scheißer«, brüllte er mich an. »Ich habe dir gesagt, du sollst an der Brauerei halten.«

Ich manövrierte das Auto an den Straßenrand.

»Raus. Auf den Rücksitz«, kommandierte er mich wütend herum.

Ich tat, was er mir befohlen hatte, und Maymie setzte sich zu mir nach hinten. Dad nahm das Lenkrad in die

Hand und fuhr ärgerlich zur Brauerei zurück. Er brüllte die ganze Strecke über.

»Ich setz dich ins nächste Flugzeug nach Los Angeles. Du bist zu nichts zu gebrauchen, du wertloses Stück Scheiße. Du bist die Zeit nicht wert, die ich an dich verschwende. Du ungehorsames kleines Arschloch, das mache ich nicht länger mit.« Sein Wutausbruch nahm kein Ende.

»Aber Junior, das meinst du doch nicht so«, versuchte Maymie ihn zu beschwichtigen, um mich vor seinen Angriffen in Schutz zu nehmen. Es war hoffnungslos.

Ich weinte still in Maymies Schoß, begrub mein Gesicht in ihrem weichen Baumwollrock.

Als Dad bei der Brauerei von Olympia vorfuhr, änderte sich seine Laune. Bierproben erwarteten uns.

»Lächle ein bißchen«, forderte er mich strahlend auf. Die dunklen Zorneswolken waren aus seinem Gesicht verschwunden.

Ich war furchtbar wütend. Aber ich wußte, daß ich so tun mußte, als habe ich die erlittene Erniedrigung überwunden. Andernfalls wäre der Ärger nur noch größer geworden. So steckte ich meine Gefühle weg, atmete einmal tief durch und tat so, als sei alles in Ordnung. Ich fragte mich oft, wie es mir gelingen konnte, die glühenden Kohlen meiner Wut zu verbergen, an welchem Ort sie wohl still weiterglommen. Gab es in meiner Seele versteckte, glühende Winkel? Der Gedanke war erschreckend.

Dad benutzte unseren kleinen Wohnwagen für unsere häufigen Ausflüge mit dem Auto. Wir befestigten den Anhänger hinten an unserem Ford und fuhren los. Meistens waren wir zu viert, Maymie, Sandy, Dad und ich. Sandy war auch eine gute Fahrerin, obwohl sie noch jünger war als ich. Wir hatten beide keine Probleme damit, den Wohnwagen zu manövrieren. Mir war die Aufgabe übertragen worden, für alle zu kochen, und ich war in der Lage, in wenigen Minuten eine vollständige Mahlzeit zuzubereiten. Maymie und Dad konnten stundenlang von meinen Frühstücken schwärmen. Darauf war ich sehr stolz.

Diese Ausflüge gaben Maymie die Gelegenheit, uns beizubringen, uns wie Damen zu benehmen. Das lag ihr sehr am Herzen. Sie half Sandy und mir, uns zur Teestunde im schönsten Hotel von Vancouver zurechtzumachen. Sie führte uns ins Theater, wo wir Mary Martin als Peter Pan durch die Luft schweben sahen. Diese Ausflüge mit dem Auto und die Vergnügungen mit Maymie zählten zu den Höhepunkten unserer Jugend.

Maymie war berühmt für ihre Sparsamkeit, und Sandy und ich mußten oft über ihre Verschrobenheit lachen. Sie war gut betucht, aber sie drehte jeden Pfennig zweimal um. Sie brachte es sogar fertig, Weihnachtskarten wiederzuverwenden, indem sie die Unterschriften der Absender vom vergangenen Jahr überklebte. Einmal kaufte sie im Ausverkauf preiswerte Handschuhe ohne Daumen. Wir kicherten monatelang darüber und flüsterten einander zu, daß wir wohl einen schrecklichen Geburtsfehler haben mußten, da wir zu viele Finger besaßen. Wir bekamen jedes Jahr zu Weihnachten von Maymie einen antiken Silberlöffel geschenkt, und wenn wir einander mit den Ellbogen anstießen und wegen eines weiteren »alten Löffels« die Augen verdrehten, versicherte sie uns eilig, daß wir ihr eines Tages dankbar sein würden.

Auf unseren Ausflügen brachte sie uns ihren Wert bei. Sie zeigte uns die exklusivsten Geschäfte und erklärte uns alles über Sterlingsilber und über den Unterschied zwischen englischem Knochenporzellan und dem feinen Porzellan aus Limoges. Sie faszinierte mich mit ihrem Wissen über schöne Dinge.

»Mädchen«, so fing sie immer an. »Ihr wißt, daß die europäischen Herrscher ganz verzweifelt über ihr Tongeschirr waren, nachdem Marco Polo im späten dreizehnten Jahrhundert Porzellan aus China mitgebracht hatte. So versuchten sie fünfhundert Jahre lang, die geheime chinesische Formel zur Herstellung von Porzellan zu entdecken. Die Engländer benutzten sogar die Asche von verbrannten Knochen, mit der sie eine Art von feinem Porzellan herstellen konnten. Daher kommt der Name Knochenporzellan.«

Manchmal sprach sie über elegante Kleidung.

»Als ich ungefähr 14 war, also so alt wie du jetzt bist, Donna, kaufte dein Großvater mir den prachtvollsten weißen Hermelinmantel, den ihr euch vorstellen könnt. In ihm wurde ich von allen Klassenkameradinnen beneidet. Er hielt sich gut über die Jahre.«

Maymie hatte was. Sie konnte begeistern, sie war interessant, kühn und unterhaltsam. In den ruhigen Momenten, wenn ich mit Maymie allein war, sprach sie über ihre Kindheit und beschrieb die hübschen Damen unserer Familie aus einer vergangenen Epoche. In dieser Zeit war das elegante Salonleben von allergrößter Bedeutung. Dann erwähnte sie die Zeit, in der sie verkauft worden war, aber ich verstand nicht, was sie meinte.

Jahre später fand der Sinn dieser Information seinen Platz in einem schrecklichen Puzzle, aus dem die mehr als hundertjährige Geschichte der aristokratischen Familie Landis bestand.

Herbst 1957
Venice-High-School

Als ich anfing, die höhere Schule zu besuchen, begannen sich die Eigenschaften meiner zukünftigen Persönlichkeit deutlich abzuzeichnen. Ich wuchs allmählich zur Frau heran. Meine Zähne waren gerichtet worden und waren nun gerade und schön. Die Jungen, angezogen von meinem blonden Pferdeschwanz, meinem zarten Teint und meinem sich entwickelnden Körper, drehten sich häufig nach mir um. Mein Selbstbewußtsein wuchs. Auf Vaters Anweisung hin meldete ich mich für die Vorbereitungskurse am College an und war entschlossen, in allen Fächern eine Eins zu machen.

Kenny und ich blieben in Kontakt – ich mußte ständig an ihn denken. Wir waren zu schüchtern, um miteinander zu telefonieren und wohnten zu weit auseinander, um uns einfach mal sehen zu können. Also begannen wir eine Brieffreundschaft.

Leanne und ich waren immer noch die besten Freundinnen. Mit anderen Freunden von der Junior-High-School aßen wir täglich gemeinsam zu Mittag. Ich war die einzige von uns, die sich auf das College vorbereitete.

Als Leannes Mutter die Liste der Kurse sah, die ich belegt hatte, versuchte sie, mich von meinem Vorhaben abzubringen. Sie hatte Leanne davon überzeugt, Stenographie zu lernen und bestand darauf, daß auch ich etwas Praktisches lernen sollte. Ich verteidigte meine Wahl. Ich würde das College besuchen. Zu diesem Zeitpunkt war ich fest entschlossen und hatte nicht die Absicht, mich von meinem Weg abbringen zu lassen.

Als ich 15 ½ wurde, schenkte Dad mir einen fast neuen Ford Victoria. Es war ein schnittiges Auto, viel ausgefeilter als die Wagen der Eltern vieler meiner Freunde. Ich fühlte mich unwohl dabei, mit ihm herumzufahren, vor allem, weil meine Freunde nun bei ihren Eltern quengelten. Aber Dad bestand darauf, daß ich es benutzte.

»Donnie, du brauchst dieses Auto für dein Selbstwertgefühl. Du hast einiges erlebt, was dich, deine Herkunft betreffend, verunsichert hat. Du lebst im verlotterten Venice und kommst aus einer geschiedenen Ehe. Aber du bist eine Aristokratin, und ich möchte nicht, daß du das vergißt. Du besitzt das schönste Auto in der ganzen Familie.«

Ich fand jedoch schnell heraus, daß dieses Auto nur eine neue Möglichkeit für meinen Vater darstellte, mich zu kontrollieren. Er bezahlte, versicherte und unterhielt es, aber mit dem Wagen mußte ich Sandy von der Junior-High-School abholen, und wir mußten die überschüssige Ware aus der Apotheke meines Großvaters verkaufen. Der Warenbestand und die Geschäftseinrichtung waren in einen anderen Laden gebracht worden, und wir machten eine Gemischtwarenhandlung auf. Mein Großvater widmete sich inzwischen nur noch dem Damespiel, und Sandy und ich hatten jetzt, im Alter von 14 und 15 Jahren, seine Aufgabe zu übernehmen.

Unser neues Geschäft lag im Herzen des schillernden, extravaganten Städtchens Venice. Es zog einige seltsame Figuren an. Es war nicht ungewöhnlich, daß langhaarige, drogensüchtige Männer uns durch die Fensterscheiben anstarrten. Wir lernten es schnell, diese Typen zu ignorieren, aber trotzdem blieb ein Rest Angst. Wir hatten weder ein Gewehr noch sonst etwas zu unserer Verteidigung zur Hand und hofften, uns durch professionelles Gebaren Sicherheit zu verschaffen.

In den nächsten zwei Jahren öffneten Sandy und ich den Laden täglich nach der Schule. Wir verkauften Sodawasser, Zeitungen, Süßigkeiten und was im Lager noch an Schreibwaren, Parfums und freiverkäuflichen

Arzneimitteln übriggeblieben war. An den meisten Tagen hatten wir wenig Kunden. Im Hinterzimmer des Ladens bereiteten wir Sandwiches für das Abendessen vor, um 21 Uhr schlossen wir das Geschäft, fuhren heim und ordneten unsere Kleidung für den nächsten Schultag. Völlig erschöpft fiel ich dann ins Bett, und vor dem Einschlafen betete ich noch um eine ungestörte Nachtruhe.

Die harte Arbeit war nicht so schlimm wie der niedrige Verdienst, die Gefahr für uns und die anstrengenden Öffnungszeiten. Hinter der Theke dieses Ladens wünschte ich an schönen Sonntagen im Sommer aus ganzem Herzen, einer von diesen unbeschwerten, glücklichen Menschen zu sein, die ich mit ihren bunten Kabrios die Straße zum Strand hinunterfahren sah.

Dad erklärte uns in seiner professionellen Art, wir würden unendlich viel dabei lernen, wenn wir dieses Geschäft führten.

»Seid ihr euch eigentlich darüber im klaren, Mädchen, daß ihr hier lernt, einen richtigen Einzelhandel zu führen? Macht eure Sache gut, und ihr werdet richtig Geld verdienen. Viel mehr als andere, die an so einem dummen Erziehungsprogramm für Jugendliche teilnehmen.«

Sandy und mir kam es so vor, als lebten wir in einem Alptraum. Im Sommer davor hatte er uns sechs Stunden lang täglich den Sand von seinem neuen Strandgrundstück entfernen lassen. Wir waren zarte Mädchen – ich war nur 1,55 m groß und wog ungefähr 50 Kilo, und Sandy war kleiner –, aber mein Bizeps war schließlich so gut entwickelt, daß die Jungen sich über mich lustig machten. Wütend wurde ich, wenn ich auf einem Nebengrundstück einen Bagger so viel Sand an einem Nachmittag fortschaffen sah, wie wir den ganzen Sommer über bewegt hatten.

In diesem Jahr nun hatte Dad beschlossen, daß wir

mit dem eigentlichen Bau des Hauses am Strand beginnen würden, das unser endgültiges Zuhause werden sollte. Wir drei würden allein daran arbeiten. Es war Sandys und meine Aufgabe, mit dem Preßlufthammer die dikken runden Pfähle auf dem Grundstück zu bearbeiten und die von Dad aus Holz selbst zusammengebauten Formen für das Fundament mit Zement auszugießen. Da sie roh gezimmert waren, explodierten sie geradezu unter dem Druck der Tonnen von flüssigem grauem Zement, die wir in sie hineinpumpten. Am Ende hatten wir tonnenweise mehr Zement verbraucht, als eigentlich nötig gewesen wäre. Es war alles so fürchterlich!

»Daddy, wir müssen mit dir sprechen«, sagte ich zögernd. Sandy stand ganz still neben mir und überließ mir die Führung.

»Daddy, das ist einfach alles zuviel!« insistierte ich. »Ich gehe jeden Tag in die Schule, und für mich ist es dieses Jahr nicht einfach, vor allem habe ich Probleme in Chemie. Ich hole Sandy täglich von der Schule ab. Ich arbeite im Geschäft. Ich kann nicht alles auf einmal machen. Ich will dieses Haus nicht bauen!«

Von meiner eigenen Argumentation immer mehr überzeugt, fuhr ich mit wachsendem Selbstbewußtsein und mit Entschiedenheit fort. »Ich möchte auch ein bißchen Zeit mit Leanne verbringen, und Kenny kommt sonntags auf dem Weg zum Surfen immer ins Geschäft. Er hat mich gefragt, ob ich nicht mal mitkommen kann.«

Mein Vater lag nur da und preßte die Kiefer zusammen. Das tat er häufig, wenn er ärgerlich war. Schließlich zischte er uns an: »Ihr wollt euch weigern, zu arbeiten? Wir werden dieses beschissene Haus verdammt noch mal bauen, ob euch das gefällt oder nicht. Ich habe zu viel Zeit und Geld investiert, um mich jetzt von zwei dummen Gören davon abhalten zu lassen. Wir werden dieses Haus bauen und damit basta.«

Seine Stimme wechselte von Wut zu Sarkasmus. »Wenn du keine Lust dazu hast, kannst du sofort gehen. Weißt du schon, wohin? Vielleicht möchtest du ja bei deiner Mutter einziehen? Dann könnt ihr euch alle in ihr Ein-Zimmer-Apartment quetschen. Das würde ihr gefallen, nicht wahr? Und du, meine junge Dame, könntest dann ja wieder versuchen, irgendwie auf die Beine zu kommen. Was ist dann mit dem College? Das kannst du wohl vergessen. Du wirst bei J. C. Penney arbeiten müssen.«

Ich atmete tief durch und versuchte, nicht von meiner Position abzurücken. »Es ist zu hart, Daddy. Ich kann nicht alles auf einmal machen. Ich habe die ganze Zeit über Halsschmerzen. Meine Mandeln sind von weißen Flecken übersät. Ich komme in Chemie nicht mit.«

Er schrie und drohte noch weiterhin, und am Schluß mußte ich aufgeben. Zur Strafe nahm er mir die Standard-Oil-Kreditkarte weg, die ich dazu benutzt hatte, das Benzin zu kaufen für all die Besorgungen, die ich für ihn zu erledigen hatte. Er sagte, ich hätte von jetzt an mein eigenes Geld dafür zu nehmen. Die Benzinkarte habe ich nie wieder zurückbekommen. Unsere Strafe dafür, daß wir es gewagt hatten, seine Autorität in Frage zu stellen, bestand darin, daß er unsere Arbeit an unsere Brieftasche band. Wir durften für niemand anderen als ausschließlich für die Familie arbeiten. Mit den kleinen sporadischen Zuwendungen war Schluß, und Extrageld für persönliche Dinge gab es auch nicht mehr. Die einzige Möglichkeit, an Geld für Kleidung und andere notwendige Anschaffungen zu gelangen war nun, für ihn zu arbeiten.

Wir bauten dieses Haus, Quadratmeter für Quadratmeter.

1958
Venice-High-School

Oft wartete Dad auf mich, wenn ich nach dem Lernen von der High-School nach Hause kam, um mit mir auf die Baustelle zu rasen. Dort brauchte er immer für irgend etwas meine Hilfe.

Eines abends hatte er ein Leck in einer Leitung entdeckt, und er brachte mich nachts um halb zwölf auf die Baustelle. Wir machten die Tests an den Rohren, fanden noch verschiedene weitere Lecks und reparierten in den folgenden Stunden alles für den nächsten Morgen, an dem sich die Bauaufsicht angekündigt hatte. In dieser Nacht machten wir kein Auge zu. Ich kam am nächsten Morgen nach Hause, machte sauber und ging auf direktem Wege in die Schule.

Das Strandhaus meiner Großeltern hatte keine Garage und daher wenig Raum, um unser Baumaterial unterzubringen. Die kleine Hütte war bis oben hin vollgestopft mit einer Toilettenschüssel, Waschbecken, einer Badewanne, Rohren und Metallstücken. Dads riesiges Bett dominierte das Wohnzimmer. Die Betten von Sandy und mir waren in die Ecke gerückt. Ich wußte, daß man in solch ein Haus niemanden einladen konnte.

Es war in dieser Zeit im Strandhaus, daß mein Vater sich mit mir im Badezimmer einschloß.

»Nein, Dad, nein . . .«, protestierte ich.

»Ich will dich nur sehen. Ich will sehen, ob du etwas hast«, antwortete er.

»Nein!« Ich wußte, was das bedeutete. Kalte Wut erfaßte mich.

Diese Auseinandersetzung setzten wir noch einige Minuten lang fort. Plötzlich gab er auf. Ich konnte es nicht glauben, daß er tatsächlich aufgegeben hatte. Es erschien mir erst wie ein Wunder. Dann reichte er mir eine Papiertüte mit einer kleinen Flasche.

»Donnie, es tut mir so leid, aber du könntest etwas haben, das man Filzlaus nennt. Wenn du sie hast, kannst du sie mit dieser Medizin töten.«

Noch nie hatte ich einen solchen Abscheu empfunden. »Raus!« schrie ich und schlug die Badezimmertür hinter ihm zu. Ich schloß mich wieder ein.

Ich saß auf dem Boden, zog meine Caprihose aus und untersuchte mein Geschlecht. Sie sahen aus wie kleine braune Sommersprossen, aber sie hatten Beine. Beine! Ich dachte, ich müßte sterben. Ich wollte mich in einen Schrank einschließen oder weglaufen. Ich war mir immer häßlich und schmutzig und ekelhaft vorgekommen, aber jetzt hatte ich den Beweis dafür.

In diesem Moment haßte ich meinen Vater, aber ich war auch völlig von ihm abhängig. Ich wußte nicht mehr ein noch aus und richtete den Haß gegen mich selbst. Ich betete darum, auf magische Weise verschwinden zu dürfen. Ich würde einfach in den Ozean laufen und nie wieder auftauchen. Mein Kinn begann zu zittern.

Doch plötzlich hörte ich zum ersten Mal eine zarte Stimme in meinem Inneren, die leise zu mir sagte: *Alles wird wieder gut. Alles wird wieder gut. Verlier jetzt nicht die Kontrolle über dich.* Ich glaubte dieser Stimme nicht. Das Zittern in meinem Innern wurde zu einem Beben, und ein schrecklicher Schrei drang aus meiner Kehle. Ich rollte mich zu einer halbnackten Kugel auf dem Boden zusammen. Mein Kopf schob sich zwischen die Toilette und die Badewanne. Dann kamen die Tränen, die zurückgehaltene Flut eines ganzen Lebens. Es tat so furchtbar weh, ganz tief in meinem Inneren. Ich weinte, und ich hatte Angst zu weinen. Ich hatte noch nie geweint.

Nach einer langen Weile hörte ich die gleiche liebevolle Stimme in meinem Inneren wieder: *Donna, es wird dir gut gehen. Ich werde mich um dich kümmern.* Es war beruhigend und freundlich. Schließlich hörte ich auf zu weinen.

Steh jetzt auf, Donna. Steh auf. Alles wird gut. Ich verspreche es dir . . .

In den folgenden Wochen trug ich regelmäßig die geruchsintensive purpurrote Medizin gegen Filzläuse auf. Endlich hatte ich die Plage beseitigt, aber viel schwieriger war es, all diese machtvollen häßlichen Gefühle in den Griff zu bekommen.

Nichts wollte ich so sehr im Leben, wie das Haus meines Vaters zu verlassen. Jede Schulstunde, jede Klassenarbeit, jedes bestandene Examen brachte mich dem Tag näher, an dem ich endlich frei sein würde. Dieses Wissen gab mir die Kraft, weiter zu arbeiten. Ich würde es meinem Vater nicht erlauben, mein Leben zu ruinieren. Irgendwie würde es normal werden. Die freundliche Stimme aus meinem Inneren versicherte mir immer wieder, daß alles gut werden würde, und ich fing an, daran zu glauben. Vielleicht war es der Glaube an mich selbst.

Als unser Haus am Ocean Front Walk schließlich fertiggestellt war, zogen wir ein. Dads Bett stand wieder im Wohnzimmer, aber Sandy und ich hatten jetzt jede unser eigenes Schlafzimmer. Das hinderte Dad allerdings nicht daran, mich zu belästigen. Im Gegenteil, er war jetzt öfter hinter mir her und erzwang sich nachts den Eintritt in mein Schlafzimmer. Ich stellte mich immer schlafend, und wenn das nicht half, trat ich um mich, biß ihn und versuchte, so gegen ihn anzukämpfen. Ich kaufte ein Schloß, aber er entfernte es wieder. Ich zog immer den kürzeren gegen ihn, aber ich gab nicht auf in der Hoffnung, einmal würde er mich doch in Frieden lassen.

Nachts gab er mir das Gefühl, ekelhaft und schlecht zu sein, aber tagsüber ließ er keine Gelegenheit aus, mich zu ermahnen, vorsichtig im Umgang mit Jungen zu sein.

Er erlaubte mir erst, mit Jungen auszugehen, als ich 16 wurde, und dann auch nur mit solchen, die seine Zustimmung fanden. In einem meiner Kurse war ein Junge namens Don, der mir sehr gefiel. Er sah intelligent und sportlich aus, und nach einiger Zeit hatte sich unsere Freundschaft so weit entwickelt, daß er mich einlud, mit ihm auszugehen. Ich war außer mir vor Begeisterung! Er war witzig und gutaussehend, und er mochte mich.

Ich war endlich 16 geworden, und ein Junge hatte mich eingeladen. Wie auf Wolken schwebte ich nach Hause.

»Daddy, Don, der Junge aus meinem Spanischkurs, der mir so gefällt, hat mich für nächsten Samstag ins Kino eingeladen. Ich möchte da gerne mit ihm hin, aber ich habe ihm gesagt, ich würde ihm morgen Bescheid geben.«

»Donnie, ich habe dir schon gesagt, daß ich dagegen bin, daß du auf diese Tanzveranstaltungen deiner Schule gehst oder dich von diesen Jungs ausführen läßt«, maßregelte er mich.

»Aber Dad, er ist wirklich ein netter Junge. Ich kenne ihn schon seit einem Jahr. Wir wollen doch nur ins Kino«, bettelte ich.

»Was ist sein Vater von Beruf?« fragte mein Vater höhnisch.

»Er arbeitet im Maschinenpark der staatlichen Autobahngesellschaft. Don hat ein schönes Auto und zieht sich gut an«, entgegnete ich.

»Donna, ich habe dir schon hundertmal gesagt, du sollst nicht mit Jungen ausgehen, die eines Tages Lastwagenfahrer sein werden. Wir gehören zur Oberschicht. Du triffst dich nur mit Jungs, die zum College gehen.«

»Dad, er ist ein richtig netter Junge. Was du sagst, ist

doch lächerlich.« Ich wurde langsam böse. »Ich kenne keinen, der das College besucht. Ich mag Don. Ich möchte mit ihm ausgehen. Wir wollen doch nur ins Kino«, jammerte ich.

»Auf keinen Fall!«

»Warum nicht?« setzte ich das Streitgespräch fort. Dies war wichtig für mich. Ich spürte die Wut in mir aufsteigen. Ich wußte, daß seine Argumentation alles andere als logisch war.

»Weil er nicht deiner sozialen Schicht angehört!« erwiderte er.

»Und was ist so toll an meiner sozialen Schicht? Ist es dieses Gebäude, das wir bewohnen? Oder das ganze Geld, das du verdienst? Ist es das Personal, das wir in dem dummen Geschäft haben, in dem wir wie Sklaven arbeiten? Ist es dein uneheliches Kind? Oder Moms Job auf dem Spielplatz? Oder Bernie, die bei Safeway verderbliche Lebensmittel kontrolliert? Warum glaubst du also, daß Don nicht gut genug dafür ist, mit mir ins Kino zu gehen?«

Es gab keine Antwort. Dad hörte auf, zu streiten und entfernte sich. Die Diskussion war vorbei. Obwohl ich immer noch keine Erlaubnis hatte, mit Don auszugehen, hatte ich jetzt das Gefühl, Dad zurückgedrängt, aus meinem Leben gestoßen zu haben.

Es gab viele Gelegenheiten, zu denen er mir nicht erlaubte, meine eigenen Gefühle zu entwickeln oder mein eigenes Leben selbst in die Hand zu nehmen. Ich fühlte mich kraftlos, frustriert und wütend. Meine zurückgedrängten Gefühle waren so stark, daß ihre Heftigkeit mir Angst machte.

Es gab manchmal Momente, in denen ich meinem Vater den Tod wünschte. Ich verdrängte diese intensiven Gefühle von Ekel vor dem, was Dad mir antat, vor den Filzläusen und überhaupt vor allem, was in meinem gesamten bewußten Leben geschehen war. Meine wirklichen Gedanken und Gefühle waren mehr als unerträglich – ich mußte einfach so tun, als sei alles in Ordnung.

Ich war überwältigt von dem Gefühl der Schuld und hielt mich für eine schlechte Tochter, wenn ich dachte, daß Dad nicht wirklich der Traum vom guten Amerikaner war, der zu sein er vorgab, und erst recht nicht der gute Vater, für den ihn jeder hielt. Diese negativen Gedanken verbannte ich aus meinem Kopf und ersetzte sie durch Erinnerungen an die Zeit, die Dad damit verbracht hatte, mir etwas beizubringen und mir bei den Schularbeiten zu helfen. Ich dachte einfach daran, wie besorgt und süß er manchmal sein konnte.

Wer war ich denn, daß ich die Person meines Vaters in Frage zu stellen wagte? Ich legte ein strahlendes Lächeln auf, nahm eine fröhliche Haltung ein und zählte die positiven Aspekte meines Lebens auf. Schließlich war ich gesund, attraktiv, intelligent, stark, fähig und bei meiner ganzen Familie beliebt. Ich strengte mich außerordentlich an, um mich selbst von der Wahrheit dieser Feststellungen zu überzeugen.

Um meine negativen Gefühle zu kompensieren, verlangte ich von mir selbst, perfekt zu sein. Ich fehlte selten auch nur einen Tag in der Schule, gab mir alle Mühe, meine Hausaufgaben perfekt abzuliefern, im Unterricht zu glänzen und ein tadelloses Benehmen an den Tag zu legen. Nur wenn alles an mir perfekt war, fühlte ich mich akzeptabel.

Leannes Vater war ein Teil meiner Vorstellung davon, wie eine normale Familie auszusehen hatte. Er war der vielbeschäftigte Vorsitzende einer Flugzeugfabrik und hatte viel weniger Zeit für seine Kinder als mein Dad, aber ich wußte genau, daß er um mich besorgt war. Eines Tages zeigte er das besonders deutlich. Ich hatte gerade ihr Haus verlassen und war ein paar Meter weit gefahren, als der Reifen meines Autos Luft verlor. Ich lief zurück und benutzte Leannes Telefon, um Dad um Hilfe zu bitten. Er schimpfte mich nur aus. »Mein Gott noch mal, Donna. Wenn du schon ein verdammtes verficktes Auto besitzt, wirst du wohl auch den Reifen selber wechseln können.«

»Ja, Daddy.« Ich war so durcheinander durch seine Antwort, daß mir Tränen in die Augen traten. »Lees Dad ist hier, und er wird mir helfen, den Reifen zu wechseln. Ich bin dann in ungefähr 25 Minuten zu Hause.«

»Das wirst du verdammt noch mal allein machen. Ich will nicht, daß du Leannes Vater störst, nur weil dein Reifen platt ist. Entweder wechselst du den Reifen selbst, junge Dame, oder du kommst zu Fuß nach Hause. Versuch bloß nicht, mich zu hintergehen!« Er hängte auf.

Die Tränen rollten über meine Wangen. In den sieben Jahren, die mich Leanne und ihre Eltern kannten, hatte sie mich nie weinen sehen. Ihre stille Sympathie tat fast so weh wie die Worte meines Vaters.

»Los jetzt, Leute!« versuchte Leannes Vater freundlich, die Stimmung zu heben. Er steuerte mit Leanne und mir auf die Haustür zu.

»Aber Frank, mein Dad hat doch gesagt, ich solle das allein machen. Ich weiß, wie das geht. Es ist schon in Ordnung. Ich habe ihn wirklich nur angerufen, weil ich wußte, daß ich zu spät kommen würde. Ich wollte bloß keine Schwierigkeiten bekommen.«

»Du bist meine zweite Tochter, vergiß das nicht.« Er brachte uns beide zum Auto, wobei er jede von uns liebevoll am Nacken festhielt. »Es wird nur ein paar Minuten dauern. Ihr könnt mir helfen.« Seine Stimme war beruhigend.

Frank wechselte den Reifen, während Lee und ich ihm dabei zuschauten. Ich wußte, daß Leannes Vater mich respektierte. Er lobte mich oft und sagte, ich sei ein »guter Kerl«. Es war seltsam und wunderbar zugleich, wie er meinem Dad die Stirn bot, um mir zu helfen und mich zu beschützen. Trotzdem machte mich die ganze Geschichte verlegen. Denn ich wußte, daß sie nun zum ersten Mal gesehen hatten, wie mein Leben wirklich aussah.

September 1959
Santa-Monica-High-School
Santa Monica, Kalifornien

Ich wechselte in die Unterstufe der Santa-Monica-High-School über. Sandy hatte gerade ihren Abschluß an der Junior-High-School gemacht und schrieb sich auch in der »Samohi« ein.

Unsere Lage hatte sich entschieden gebessert. Ich hatte endlich die Erlaubnis bekommen, Verabredungen zu treffen und auf Parties zu gehen, die von der Schule organisiert wurden.

Ich wurde Mitglied eines Mädchenclubs, und mein Leben war im Handumdrehen voller Aktivitäten und neuer Freunde. Die schreckliche Last, ein Haus bauen zu müssen und auch als Schreiner zu arbeiten, war jetzt endlich von unseren jungen Schultern genommen.

Sandy und ich waren gut in der Schule. Zu Hause taten wir, was man uns sagte, führten den Gemischtwarenladen und verhielten uns immer wie junge Damen, wie unser Vater es verlangte. Wir arbeiteten hart daran, perfekt zu werden, und auf vielen Gebieten gelang uns das tatsächlich.

Meine Noten erlaubten es mir, meinen Abschluß ein Semester früher als vorgesehen zu machen, und bei meiner Abschlußfeier wurde ich mit dem Goldenen Siegel

Kaliforniens ausgezeichnet. Ich hatte im Durchschnitt in jedem Semester der High-School die beste Note erhalten. Einige Studenten hatten diese Ehrung vielleicht erwartet – für mich bedeutete sie eine große Leistung.

Diese Auszeichnung war für mich nicht nur deswegen großartig, weil auf mir noch so viele andere Verantwortlichkeiten lasteten, sondern weil sie mir zum ersten Mal in meinem Leben bewies, daß ich alles erreichen konnte, was ich mir vorgenommen hatte. Sie bedeutete alles für mich.

Herbst 1960
Santa-Monica-City-College
Santa Monica

Mein Vater hatte beschlossen, daß ich nach der High-School das Santa-Monica-City-College besuchen sollte, das nur wenige Kilometer von unserem Haus entfernt lag. Ich hatte keine Ahnung, daß ich mit meinen Noten Anspruch auf ein Stipendium an fast jeder Universität meiner Wahl gehabt hätte. Ich arbeitete intensiv an der SMCC und wurde Zweite Vorsitzende der Studentenvertretung, »Miss Spindrift-Prinzessin«, Frau des Jahres und hatte überdurchschnittliche Noten. Nebenbei arbeitete ich noch 20 Stunden in der Woche in einer Freizeitanlage, wo ich junge Mädchen unterrichtete, die Mannequins werden wollten.

Hin und wieder traf ich mich mit Ken. Die enorme Entfernung, die wir für diese Begegnungen zu überwinden hatten, wirkte nicht gerade anregend auf unsere Beziehung. Ken war immer noch der einzige Junge, in den ich mich jemals verliebt hatte, aber die Unverbindlichkeit unserer Beziehung ließ mich auf der Hut sein. Wir gingen beide auch mit anderen aus, und ich war mir nicht sicher, was Ken eigentlich für mich empfand.

Als ich im nächsten Frühjahr die Schule beendet hatte, lud Maymie mich zu einer sechswöchigen Kreuzfahrt mit dem Luxusliner Mariposa durch den Südpazifik ein. Es wurde die schönste Reise, die ich jemals gemacht hatte.

Bevor wir losfuhren, wollte Maymie sich mit mir über »die Grundregeln unserer Reise« unterhalten.

»Mein Schatz, du weißt, daß die Leute dich immer für meine Tochter halten, weil du so lieb zu mir bist. Ich möchte gerne, daß du dich auf unserer Reise für meine Tochter ausgibst und niemandem erzählst, daß du in Wirklichkeit meine Enkelin bist. Ich möchte einfach mein Alter nicht preisgeben.«

»Aber Maymie, wenn die Leute mich dann ausfragen? Was sage ich, wenn sie wissen wollen, ob ich eine Schwester habe? Wirst du ihnen von deinem Sohn erzählen? Wird Dad dann mein Bruder?«

Ich war von diesem geplanten Täuschungsmanöver überwältigt. Was würde geschehen, wenn Big Ray davon erführe? Wie viele Geheimnisse mußte meine Familie eigentlich hüten?

»Die Leute stellen nie so viele Fragen. Tu nur, was ich dir sage. Ich werde erzählen, daß du meine einzige Tochter bist.«

Ich wußte, daß wir auf der sechswöchigen Reise jeden Abend mit immer denselben acht Personen essen würden. Ich wurde mir des Ausmaßes und der Bedeutung dieses neuen Geheimnisses nur langsam bewußt. Was würde geschehen, wenn ich mich versprechen würde? Sechs Wochen waren eine lange Zeit.

»Aber sie werden trotzdem Dinge über uns erfahren wollen. Was soll ich tun, wenn sie nach meiner Familie fragen? Was soll ich denn dann sagen?«

»Das wird schon kein Problem sein. Tu nur, was ich dir sage, und vor allem: lächle viel!« Das Gespräch war damit beendet.

Sie hatte recht.

Es gab wirklich keine Schwierigkeiten. Ich war so gut darin ausgebildet, Dinge vorzutäuschen, daß ich unser kleines Spiel problemlos meisterte.

Meine Großmutter und ich tanzten beide sehr gerne, und wir wurden auf der Kreuzfahrt als die »Tanzenden Ladies« bekannt. Auf dem Schiff reisten vorwiegend ältere Leute, und meine jugendliche Großmutter und ich genossen die Aufmerksamkeit der Offiziere und der anderen Passagiere ganz besonders. Ich als junge Frau ohne männliche Begleitung konnte mich der Aufmerksamkeiten kaum erwehren. Ich gewann einen Tanzwettbewerb und Kostümparaden, schwamm, las und spielte Gesellschaftsspiele. Was für eine unvergeßliche Reise!

Auf dieser Kreuzfahrt lernte ich die Welt der Erwachsenen aus einer anderen Perspektive kennen. Zum ersten Mal wurde ich von ihnen als gleichberechtigt behandelt, und es schockierte mich doch etwas, als einer der gutaussehenden Schiffsoffiziere in den besten Jahren mir von seiner Sterilisation erzählte. Ich mußte mich nicht besonders anstrengen, um zu begreifen, was er im Sinn hatte. Später am Abend fragte er mich, ob ich die exotischen Fische in seiner Kabine sehen wollte. Ich lächelte nur und sagte nein. Ich sah ihn schließlich zusammen mit einer älteren, attraktiven Frau. Ich hatte mich schon mit ihr an Deck unterhalten und wußte deshalb, daß sie verheiratet war.

Die Welt der Erwachsenen schien vom freien Fluß des Alkohols angeregt zu sein. Nach der vierten Woche auf See hatte ich mich mit den Frauen von unserem Tisch recht gut angefreundet. Wochenlang hatten sie sich über Alkohol lustig gemacht. Jedesmal, wenn der Sekt vor dem Essen ausgeschenkt wurde, begannen sie zu singen: »Nur Alkohol hilft!« Tagsüber traf ich mich häufig mit ihnen in der Bibliothek oder am Swimmingpool. An einem Abend gaben unsere Tischgefährtinnen eine Cocktail-Party vor dem Abendessen, zu der Maymie und ich eingeladen waren. Wir gingen recht bald wieder, aber die anderen tranken weiter. Als sie sich schließlich zu uns an den runden Eßtisch im etwas steifen Schiffsrestaurant setzten, waren sie alle ziemlich betrunken. Tom war der Erste Offizier an Bord und vielleicht der eleganteste und hübscheste ältere Mann, den ich je gesehen hatte. Jetzt fiel ihm der Kopf unkontrolliert auf die Brust, und er war kaum noch in der Lage, einen Ton von sich zu geben. Nan, meine ungefähr 60jährige Freundin, saß neben mir.

Nach der Vorspeise und der kalten Suppe plumpste Nans Kopf in Richtung ihres Tellers. Ihr Ehemann, der selber nicht mehr ganz sicher auf den Beinen war, brachte sie in ihre Kabine. Ein Offizier vom Nebentisch kam und half Tom, sich zu entfernen.

Vielleicht war das nur eine typische Szene für das Leben an Bord, für mich war sie jedoch von Bedeutung. Ich hatte noch niemals Menschen gesehen, die auf diese Weise die Kontrolle über sich selbst verloren hatten und so betrunken waren. Ich hatte für Tom und Nan Respekt und Bewunderung empfunden, aber nach diesem Abend konnte davon keine Rede mehr sein, und auch ihnen war der Umgang mit Maymie und mir danach eher peinlich. Irgendwie schienen mir jetzt ihre Witze über Alkohol als »einzige Hilfe« auf traurige Weise pathetisch und falsch. Dieser Zwischenfall brachte mich dazu, mein Leben und meine Ansprüche noch einmal ganz genau zu überprüfen.

Ich wollte nicht 60 werden und Alkohol brauchen, um glücklich zu sein. Ich wollte es nie so weit kommen lassen, daß mein Kopf in den Teller fiel. Ich wollte niemals einen Mann heiraten, der auch nur einem meiner Tischgenossen ähnlich wäre. Für sie alle war es schwierig, sich zu entspannen, sie wünschten nichts mehr, als daß die Reise endlich vorbeiginge und waren mit sich selbst unzufrieden.

Meine Vorstellungen von dem Leben, das ich mir gestalten wollte, nahmen immer deutlicher Gestalt an. Ken fehlte mir. Ich hatte mich vor meiner Abreise sehr mit ihm gestritten, und an keinem Hafen fand ich Post von ihm. Trotzdem freute ich mich immer mehr darauf, ihn wiederzusehen, je näher der Tag unserer Rückkehr nach Los Angeles kam.

Sommer 1961
Eagle Rock, Kalifornien

Ken freute sich über meine Rückkehr, und wir begannen, uns häufiger zu treffen. Gegen Ende des Sommers wurde unsere Beziehung ernst. Er begann, mich wie jemanden zu behandeln, der ihm viel bedeutete, und ich wußte, daß ich in ihn verliebt war.

Ich erinnere mich an eine unserer Begegnungen. Ich war nach Eagle Rock gefahren, wo Ken im Sommer Häuser anstrich. Ich hatte mir von Mom eine knallbunte Hose ausgeliehen, die wunderbar zu meinem sonnengebräunten Teint paßte.

Als ich in Kens bescheidener Wohnung angekommen war, begrüßten wir einander mit einer freundschaftlichen Umarmung. An seinem Gesichtsausdruck erkannte ich sofort, daß er mit dem, was er sah, sehr zufrieden war. Ich allerdings auch. Er hatte gerade geduscht und roch wunderbar nach Seife und After-shave. Ken war in allem so sauber und ordentlich – er pflegte sich selbst und seine Umgebung. Das bewunderte ich.

»Was riecht hier so gut?« fragte ich und machte mich am Herd zu schaffen.

»Ah ha! Ich wissen und du 'erausfinden müssen!« Er neckte mich mit der mitleiderregenden Nachahmung eines italienischen Akzents.

»Nix sein gut genug für Milady. Ich 'aben gekocht Spinatsoufflé und gegrillte 'ähnchen.« Er vermischte nun den italienischen mit einem französischen Akzent. Er lächelte mich auf seine seltsam ernste Art an. Sogar wenn er scherzte, war doch immer ein feierlicher Unterton in seiner Stimme.

»Kenny, kann ich einen Blick in den Kühlschrank wagen?« Ich nahm ihn auf den Arm. Das gesamte vergangene Schuljahr über hatte eine tote Katze in seinem Kühlschrank gelegen. Es handelte sich damals um ein Projekt für den Anatomiekurs in der Schule, in dem ein Laborversuch verlangt wurde.

»Ach du lieber Gott. Was immer du willst. 'eut abend steht Katze nicht auf Speisekalte. Velzeihung.« Jetzt hatte sich zu seinem italo-französischen Akzent noch ein wenig Chinesisch hinzugesellt.

Ich mußte lachen. Ich war so verliebt in ihn. Ich hatte den Eindruck, daß er noch besser aussah als sonst. Von seiner Tätigkeit als Anstreicher war er braungebrannt, und auf seinen muskulösen Armen wuchsen von der Sonne gebleichte Härchen. Er kümmerte sich sorgfältig um die Zubereitung unseres Abendessens, während ich den Tisch deckte. Wir sprachen kaum beim Essen, genossen unser Beisammensein schweigend.

Später an diesem Abend machte ich mit Ken einen Spaziergang unter dem Sternenhimmel dieser warmen kalifornischen Nacht. Es war wahnsinnig romantisch. Wir gingen die kurze Strecke bis zum Amphitheater seiner Schule.

Dort setzten wir uns auf die obersten Zementstufen dieses Freilichttheaters, sprachen über unsere Zukunft und nahmen eine unserer Lieblingsbeschäftigungen auf:

Wir stellten uns unseren zukünftigen Nachwuchs vor. Wir träumten davon, mit ihnen zum Karussell im Griffith Park-Zoo zu gehen. Ken wiegte mich in seinen Armen. Ich himmelte ihn an und wußte genau, daß ich wichtig für ihn war. Es war so wunderbar, in dieser sternenklaren Nacht zusammen zu sein.

Nach unserer Rückkehr lagen wir ruhig auf seinem Sofa und umarmten uns. Wir blickten einander lange in die Augen. Ich gab Ken tausend zarte Küsse auf seine geschlossenen Augenlider, seine Ohren, seine Stirn. Wir hielten einander so fest, als würden wir uns nie wieder loslassen können.

Wir sprachen es nie aus, aber wir wußten beide, daß wir mehr voneinander wollten. Ich hielt mich immer zurück, weil ich diesen »netten« Jungen haben und ein Mädchen zum Heiraten bleiben wollte. Die Zeit verging wie im Flug, und bevor wir uns versahen, mußte ich schon wieder gehen. Auf meiner Rückfahrt nach Venice waren meine Gedanken nur bei Ken. Mein Verlangen nach ihm war das einer Frau, die eines Tages den Mann ihrer Träume zu heiraten hofft.

Ich fuhr in die Auffahrt hinein und schaute mich sorgfältig um, bevor ich aus dem Wagen stieg. Venice war gefährlich. Ich steckte den Schlüssel so geräuschlos wie möglich in das Schloß unserer Haustür und öffnete sie. Ich wollte Dad nicht aufwecken. Ganz leise machte ich drei Schritte auf den Zehenspitzen.

»Donnie!«

Verdammt. Ich tat so, als hätte ich nichts gehört. Ich wollte einfach nur ins Bett und an meinen liebsten, wunderbaren Kenny denken.

»Donnie!«

Ich ignorierte weiterhin Dads Rufe aus dem dunklen Wohnzimmer.

»Donnie!« Schließlich stand er auf. Wie immer war er

nackt. Ich brummte einen unfreundlichen Gruß. Er streckte den Arm nach mir aus, um mich zu berühren. Ich zog mich ärgerlich zurück – meine gute Laune war verflogen.

»Nein! Ich muß ins Bett!« Meine Stimme war scharf. »Ich muß morgen früh aufstehen. In sechs Stunden muß ich wieder arbeiten.«

Er griff nach mir. Ich zog mich schnell zurück, war mißtrauisch und auf der Hut. Er schlug seinen autoritären Ton an, den ich haßte.

»Ich brauche dich!«

»Nein, nein, nein!« flüsterte ich schroff. Ich hatte den verzweifelten Wunsch, allein zu sein.

»Hilf mir bitte!« Er verlegte sich aufs Bitten. Den Bitten folgten Drohungen, dann zischte er nur noch.

So ging es eine ganze Weile weiter. Er wollte mich einfach nicht in Ruhe lassen. Und ich brauchte meinen Schlaf. Am nächsten Morgen mußte ich wieder arbeiten.

Oh, lieber Gott, sollte es dich geben, hör mich bitte an. Ich betete. Oh, lieber Gott, hilf mir bitte. Ich brauche jetzt deine Hilfe.

Mein Gebet half ebensowenig wie meine Argumente. Er hatte auf mich gewartet. Er wußte, daß ich mich mit Ken getroffen hatte. Der Gedanke, daß ich mit meinem Freund zusammengewesen war, schien ihn anzuregen. Er ließ nicht locker, gab mir Befehle, schmeichelte, bat und bettelte.

»Nein, Daddy, nein!« schrie ich zurück. Ich weinte. »O Gott, Dad, laß mich bitte in Ruhe! Ich möchte einfach nur normal sein. Ich möchte mit Ken zusammensein. Ich liebe Ken.«

Er hörte immer noch nicht auf. Normalerweise gab ich nach, wenn er mich ergriff und mir den bekannten Sermon erzählte: Liebe Mädchen respektieren ihre Daddys, liebe Mädchen tun, was man ihnen sagt. Aber heute abend war ich zu verärgert, um ihm seinen Willen zu lassen.

Als er schließlich begriffen hatte, daß ich auf seine Forderungen nicht eingehen wollte, ergriff er mein rechtes Handgelenk und verdrehte es – auf seine besondere Art, die keine Spuren hinterläßt. Ein scharfer Schmerz schoß durch meinen Körper. In dieser Nacht haßte ich ihn mehr als jemals zuvor in meinem Leben! Ich war machtlos und konnte ihn von nichts abhalten, und dafür verachtete ich ihn. Immerhin ließ ich nicht zu, daß er mich auf die Art berührte, die er sich vorgestellt hatte. Ein geringer Trost.

Ich mußte ihm »helfen«, wie er es schönfärberisch nannte. Ich trennte meine Gedanken von meiner linken Hand. Ich führte die schmutzige Arbeit aus und war gleichzeitig weit weg, in Sicherheit, an meinem Traumort, wo ich normal und endlich alles in Ordnung war. Ich träumte davon, frei zu sein.

September 1962
»The Row« –28ste Straße
Universität von Südkalifornien
Los Angeles

Das Santa-Monica-City-College beendete ich als eine der Besten und erhielt ein Stipendium, das mir erlaubte, die anerkannte Universität von Südkalifornien zu besuchen. Das Stipendium und das Geld, das ich nebenbei verdiente, erlaubten es mir, einer Verbindung von Studentinnen beizutreten. Diese Tatsache sollte mein Leben verändern. Meine neuen »Schwestern« waren einfühlsam, hilfsbereit und sehr witzig.

Täglich wurden meine Träume intensiver, wenn ich das herrliche Haus im Kolonialstil aufsuchte, in dem die

Verbindung untergebracht war. Mein Traum war, hier zu wohnen. Sechs Wochen nach Semesteranfang besuchte ich das Zimmer meiner neuen Freundin Patty. Es fiel mir auf, daß die Schränke an einer Seitenwand leer waren.

»Warum ist Lauras Schrank leer?« fragte ich Patty.

»Hast du davon nichts mitgekriegt? Laura ist wieder krank. Sie mußte ausziehen. Ihre Mutter ist heute morgen vorbeigekommen, hat sie aus dem Unterricht genommen, ihre Sachen gepackt, und dann sind sie abgefahren.«

»Wann kommt sie wieder?« Ich versuchte, ganz ruhig zu klingen, aber das dröhnende Geräusch in meinen Ohren und mein heftig schlagendes Herz machten mich ganz taub.

»Das wissen wir noch nicht genau. Aber auf keinen Fall, bevor das Semester zu Ende ist.«

»Und wer wird vorläufig ihren Platz hier einnehmen?« Ich versuchte, meiner Stimme einen beiläufigen Tonfall zu verleihen.

»Wahrscheinlich niemand. Alle Mädchen haben schon Verträge für ihre Unterbringung abgeschlossen. Die können sie jetzt nicht mehr rückgängig machen.«

»Dann könnte ich ja vielleicht hier einziehen.« Ich unterdrückte meine wachsende Aufregung.

»Donna, ist das wahr? Ich würde sterben vor Freude, wenn du hier wärst. Wir wären dann die Fünf Musketiere. Das wär toll! Heute morgen habe ich unsere Studentenberaterin gesehen. Sie ist unten und bringt die Bücher auf den neuesten Stand. Geh runter und frag sie! Geh jetzt sofort!«

Am Abend, nachdem ich die Zusage von der Studentenberaterin erhalten und mir über die Kosten Klarheit verschafft hatte, mußte ich mich schließlich mit meinem Vater auseinandersetzen. Dad hatte immer deutlich gemacht, daß ich zu Hause zu leben hatte. Ich wußte genau, daß ich nun vor einer ernsthaften Auseinandersetzung stand.

Alle meine Freunde von der High-School waren »weg aufs College« gegangen, nach Cornell, Purdue, Cal oder Standford. Für mich hatte keine Hoffnung darauf bestanden. In all den Jahren, in denen wir darüber gesprochen hatten, daß ich aufs College gehen würde, war nie die Rede davon gewesen, daß ich auch auf dem Universitätsgelände wohnen könnte. Ich wußte, daß ich meine Worte jetzt sorgfältig wählen mußte, daß ich jetzt die beste Rede meines Lebens halten mußte, weil von ihr so furchtbar viel abhing. Ich hatte bereits Erfahrung in Rhetorik und schon einiges über die Bedeutung der Zuhöreranalyse gelernt. Vor allem verstand ich etwas von Überredungskunst.

Den ganzen Tag lang grübelte ich über das Problem nach. In meinen 19 Lebensjahren hatte ich noch nie etwas so sehr gewollt. Wenn ich auf dem Campus leben könnte, wäre ich frei. Ich wäre emanzipiert. Ich beschloß, Dads Besessenheit von unserer aristokratischen Herkunft für meine Ziele auszunutzen.

»Daddy, ich war heute zum Mittagessen im Verbindungshaus«, sagte ich leichthin. Ich gab mich lässig. Das Ganze durfte nicht zu wichtig erscheinen.

»Es war wirklich nett. Es gab ziemlich leckere Dickmacher.« Ich machte eine kleine Pause. »Als ich Patty im oberen Stockwerk besuchte, stellte ich fest, daß eins der Mädchen ausgezogen war. Laura, die hübsche Braunhaarige, die mir so gefiel. Sie lebt in San Marino. Ihre Mutter hat sie heute morgen mit nach Hause genommen.«

Ich gestattete mir eine längere Ruhepause, um meine Gedanken zu ordnen. Es war von größter Bedeutung, jetzt keinen Fehler zu machen. Nur keine Aufregung oder zuviel Gefühl zeigen. Ich erzählte weiter über meine neuen Schwestern. Dabei erwähnte ich die Tochter des Arztes, das große Anwesen der Familie einer anderen Schwester und einige Einzelheiten über den Vater eines Mädchens, der General war.

»Es ist toll, alle diese Mädchen kennenzulernen. Dad, stell dir mal vor, deine Tochter würde dort leben. Du hättest dann eine richtige ›Verbindungstochter‹.«

Dad gab keine Antwort. Abwesend lag er im Bett und aß sein Eis. Ich saß in der Nähe auf einem Stuhl. Ich ließ noch mehr Zeit vergehen.

»Ich wette, auch Maymie würde der Gedanke gefallen.« Wieder erzwang ich eine Pause. Ich schaute Dad an. Er schien jetzt interessiert. Mach weiter, aber sei vorsichtig, dachte ich. Er kaut gerade nicht. Er hört immer noch zu.

»Dad, die Studentenberaterin hat gesagt, daß sich die Gesamtkosten auf 50 Dollar monatlich belaufen. Da ist das Essen inbegriffen. Das ist also auch nicht teurer als zu Hause. Und wenn ich nicht immer zwei Stunden fahren muß, habe ich auch mehr Zeit zum Studieren. Ich verdiene fast 50 Dollar in der Woche, und dazu kommt dann noch dieses Stipendium ...«

»Ich bin gegen dieses Stipendium. Sie sollten dir nicht erst ein Stipendium geben und dich dann dafür arbeiten lassen. Ich hätte dir auch ganz problemlos selbst die Uni finanzieren können, wenn Maymie nicht unser ganzes Geld rausgeschmissen hätte. Kannst du dir das vorstellen, so ein dummes Weibsbild, fährt ein Jahr lang in der Welt rum, und hier haben wir die schlimmste Wirtschaftskrise, die es je gegeben hat. Ich wünsche bei Gott, daß aus dir nie so eine Verschwenderin wird wie sie.«

Ich blieb ganz ruhig sitzen, während er weiter schwadronierte.

»Ich verdiene gutes Geld. Die Luftfahrtindustrie boomt. Sie brauchen gute Ingenieure im ganzen Land.

Kennedy wird einen Amerikaner auf den Mond schießen. Merk dir meine Worte, das wird er tun. Er ist vielleicht ein irischer Bastard, und all diese Kennedys sind Gauner, aber was das Raumfahrtprogramm angeht, hat er recht. Sie werden die besten Köpfe brauchen. Ich bin was wert.«

»Ich weiß, Dad. Das Gyroskop, das du in die Mondumlaufbahn gebracht hast, ist echt gut. Das ist super!«

Ich nahm die Gelegenheit wahr und gab Dad die Bestätigung, die er von mir erwartete. Dann setzte ich das Gespräch fort. Was jetzt folgte, sollte sich nach Dankbarkeit und Ehrlichkeit anhören. »Daddy, dieser Job, den ich in der Schule machen muß, ist nicht schwer. Ich muß nur zwei Stunden in der Woche Buchbestellungen für die Englisch-Professoren schreiben. Es ist so witzig, ihnen zuzuhören. Sie streiten über die absonderlichsten Sachen. Ein Professor war letzte Woche ganz aufgebracht, weil jemand seine Aussprache eines Wortes, das k-i-l-n buchstabiert wird, korrigiert hat.«

»Das heißt Kill, das N wird nicht ausgesprochen«, sagte Dad stolz.

»Richtig, Dad. Ich bin froh, daß du mir die richtige Aussprache so verzwickter Worte beigebracht hast. Jedenfalls war dieser Professor bald ganz durcheinander und begann, an seiner Aussprache des Wortes zu zweifeln. Da er sonst niemanden fand, der ihm zustimmte, wandte er sich schließlich an mich, eine Studentin, und fragte mich. Ich sagte ›Kill‹. Er stürmte in sein Büro, und solange ich noch da war, ließ er sich nicht wieder blikken.«

Dad biß auf seinen Eisstückchen herum, die ich sorgfältig für seine Coca-Cola zerstoßen hatte. Er dachte einen Augenblick nach. Seine Stimmung war wieder besser geworden.

»Du weißt, daß Big Rays Mutter Lydia und seine

Schwester Fay beide Pharmazie studiert haben. Fay besuchte die Universität . . . ich glaube 1902. Ein ziemlich beeindruckendes Vorbild für dich. Alle hatten sie eine gute Ausbildung. Auch die Familie deiner Mutter kann sich sehen lassen. Ihre Cousine Margie hat ihren Magister gemacht und ist Dekan am College. Du solltest stolz auf sie sein.«

Minuten vergingen. Ich sagte nichts. Es war besser, nicht zu sehr zu drängen. Ich wartete eine Ewigkeit, wie mir schien. Mein Zittern hatte nachgelassen. Das Gespräch hatte mich ein wenig beruhigt, aber ich spürte immer noch eine gewisse Aufregung in meiner Stimme.

»Also Dad, was hältst du davon?« Ich hielt den Atem an, sprach dann langsam weiter. »Könnte ich bis zu den Weihnachtsferien dort einziehen? Ich würde es wirklich gerne versuchen, bis Laura wieder zurückkommt.«

Ich atmete tief durch und wappnete mich für das Verdikt.

Er sagte ja! Ich konnte es kaum glauben.

Gleich am nächsten Nachmittag zog ich in das Verbindungsheim. Meine neuen Mitbewohnerinnen waren begeistert. Bevor das Herbstsemester abgelaufen war, hatten sie mich schon auf zwei repräsentative Posten innerhalb der Verbindung gewählt. Ich war unter anderem ihre Kandidatin für die »Schöne Helena«, für die sie eine hübsche blauäugige Blondine brauchten. Diese Anforderungen erfüllte ich genau. Ich war so glücklich!

Das Vertrauen in meine freundliche innere Stimme wuchs merklich. Ich fing an, dieser zarten Flüsterstimme wirklich zu glauben, die mich in den verzweifeltsten Momenten getröstet hatte, wenn sie mir gesagt hatte: *Donna, alles wird gut.*

Das Leben im Verbindungshaus war schöner, als ich es mir je erträumt hatte. Die Köchin Augustine bereitete mir immer ein wunderbares Frühstück zu, und in meinem braunen Lunchpaket, das ich mittags nach dem Unterricht auf meiner Arbeitsstelle öffnete, fand ich immer besondere Überraschungen. Es war lustig, mit den Mädchen zusammenzuleben: Sie stibitzten Zigaretten, fluchten und erzählten unanständige Witze. Damals verstand ich noch nicht, daß es sich dabei um eine harmlose Form der Auflehnung handelte, ein Spiel, an dem ich mich nicht beteiligen wollte. Man hatte mir beigebracht, daß junge Damen nicht fluchen. Und ich wollte um jeden Preis eine junge Dame sein. Ich weigerte mich, gegen irgendeine Regel des Hauses zu verstoßen, weil ich das Erreichte auf keinen Fall aufs Spiel setzen wollte. Mehr noch – ich wollte meine Freiheit nicht gefährden.

Nachdem ich aus dem Haus war, heiratete Daddy Bernie ganz plötzlich im Frühjahr. Zur gleichen Zeit hatte Sandy eine entscheidende Auseinandersetzung mit Dad und zog zu unserer Mutter. Sandy wollte mit mir nicht einmal darüber sprechen. Da ich so mit meinem eigenen, neuen Leben beschäftigt war, schenkte ich dem Ganzen wenig Beachtung. Ich war so angetan von dem Gedanken, endlich mein Leben selbst in die Hand zu nehmen.

Erst Jahrzehnte später erfuhr ich die schreckliche Wahrheit über den Hintergrund von Sandys plötzlichem Auszug aus Daddys Haus mitten in der Nacht. Sie sollte nie mehr zurückkehren. Ich mußte feststellen, daß ihre Geschichte der meinen sehr ähnlich war.

September 1963
The Row
Universität von Südkalifornien

Ich hatte meine Verlobung mit Ken vor allen geheimgehalten, sogar vor Sandy, so daß ich bei Semesterbeginn an einem der ältesten Verbindungsrituale teilnehmen konnte.

Es war ein unglaublicher Sommer gewesen, eine echte Achterbahn der Gefühle. Big Ray war gestorben, und ich mußte mit meiner tiefen Trauer fertig werden. Dann erfuhr ich, daß Bernie und Dad schon wieder ein Baby erwarteten, was mich in nicht geringe Aufregung versetzte. Und dann kam das Unglaublichste von allem: Ken machte mir einen Heiratsantrag!

Donnerstag war Verbindungsabend, und alle 60 Schwestern aßen gemeinsam in unserem Eßzimmer. An diesem außerordentlichen Donnerstag war ich furchtbar aufgeregt, meine Gedanken drehten sich unaufhaltsam im Kreis. Ich dachte an den Abend vor einem Monat, als Ken um meine Hand angehalten hatte. Er war so wunderbar und so nervös gewesen.

Nach einem schönen Abendessen nur für uns zwei bat er mich, mich hinzusetzen. Er war sehr ernst. Ich lächelte, weil ich wußte, was jetzt kommen würde. Mir gefiel das Romantische an der Situation. Er kniete sich vorsichtig vor mich und schaute mir in die Augen. Auf seine ernste Art hob er nun an.

»Donna, du weißt, daß ich dich liebe. Das war dir schon klar, als wir erst 15 waren. Ich möchte, daß du meine Frau wirst. Möchtest du mich heiraten?« In diesem Moment holte er den glänzenden Diamantring hervor, den wir gemeinsam sorgfältig ausgesucht hatten.

Ich mußte darüber lachen, wie wundervoll er war – wie ein Schauspieler in einem romantischen Film. Ich schlang meine Arme um seinen Hals, umarmte und küßte ihn. Wie hatte ich auf diese Worte gewartet. Es war wie ein Traum.

»Ja, Kenny, ich werde dich heiraten. Und wir werden unendlich viele Kinder kriegen! Ich liebe dich. Ich habe dich immer geliebt, und ich werde dich immer lieben.«

Lächelnd kam ich zu den wichtigen Dingen der Gegenwart zurück. Ich hatte bei einem Floristen die traditionelle Verbindungskerze für Verlobungen bestellt, eine pinkfarbene Wachskerze, die mit Satinbändern geschmückt war. Ich war mir sicher, daß sie wunderschön aussehen würde. Am Nachmittag sollte sie in die Küche geliefert werden. Ich hatte das Ritual in diesem Jahr schon öfters beobachten können – jedesmal, wenn eine Schwester ihre Verlobung bekanntgab. Ich wußte, was mich erwartete und wie aufregend es sein würde.

Ich hatte auch Sandy zum Essen eingeladen. Sie lebte jetzt in Nichols Canyon mit Mom und Moms neuem Ehemann Mac, und sie war immer froh, wenn ich sie ins Verbindungsheim einlud. An diesem Tag konnte ich mich während des Unterrichts überhaupt nicht konzentrieren; es war, als durchzögen elektrische Stromstöße meinen Körper, wenn ich an die Zeremonie dachte, die mich erwartete. Es war besonders schwierig gewesen, die Verlobung geheimzuhalten – besonders vor Sandy.

Beim Abendessen saß Sandy neben mir und Patty am Tisch mit meinen anderen Mitbewohnerinnen. Das Essen verlief ruhig. Unser Gespräch war angeregt, aber ich wartete auf das Dessert und auf das, was danach kommen würde.

Plötzlich gingen die Lichter im Speisesaal aus. Dreimal hintereinander wurden sie danach ein- und ausgeschaltet. Mein Herz klopfte laut. Ich schnappte nach Luft. Das bedeutete Verlobung! Im Raum wurde es plötzlich ganz still, betäubend still. Mein Herz raste. Die

Mädchen sahen einander fragend an. Wer war die Glückliche? Ein Flüstern ging durch den Raum. Aufgeregte Stimmen nannten verschiedene Namen. Jede war neugierig. Wer konnte sich verlobt haben?

Mein Name wurde genannt. »Donna?«

Ich lächelte und schüttelte den Kopf. Nein. Dann versuchte ich, meinem Gesicht einen unbeteiligten, fragenden Ausdruck zu verleihen, um zu zeigen, daß ich auch völlig ahnungslos sei. Verstellen konnte ich mich ja.

Ein magerer junger Kellner fegte in den Raum und trug die schönste pinkfarbene Kerze, die ich jemals gesehen hatte! Sie war entzündet, und die Satinbänder flossen weich um sie herum. Im dämmrigen Licht des Speisesaals erschien sie wie ein glühendes Bouquet. Der Kellner übergab die brennende Kerze vorsichtig dem Mädchen, das am Kopfende des Tisches saß.

Die Kerze machte ihre Runde um den Tisch und wurde von einer erwartungsvollen jungen Frau zur nächsten gereicht. Mit jeder neuen Übergabe wuchs die Spannung. Manchmal beugte sich ein Mädchen vor und tat so, als wolle es die Kerze ausblasen, ließ aber im letzten Augenblick lächelnd von ihrem Vorhaben ab und gab die Kerze weiter.

Schließlich kam sie bei mir an. Ich hielt den Atem an, und mein Gesichtsausdruck war ruhig – ich würde mich nicht verraten. Ich reichte die Kerze an Sandy weiter. Ihre Augen funkelten im Licht der Flamme, als auch sie sie weiterreichte. Jedes der 60 Mädchen hatte sie jetzt einmal in der Hand gehalten, aber keines hatte sie bisher für sich beansprucht. Die Spannung wuchs zusehends. Es war nichts Neues für die älteren Schwestern, daß die Betreffende sich nicht beim ersten Mal zu erkennen gab. Oft genug gelang es einem Mädchen, ihre Aufregung zu verbergen, bis die Spannung auf dem Höhepunkt war.

Minuten vergingen. Die Kerze gelangte wieder in meine Hände. Und wieder gab ich mich nicht zu erkennen. Die Spannung im Raum verschlug einem die Sprache.

Schließlich, nach einer allerletzten Runde, kam die Kerze wieder bei mir an. Ich wußte, daß ich jetzt handeln mußte, sonst wäre sie abgebrannt, bevor sie mich beim nächsten Mal wieder erreicht hätte. Jetzt oder nie! Ich bekam einen ganz trockenen Mund, mein Gesicht lief rot an. Mein Herz klopfte so laut, daß ich mich kaum konzentrieren konnte. Die Kerze war jetzt bei meiner Nachbarin.

Die Luft anhaltend nahm ich sie mit zitternden Händen entgegen, tat so, als wolle ich sie weiterreichen. Dann hob ich sie schnell an meinen Mund und blies sie aus, wobei die Satinbänder um sie herumwirbelten. Die Kerze war erloschen, und das Verbindungshaus hallte wider vom Gebrüll der Mädchen!

Sandy sprang von ihrem Stuhl auf und kreischte, als sie mich stürmisch umarmte. »Schwesterchen, du hast mir nichts davon erzählt! Wann? Wann?«

Ich sah sie mit glänzenden Augen an. Auch die anderen Mädchen hatten ihre Plätze verlassen. Alle standen um mich herum. Meine Schwestern waren von unschuldiger Freude erfaßt und benahmen sich wie verrückt.

Diesen Augenblick werde ich nie vergessen. Ich fühlte mich wie eine Figur aus den Märchen, die mir meine Großmutter immer erzählt hatte, als ich klein war – wie eine wunderschöne Prinzessin, die in einem Märchenbuchhaus lebte und im Begriff war, einen herrlichen Prinzen zu heiraten. Das alles überstieg meine Vorstellungskraft.

Ich würde also wirklich in der Lage sein, das Leben zu führen, das ich mir immer erträumt hatte. Ich fühlte mich jetzt sicher, akzeptiert, geliebt und schön. Mein Herz war voller Hoffnung, wunderbarer, stetig wachsender Hoffnung.

Nur noch schwach waren in mir die Gefühle, die ich als kleines Mädchen gehabt hatte, als ich grüne Zähne und einen schmutzigen Hals hatte und mich am ersten Mai niemand bei der Hand nehmen wollte.

20. Juni 1964
Hochzeitstag
Palos Verdes, Kalifornien

Ich erwachte in dem raffiniert eingerichteten Schlafzimmer, das Mom für Sandy und mich bereithielt, wenn wir sie in der West Side besuchten.

Ich zog mich eilig an und dachte dabei an die Stapel von Hochzeitsgeschenken aus eleganten Geschäften, die in schöne Kartons eingepackt auf uns warteten. Ich hätte mir nie träumen lassen, daß wir so viele Geschenke bekommen würden. Seit Wochen schon kamen sie bei uns an. Mein bodenlanges, wundervolles Hochzeitskleid hing an der Kleiderschranktür. Ich hatte es selbst geschneidert und war sehr stolz darauf. Es war einfach und elegant, und es hatte mich so gefreut, daß Mom die Schleppe und den Schleier für mich genäht hatte, nachdem ich mir jahrelang ein Kleid von ihr gewünscht hatte.

Daddy hatte mir nur 300 Dollar für die gesamte Hochzeit gegeben. Er sagte, mehr sei Geldverschwendung. Mein ganzes Leben lang hatte er immer von Festen mit Wein, Dienern und großen Ausgaben erzählt, und davon, was es bedeutet, zur Aristokratie zu gehören. Und dann gestand er mir für meine Hochzeit gerade mal 10 Prozent von dem zu, was meine Verbindungsschwestern für vergleichbar große Hochzeiten ausgaben. Er verdiente nicht schlecht, hatte immer neue Autos und war ständig unterwegs. Ich schluckte meine Enttäuschung herunter.

In unserer Freizeit hatten Mom und ich seit Wochen Sandwiches für 250 Gäste zubereitet. Wir schnitten sorgfältig die Rinde ab, packten sie ein und legten sie in die Tiefkühltruhe. Kens jüngere Schwester Katy hatte sich um die Blumen für die Hochzeit gekümmert. Sie war so hilfsbereit und schien zu verstehen, daß meine finanziellen Mittel begrenzt waren. Wir hatten uns schließlich für Margeriten entschieden, weil sie am billigsten waren.

Ken und ich hatten zusammen ungefähr 1.000 Dollar gespart, und wir rechneten gewissenhaft aus, wie wir in der nächsten Zeit davon würden leben können. Wir hatten einen genauen Plan entworfen, der vorsah, daß wir von nun an sämtliche Kurse an der Universität belegen würden, um so schnell wie möglich unseren Magisterabschluß zu machen. Es würde finanziell eng werden, aber Kens Mutter Helene war bereit, uns ihr Ferienhaus am Strand von Balboa Island ein Jahr lang mietfrei zu überlassen. Wenn wir vorsichtig mit dem Geld umgehen würden, würden wir es schaffen. Aber heute war nicht der Tag, sich darüber Sorgen zu machen. Heute war unser Hochzeitstag!

Irgendwie gelang es uns, den langen Weg zur Presbyterkirche St. Lukas in Rolling Hills zurückzulegen. Wir kamen rechtzeitig an. Ich war mehr als aufgeregt. Obwohl mein Magen in Aufruhr war, lächelte ich in einem fort. Es fiel mir nicht schwer, mein Gesicht lächelte von selbst.

Ich war gerade dabei, meinem Make-up den letzten Schliff zu geben, als Sandy ihren Kopf durch die Tür des Ankleideraums steckte. »Donnie, Cee Cee und Leanne sind fertig und sehen großartig aus in ihren Brautjungfernkleidern. In fünf Minuten stehen wir bereit!« Ihre Stimme war mit 100 Volt geladen und klang viel schriller als normalerweise. Sie sah wunderbar aus in ihrem bodenlangen gelben Taftkleid, das wir für sie ausgesucht hatten.

Daddy kam, um mich ein letztes Mal zu kontrollieren. Er sah noch besser aus als sonst, viel zu jung, um eine erwachsene Frau dem Bräutigam zu übergeben. Er war braungebrannt und schlank und trug ein weißes Dinnerjacket, Fliege, einen Kummerbund und eine schwarze Hose.

»Donnie, wie geht's meinem Mädchen?« fragte er und lächelte beruhigend. »Du bist die schönste Braut, die ich je gesehen habe. Ich bin so stolz, daß du dieses Kleid selbst genäht hast.«

»Daddy, es geht mir gut, aber ich zittere wie Espenlaub. Das hier ist schlimmer als eine Rede zu halten!«

»Du wirst großartig sein. Du bist immer großartig. Du bist perfekt. Wir treffen uns in fünf Minuten an der Sakristeitür und werden diesen Gang zusammen machen. Du siehst wunderbar aus. Du hast mehr Klasse als jede andere Frau, die mir je vor Augen gekommen ist. Ich bin so stolz darauf, daß Daddys kleine Tochter so einen tollen Typen wie Ken an Land gezogen hat.«

Die bekannten Klänge des Hochzeitsmarsches drangen in meinen Umkleideraum. Mein Magen drehte sich. Ein letzter Blick in den Spiegel. Mensch, dachte ich, ich sehe ja wirklich wie eine Braut aus. Der Spiegel zeigte eine schlanke junge Frau, glänzend und strahlend, die Energie und Vitalität ausstrahlte. Ich lächelte mich an und zwinkerte Klein-Donna zu, die sich hinter diesem jubilierenden Lächeln verbarg. Klein-Donna, die immer davon geträumt hatte, eines Tages einen netten Jungen zu heiraten und mit ihm glücklich zu sein bis ans Ende ihrer Tage.

»Du hast es geschafft, Mädchen. All diese Semester, in denen du nachts als einzige im Verbindungsheim wach über deinen Büchern saßest. Hast am letzten Samstag deinen Abschluß mit Auszeichnung gemacht und diesen Samstag wartet ein Ehemann auf dich. Das hast du gut gemacht!«

Ich grinste immer noch, als ich das Gespräch mit meinem Spiegelbild fortsetzte: »Nichts wird dich jetzt noch aufhalten!«

Ich glaubte dieser beruhigenden Stimme in meinem Inneren, die mich weiterhin ermutigte. Sie hatte schließlich die ganze Zeit über Recht behalten. Ich lächelte einen Abschiedsgruß an das Mädchen, das ich einmal gewesen war, in den Spiegel. Ich atmete tief ein und ganz langsam wieder aus, als ich mich umdrehte und durch die Tür ging, meiner Zukunft entgegen.

ZWEITER TEIL

Familienleben

Von Liebe und Ehrgeiz angetrieben, verloren Ken und ich keine Zeit, unser Leben zu organisieren. Im ersten Jahr unserer Ehe machten wir unseren Magisterabschluß und fanden beide eine gute Stelle als Lehrer. Mit Ricky, unserem ersten Kind, wurde ich in unserem ersten gemeinsam verbrachten Jahr in Balboa Island schwanger. Unsere Tochter Julie wurde drei Jahre, nachdem Ricky auf die Welt gekommen war, geboren. Weitere drei Jahre später folgte Danny, und unsere Familie war jetzt vollzählig. Wir hatten die drei wunderbaren Kinder, die wir uns immer gewünscht hatten.

Wir zogen in ein brandneues Haus in Huntington Beach und genossen den gesunden Lebensstil in diesem Vorort. Unser Unterrichtsplan erlaubte uns, unserer Leidenschaft für den Bootssport nachzugehen, und wir verbrachten viel Zeit auf unserem Boot im Hafen von Catalina Island.

1968 kauften wir zusammen mit Maymie und Dad ein 14 Meter langes Motorboot. Die Familie von Bernie und Dad wuchs ebenso wie unsere. In kürzester Zeit war unser Boot so von Kindern bevölkert, daß an angenehme Schiffsausflüge nicht mehr zu denken war. Wir verkauften es also wieder, und Ken und ich kauften ein Haus in Big Bear in den Bergen. Das gab dem Familienleben eine neue Dimension, und wir waren begeistert davon, unseren Kindern die Freude am Skifahren und Wissenswertes über den Wald beibringen zu können.

Wir investierten in Mietwohnungen und arbeiteten

hart daran, uns ein Kapital zu schaffen. Unsere Gehälter als Lehrer, zusammen mit den Investitionen, erlaubten uns einen hohen Lebensstandard. Aber neben unserem Familienleben verlor alles andere an Bedeutung. Es gibt Menschen, die sind mehr für die Familie geschaffen als andere, und Ken und ich hatten immer schon gewußt, daß wir geborene Eltern waren. Wir wußten auch, daß wir uns solcher Gefühle glücklich schätzen konnten.

Bei den meisten Dingen konnten wir mit Dads Unterstützung rechnen. Wir telefonierten fast täglich miteinander. Er schien nur unser Bestes zu wollen und gab Ratschläge und ermutigte uns in unseren Plänen. Wie vorauszusehen war, war das Leben mit ihm natürlich nicht immer rosig, aber wir spürten, daß er sich wirklich über unsere Familie Gedanken machte. Ken und er verstanden sich ziemlich gut.

Die Situation verschlechterte sich allerdings, als er bei seiner neuen Freundin Crystal und deren Tochter Jamie einzog, obwohl er noch mit Bernie verheiratet war. Bernie reichte die Scheidung ein, und Dad gab seinen Arbeitsplatz auf, um für seine Kinder keinen Unterhalt zahlen zu müssen. Die Familie war in Aufruhr. Maymie sagte, sie sei in ihrem ganzen Leben noch nie so aufgebracht gewesen. Ken war wütend, weil die Situation uns dazu zwang, Dad finanziell unter die Arme zugreifen, als die Bank ihm ein Darlehen verweigerte.

Unsere Hütte in den Wäldern war unsere Zuflucht, und wir verbrachten zwischen 1972 und 1973 jedes Wochenende dort. Wir angelten Forellen im Fluß, wanderten durch die Wälder und fuhren mit unseren Motocrossmaschinen über die Hügel. Wir pflückten Äpfel in unserem Obstgarten und buken Kuchen in dem alten, schwarzen Holzofen. Es war wie im Paradies. Wir genossen das Landleben so sehr, daß wir schließlich beschlossen, unseren Hauptwohnsitz von Huntington Beach in eine ländliche Gegend zu verlegen, um auch weiter von Dad entfernt zu sein.

San Juan Capistrano, ein Ort, wo die Schwalben jedes Jahr in die alte Mission zurückkehren, war die schönste Gemeinde, die wir uns dafür vorstellen konnten.

5. August 1973
Neuanfang
San Juan Capistrano, Kalifornien

»Kenny, paß mit dem rechten Seitenspiegel auf. Er ist runtergeklappt, und vielleicht siehst du nicht alles hinter dir. Ich folge dir mit Danny und Julie im Kombi.« Ich hielt inne und schaute meinen Mann an. Er schien beunruhigt.

Ich versuchte es noch mal. »Schatz, bist du sicher, daß du dieses Ding auch wirklich fahren kannst? Hast du jemals in so einem riesigen Transporter gesessen?«

»Ich werd' das schon schaffen, Donna. Bleib nur dicht hinter mir. Wir brauchen ja nur ungefähr 40 Minuten.« Er dachte einen Moment lang nach. »Stell dir vor – heute nacht werden wir in unserem Traumhaus schlafen. Schwer zu glauben, nicht wahr?« Seine Stimme war klar und tief, und heute verriet sie auch Erregung.

Er ging zu unserem grünen Ford-Kombi, Baujahr 1972, um nach den Kindern zu sehen. Als er seinen Kopf durch die Fahrertür steckte, nahmen das unsere beiden Hunde Ginger und Max, die keuchend auf dem Rücksitz saßen, als Aufforderung, mit dem Schwanz zu wedeln.

»Julie, Dan, seid ihr beide fertig? Wir fahren jetzt los zu unserem neuen Heim, zu dem Ort, den ihr immer als den Ort erinnern werdet, an dem ihr aufgewachsen seid.«

»Daddy, ich hab' ein bißchen Hunger. Das Zeug, das uns Tante Katy zum Frühstück gemacht, hat mir nicht geschmeckt«, vertraute ihm Julie, unsere fünfjährige Tochter, an.

»Darum werden wir uns kümmern, Herzchen. Sobald wir den Umzugswagen zum neuen Haus gebracht haben, wird Mom Hamburger und Getränke für euch kaufen. In Ordnung?«

Julie lächelte ihr gewinnendstes Lächeln in der Gewißheit, daß die nächste Mahlzeit in erreichbarer Nähe war. Ihre großen grünen Augen strahlten, als sie sich gegen den Vordersitz lehnte. Sie war startbereit. Dan, unser strohblonder Zweijähriger, saß sicher in seinem blauen Kindersitz. Er kaute auf seiner GI-Plastikpuppe Joe herum und lächelte glücklich. Auch er spürte die Aufregung, die in der Luft lag.

Ich ging um den Umzugswagen herum und öffnete die Beifahrertür. Rick kümmerte sich gerade um die Pflanzen und die vorsichtig gepackten Kisten, die auf etwas unsichere Weise im Führerhaus des Lasters verstaut waren.

»Rick, ist alles in Ordnung bei dir?«

»Ja Mom, laß uns abfahren«, erwiderte unser hübscher achtjähriger Sohn. »Ich kann es kaum erwarten, auf unserem neuen Pony zu reiten.«

»Ich bin auch ziemlich aufgeregt, Ricky, wenn ich daran denke, daß wir Pferde haben werden. War das nicht toll, daß wir die beiden Shetlandponys mit dem Haus zusammen übernehmen konnten?« Wir schauten uns eine lange Minute in die Augen.

»Morgen gehen wir reiten.« Mein Herz hüpfte bei diesem Gedanken.

»Wirst du mich auf Weesha reiten lassen?« fragte Rick. Er meinte unser neues Waliser Pony.

Als wir Weesha gekauft hatten, hatte Ken mich auf sie

gesetzt. Ich sollte versuchen, reiten zu lernen. Das einzige Problem war, daß sie noch nicht zugeritten war. »Dein Daddy ist 'ne Nuß, stimmt's nicht? Ein Pferd, das nicht zugeritten ist . . . und eine unfähige Reiterin!«

»Aber Mom, das formt den Charakter!«

»Ach so, dann habe ich jetzt also Charakter, Ricky?«

»Nein Mom, du bist die Nuß«, hänselte er mich. »Du hättest nicht versuchen sollen, das Pferd zuzureiten. Du hättest erst Dad aufsitzen lassen müssen.«

»Das wäre doch zu einfach gewesen.«

»Aber jetzt kannst du reiten. Ich bin beeindruckt – aber das Shetlandpony kriegst du nicht, weil du zu groß dafür bist.«

Rick kicherte. Ich nahm an, er stellte sich gerade seine Mutter vor, die mit dem Shetlandpony unter sich auf ihren Füßen stand.

Ich streckte mich nach ihm aus, als er mir seine Wange entgegenhielt. »Zeit zu fahren, mein Sohn.« Ich setzte einen liebevollen Kuß auf seine Backe. »Tschüs.«

»Wir fahren los«, rief ich, knallte die Wagentür an Ricks Seite zu und lief zu unsrem Kombi zurück.

Ich startete die Zündung. Die süßen Klänge von »She's So Beautiful« kamen aus dem Radio, als ich langsam losfuhr.

Ich mußte an unser neues Haus denken. Ich hatte versucht, mich solange davon abzulenken, bis der Kauf wirklich abgeschlossen war, um mich vor einer großen Enttäuschung zu schützen für den Fall, daß die Verkäufer es sich doch noch anders überlegt hätten. Aber jetzt konnte ich es mir erlauben, mir mein Leben in den buntesten Farben auszumalen. Das war jetzt wirklich unser Haus. Ich konnte meiner Freude nun freien Lauf lassen!

»Und warum solltest du diese Gefühle nicht haben, Donna?« fragte meine innere Stimme. »Du solltest stolz sein auf das, was du erreicht hast.«

Ich hatte eine geistige Checkliste. Sie beruhigte mich. Ich hatte drei wunderbare Kinder, einen phantastischen Ehemann, ein gutes Einkommen als Lehrerin, lukrative Investitionen, ich war gesund, hatte eine Hütte in den Bergen und konnte dieser Liste nun noch unser »Traumhaus« zufügen.

Nein, dachte ich. Das war nicht wirklich mein Traumhaus. Ich hatte nie an etwas so Aufwendiges gedacht. Meine Traumvorstellungen hatten immer eine praktische Grundlage gehabt. Unser neues Haus hatte fünf Schlafzimmer und 8.000 Quadratmeter Land. Wir hatten einen unbeschreiblichen Blick über endlose Weiten. Dieses Haus war Kens Traum. Finanziell hatten wir uns schwer belastet, aber wir glaubten beide daran, daß wir es schaffen würden.

Ich schaute zu Julie herüber, die von der weiten Landschaft und den Erdbeerfeldern, durch die wir fuhren, ganz gebannt war. Ihr Gesicht war von mir abgewandt, aber ich konnte mir ihre vor Aufregung sprühenden grünen Augen genau vorstellen. Ich lächelte, während ich über einen anderen Beginn nachdachte: Julies Geburt.

Es war die einzige meiner drei Geburten, die ich ohne Medikamente bei vollem Bewußtsein erleben konnte. Ich erinnere mich daran, wie ich keuchte und mit meinem ganzen Körper so sehr preßte, daß mir der Schweiß sogar von den Augenbrauen tropfte. Plötzlich ließ der Schmerz nach, und mein wunderschönes Baby fiel aus meinem Schoß. Es war wie ein Wunder. Von meinen Gefühlen überwältigt hörte ich ihr lustvolles Gebrüll.

»Es ist ein Mädchen!« verkündete der Arzt triumphierend.

»Mein liebstes Baby!« brachte ich hervor, während mir die Tränen über die Wangen rollten. Ich hatte noch nie so starke Gefühle empfunden. Dies war wirklich der intensivste Moment, den ich in meinem Leben je erlebt hatte. Dafür gab es keine Worte, es war eine spirituelle Erfahrung.

Ich war auf das alles nicht vorbereitet. Niemand hatte sich mir gegenüber jemals darüber geäußert, was Mutterschaft bedeuten kann, wie sie das Leben verändert. Meine Erziehung war aus der kalten Perspektive faktischer Naturwissenschaft erfolgt. Es gab darin keinen Platz für spirituelle Erlebnisse. Spiritualität war nur ein etwas wunderliches Mittel, die Massen unter Kontrolle zu halten.

Aber jetzt erkannte ich, daß das eine Lüge war. Plötzlich wußte ich es besser. In meiner Vergangenheit hatte es dunkle Jahre gegeben, aber was ich bei Julies Geburt empfand, war strahlendes Licht, erfüllt von Verständnis und Hoffnung. Mein ganzes Leben war von reiner Stärke und Willenskraft bestimmt gewesen. Ich hatte immer gewußt, daß ich nicht untergehen würde. Ich hatte immer durchgehalten in dem Bewußtsein, daß ich irgendwie eines Tages . . .

Aber das Ende dieses Satzes hatte ich von meiner freundlichen inneren Stimme nie gehört. Sie hatte mir immer nur versichert, daß alles in Ordnung gehen würde. Jetzt hatte ich verstanden. Meine Vergangenheit war vorbei. Die schrecklichen, häßlichen Jahre hatte ich nun hinter mir. Ich war in Sicherheit.

Ich hatte eine höhere Ebene erreicht, von der ich wußte, daß ich sie nicht mehr verlassen würde. Ich fühlte mich mit der Unendlichkeit des Universums verbunden. Ich nahm dort einen Platz ein und war Teil eines größeren Planes. Muttersein bedeutete für mich mehr Ehrfurcht, Verpflichtung, Hingabe und Göttlichkeit als ich mir je hätte vorstellen können. Ich verlor mich in diesen wärmenden und fremdartigen Gedanken. Ich erahnte Gott. War Gott vielleicht ein Teil von uns?

Ich schaute kurz in den Rückspiegel, um zu sehen, was Danny machte. Er kaute noch ganz zufrieden auf seiner GI-Puppe herum, ein pummeliger kleiner Junge, umgänglich und leicht zu handhaben. Ich erinnerte mich an den Tag vor fast drei Jahren, als Patty, meine Freundin aus Collegetagen, uns besucht hatte. Wir hatten uns einen Spaß daraus gemacht, die Geburt unserer Kinder zu koordinieren.

An diesem Tag erfuhr ich, daß Patty schon mit ihrem dritten Kind schwanger war, und ich entschied sofort, daß auch Kenny und ich unsere Familie vergrößern sollten. Ich rief Kenny bei der Arbeit an und drängte ihn dazu, sofort nach Hause zu kommen. Wir mußten uns beeilen, damit ich keine Probleme mit meinem Unterrichtsplan bekam.

Auf wunderbare Weise erfüllte sich mein Wunsch: Zwei Wochen später konnte ich mir dessen sicher sein. Dan kam im Juni auf die Welt – exakt neun Monate später und zwei Tage vor Pattys Sohn. Ich konnte den ganzen Sommer mit meinem neuen Baby zu Hause genießen.

Ich kontrollierte sorgfältig die Straße vor mir, weil ich einen Sicherheitsabstand zu dem großartigen Lastwagen einhalten mußte, der mir in Richtung Süden voranglitt. Die neue Umgehungsstraße war für die Pendler gebaut worden, die von den schnell anwachsenden Gegenden von Mission Viejo, Laguna Hills und El Toro in die Stadt fahren mußten. Der verschlafene Ort San Juan Capistrano war noch ruhig und ländlich. Reiter waren auf der Hauptstraße der kleinen Stadt kein ungewöhnlicher Anblick.

Unser neues Heim würde mehr als nur eine neue Behausung sein – mit ihm war ein neuer Lebensstil verbunden. Ricky, mein sensibles Kind, würde in die dritte

Klasse gehen und wollte unbedingt einziehen, um dann seine Lieblingsschlangen im Flußbett suchen zu können.

Als er klein war, war er das einzige Kind, das von seiner Mutter verlangte, daß sie mit ihm auf allen Geburtstagsfeiern bleiben sollte. Es gab eine zarte Saite in mir, mit der ich so fühlte wie er. Ich hatte alle Kraft aufwenden müssen, um über diese Schwäche hinwegzukommen und der Mensch zu werden, der ich sein wollte. Aber wir paßten uns Ricks Bedürfnissen an. Ich begriff, daß er Zeit brauchte, um schließlich seinen Platz in der Welt zu übernehmen.

Ich wußte, daß ich eine glückliche Frau war. Kinder großzuziehen und eine Familie zu haben war das aufregendste aller Abenteuer.

Plötzlich sah ich das Straßenschild vor mir: »San Juan Capistrano, Nächste Ausfahrt«. Unsere Freunde fanden, wir seien verrückt, eine Entfernung von 70 Meilen von unserer Arbeitsstelle zu akzeptieren, nur um auf dem Land zu leben. Sie sagten allerdings auch, daß wir Glück hätten, uns in unserem Alter ein solches Haus leisten zu können. Wir besaßen und verwalteten 84 Apartment-Einheiten, die neben unserer Arbeit als Lehrer unsere finanzielle Grundlage bildeten. Wir hatten es nicht leicht gehabt. Unsere Freunde hörten furchtbar gern unsere verrückten Hausbesitzer-Geschichten. Sie amüsierten sich besonders über die Geschichte von Ricky, der mir beim Anstreichen eines Apartments helfen wollte. Er steckte seinen Kopf zwischen die Stäbe einer Stuhllehne, und ich mußte die Feuerwehr rufen, um ihn wieder zu befreien.

Jetzt erhielten wir endlich den Lohn dieser jahrelangen Mühe. Für unsere Kinder würde es wunderbar werden, in dem riesigen Tal aufzuwachsen, das zu unseren Füßen lag. In dem üppigen Orangenhain hinter unserem Haus pflückten mexikanische Tagelöhner frische Apfelsinen. Ich konnte ihre langen Leitern sehen, die an die mit Früchten beladenen Zweige gelehnt waren. Die Nächte würden vom Duft der Orangenblüten erfüllt sein.

Ich fuhr die Auffahrt hinauf, zog die Handbremse an und stellte den Motor ab. Wir waren zu Hause.

1975
Parade zum Tag der Schwalben
San Juan Capistrano

Eins der Gemeinderituale von San Juan Capistrano ist die Parade zur jährlichen Wiederkehr der Schwalben, »Las Golondrinas«. In diesem Jahr hatten unsere Nachbarn und Freunde gemeint, daß es nach der Parade noch ein Pferderennen quer übers Land geben sollte. Ich hatte noch nie ein Rennen geritten und nicht mehr als drei Jahre Reiterfahrung, aber mit dem mir eigenen Enthusiasmus gesellte ich mich zu der Gruppe und bezahlte mein Startgeld. Der Gewinner würde einen üppigen Preis erhalten.

In den Wochen vor dem großen Ereignis nahm ich mir jeden Nachmittag nach der Arbeit unser Pferd Windy und machte Proberennen mit ihm. Wir ritten die Rennstrecke und kamen gut in Form. Am Tag des Ereignisses überraschte es mich, Dutzende von Pferdeanhängern in unserem ländlichen Tal geparkt zu sehen. Die Nachricht von diesem Rennen hatte sich tatsächlich verbreitet, und die Reiter hatten ihre Pferde sogar aus Orten, die mehr als 60 Meilen entfernt waren, herbeigeschafft.

Die Drei-Meilen-Strecke war markiert, und einige Männer hatten sich mit ihren Funksprechgeräten längs der von Steinen übersäten Strecke aufgestellt. Alles war viel besser organisiert, als ich es mir vorgestellt hatte. Zuschauer sammelten sich an der Rennstrecke und am Ziel. Ich war nervös, und auch Windy war unruhig.

Wir waren wirklich eine zusammengewürfelte Gruppe von Reitern: Geschäftsleute der Mittelklasse, die sich am Wochenende in Cowboys verwandelten, Bauarbeiter, die sich als »richtige Männer« ausgaben, echte Cowboys, die auf den nahegelegenen Gehöften arbeiteten, Schmiede aus der Umgebung, Besitzer von Reitställen, Pferdeliebhaber – und ich, eine Lehrerin, die ohne Sattel ritt. Ich beherrschte das Reiten mit Sattel noch nicht und wollte es eigentlich auch gar nicht lernen. Ich fühlte mich viel wohler ohne, weil ich mit meinen Oberschenkeln, die ich direkt gegen den Körper des Pferdes preßte, eine bessere Kontrolle hatte.

Unser Schmied Joe fand natürlich, daß meine Teilnahme an diesem Rennen eine ziemlich komische Sache sei. Diese Lehrerin? Was für ein Witz! Es machte ihm Spaß, mich damit aufzuziehen. Ich hörte ihn schon auf seine gutmütige Art lachen. »Donna?« würde er verblüfft sagen und dann in lautes Gelächter ausbrechen. Mir war das egal. Ich würde meinen Spaß haben. Schließlich hatte ich noch nie an einem Rennen teilgenommen.

Als der Moment des Rennbeginns nähergekommen war, stellten wir uns alle an der Startlinie auf. Wir waren sicher mehr als 40 Reiter. Mein Herz raste. Windy zitterte unter mir. Ich hörte die Startpistole, und weg waren wir!

Die Oberschenkel fest an Windys Körper gepreßt, glitten wir sanft an der Gruppe der Reiter vorbei ins Flußbett. Ich wußte, daß das für Windy nichts Ungewöhnliches war. Es gefiel ihr nicht, ein Rennen zu verlieren, egal gegen wen. Sie haßte es, den Staub anderer Pferde zu schlucken. Wir rannten schnell wie der Wind, über Felsen und Sand, vorbei an Bambuspflanzen und Büschen, und erreichten den Damm, der sich am Fluß entlang hinzog. Wir überholten jeden der Reiter und hatten bereits einen beträchtlichen Vorsprung, als wir uns dem ersten Mann mit seinem Funksprechgerät in der Hand näherten. Es war Joe. Später erzählte er, daß er in sein Gerät gebrüllt hätte: »Himmel, das ist ja Donna!!!« Er war vor lauter Aufregung fast sprachlos. Immer wieder erzählte er die Geschichte an diesem Abend auf der Party nach dem Rennen. Er hatte seinen Augen nicht trauen können.

Windy blieb während des Rennens weiterhin an der Spitze. Während wir auf dem Damm waren, beugte ich mich bis zu ihrer Mähne herunter. Schließlich führte uns eine scharfe Kurve ins Flußbett zurück, wo die Spur unwegsam und voller Felsen und Steine war. Hier konnte ein Pferd leicht stolpern und seinen Reiter abwerfen, der dann von der wilden Menge der nachfolgenden Reiter zertrampelt worden wäre. Der Weg war viel zu eng, um eine Katastrophe zu vermeiden, wenn jemand stürzte. Ich war mir der Gefahr bewußt, aber ich flüsterte weiter: »Wir können es schaffen, Mädchen. Gutes Mädchen. Laß uns siegen, Windy.«

Als wir in die letzte Kurve einbogen, gab ich Windy einen letzten Tritt und war mit meinem Kopf wieder ganz nah an ihrem Hals. Als sie schließlich die letzte Ekke nahm, rutschte ich und fiel fast herunter.

»Nein! Nicht jetzt!« sagte ich laut. »Wir sind so nah dran.« Und dann leiser zu mir selbst: »Du hast es fast geschafft, Donna, halt durch!«

Ich griff in Windys Mähne, und es gelang mir, mich wieder hochzuziehen und aufzurichten. Meine Freunde schrien und klatschten Beifall. Ich ritt über die Ziellinie, und die Menge tobte.

Ich hatte das Rennen gewonnen! Ich war der Champion! Keiner konnte es glauben. Die Lehrerin! Ich war in Hochstimmung, aber tief in meinem Herzen war ich immer davon überzeugt gewesen, daß ich die Gelegenheit haben würde, alle zu überraschen. Ich hatte vorher trainiert und meine Gedanken auf das konzentriert, was ich machen wollte. Und ich wußte, daß ich tief in meinem Inneren wagemutig war. Die Erfahrung hatte ich schon früher gemacht. Ich wußte, wozu mein Pferd in der Lage war, und ich kannte meine eigene Entschlußkraft.

Meine Freunde waren begeistert, aber von einigen der Macho-Cowboys konnte man das nicht gerade behaupten. Einer der Männer, Hoss, war so erbost über seine Stute, daß er sie festband, ohne sie vorher ein paar Runden herumgeführt zu haben. Da sich das Pferd so nicht richtig abkühlen konnte, starb es ein paar Stunden später.

Ich wußte schon, daß es sich hier um eine ziemlich rauhe Truppe handelte, aber dieses tote Pferd war Zeichen einer Gefühllosigkeit, die ich nicht verstand. Einige der Cowboys hatten keine Zähne, und die meisten von ihnen kauten Tabak und spuckten die übelriechenden Reste auf den staubigen Boden. Vielleicht war das ein Teil der Faszination: Ich war gegen richtige Cowboys angetreten und hatte gewonnen. Dieser herausragende Tag mit Windy wurde für mich auf gewisse Art ein Symbol für mein Leben. Dieser Tag ermutigte mich später, mich daran zu erinnern, daß ich gegen alle Widrigkeiten würde antreten können.

März 1978
Bei Sandy
Mission Viejo, Kalifornien

Meine Schwester Sandy und ich blieben durch die Jahre hindurch eng miteinander verbunden, und sie zog sogar nach Laguna Niguel, in die Nähe unseres Hauses. Sie war Zahnärztin geworden und hatte zwei süße Töchter, Joanne, die sieben, und Mindy, die drei Jahre alt war.

An einem Samstagmorgen machte ich einen Besuch bei Sandy. »Nun, sollen wir uns jetzt mit dieser alten Kiste befassen?« Sandy stellte unsere Kaffeetassen ins Spülbecken und steuerte mit mir aus der Küche heraus auf die angrenzende Garage zu. Ich hatte das Gefühl, daß wir in eine andere Welt eindringen würden, wenn wir die Kiste mit den Erinnerungen an unsere Großeltern öffneten. Ich hoffte nur, daß sie sich nicht als Büchse der Pandora entpuppen würde.

»O je, Schwesterchen, ich weiß es nicht. Glaubst du, es wird uns was ausmachen, uns die alten Fotos von Big Ray und Maymie anzusehen?«

»Ich hoffe nicht. 1977 war schlimm genug. Dieses Jahr muß einfach besser werden.«

Wir beide nickten verständnisvoll. Das vergangene Jahr war schrecklich gewesen. Unsere Großmutter Maymie war gestorben, bei unserer Mutter war ein bösartiges Melanom diagnostiziert worden, und unser Vater hatte sich in ernste finanzielle Schwierigkeiten gebracht.

»Ich denke, das wird schon nicht so schlimm werden. Es sind schließlich nur alte Dokumente. Eine Menge Bilder.«

Sandys Kopf verschwand für einen Moment, als sie ihn in den Raum oberhalb der Dachsparren steckte. Nachdem sie die Kiste ertastet hatte, fuhr sie fort: »Dad scheint jetzt nicht mehr ganz so verstört über Maymies Tod zu sein, wie er es in den ersten Monaten danach war.«

Sie reichte den riesigen braunen Karton zu mir herunter. »Ich konnte es kaum glauben, daß er all die Wochen nach ihrem Tod auf seinem Boot in Catalina verbrachte. Er hat einige Schwierigkeiten, die Realität zu akzeptieren, findest du nicht? Er hat sechs Monate lang nichts von ihren Sachen aus dem Haus geräumt. Seltsam.«

Ich sah noch Maymies Seidenslip vor mir, der monatelang über einem Stuhl gehangen hatte, so, als ob er auf sie warte. Ich hatte oft gesehen, wie sie ihn angezogen hatte, wenn sie sich zum Ausgehen fertiggemacht hatte. Vor meinem geistigen Auge sah ich Maymie in ihrem Tanzkleid.

»Erinnerst du dich an die Party zu Maymies 75. Geburtstag? Erinnerst du dich daran, was passierte, als sie bei mir zu Hause ankam?« Ich mußte lachen. »Das war so komisch. Erst wußte ich nicht, was es war. Irgendwas war seltsam, aber ich konnte nicht genau sagen, was. Sie war richtig herausgeputzt. Und plötzlich fiel es mir auf: Sie hatte ihre falschen Wimpern umgedreht aufgeklebt. Sie bildeten über ihren Augen so eine Art Vogelkäfig.«

Sandy nickte. »Ich schätze, daß sie dachte, in der Welt würden auf einmal schwarze Linien wachsen!«

»Das wirkliche Problem war dann, ihr die Wimpern von den Lidern zu ziehen und richtig wieder aufzukleben. Innerlich mußte ich so sehr lachen, daß meine Hände zitterten.«

Wir lachten beide liebevoll in uns hinein bei der Vorstellung an unsere feingemachte Großmutter mit den falschherum aufgeklebten Wimpern. Sie fehlte uns.

»Schwesterchen«, schwelgte ich in Erinnerungen. »Sie hat einige ziemlich seltsame Dinge gemacht. Erinnerst du dich an diese Handschuhe? Die ohne Daumen? Und wie wir darüber monatelang gekichert haben?«

Sandy machte weiter mit der Litanei. »Und wie wir begannen, uns die eigenartigen Geschenke vorzustellen, die sie im Ausverkauf für Weihnachten finden würde.«

Jetzt war ich wieder dran. »Ich werde nie die Silberlöffel vergessen. Du beobachtetest mich, wie ich meinen auspackte, unsere wissenden Blicke trafen sich, und ich rief mit ernster Stimme aus: ›Oh, sieh mal, Sandy, ein neuer alter Löffel.‹«

»Genau!« Sandy lachte. »Wir unterdrückten unser

Gekicher, aber später konnten wir nicht mehr an uns halten.«

Ich kehrte in die Gegenwart zurück und blickte auf die staubige alte Kiste.

»Wie sollen wir dieses Projekt angehen?« fragte ich, versessen darauf, es hinter mich zu bringen.

»Nun, wir wollen sicher für jede von uns ein Album. Cee Cee sollte eins bekommen, und eins sollten wir für Dad machen. Die restlichen Bilder können hierbleiben, bis eins der Kinder groß genug ist, um Interesse daran zu zeigen.«

»Ja, vier Alben werden erst mal reichen. Aber es scheint mir dennoch sinnlos, hundert Jahre unseres Familienlebens in einer staubigen Kiste zu verstecken, die niemand sehen kann.«

Die nächsten Stunden verbrachten wir damit, in der Kiste herumzustöbern und alte Fotografien, Zeugnisse vom Ende des 19. Jahrhunderts, alte Dokumente, Diplome und Apothekenlizenzen zu studieren. Wir setzten aus diesen Bruchstücken unsere Familiengeschichte zusammen. Ganz unten in der Kiste fanden wir mehrere Stapel Postkarten. Sandy holte einen der Stapel heraus und band ihn auf.

»Schwesterherz, die sehen richtig alt aus – vielleicht aus den 1890ern.«

»Die müssen von Big Ray sein«, nahm ich an und griff nach dem anderen Stapel, den ich mir flüchtig anzuschauen begann.

Unbekümmert ging ich einige Minuten lang die Karten durch und erinnerte mich daran, daß sie von ihren Reisen immer Postkarten behalten hatten. Normalerweise waren sie mit exotischen Briefmarken frankiert. Dann schaute ich mir die Karten etwas genauer an. Sie waren nicht wie die altmodischen Karten mit Blütenmotiven, an deren Anblick ich gewöhnt war. Ich hielt bei einer

Postkarte in Sepiafarbtönen inne: Ein wunderschönes fünfjähriges Mädchen lächelte mich an. Ihr Gesicht war in bezaubernder Weise gegen ihren Zeigefinger gelehnt. Sie war wirklich wunderschön. Und sie war nackt.

Ich fühlte, wie sich Kälte in mir ausbreitete. Ich ging die Postkarten noch mal hastig durch und stockte bei einer Schwarz-Weiß-Aufnahme eines süßen zwei- oder dreijährigen Kindes. Der Träger ihres Kleidchens fiel nachlässig von einer Schulter, und ihre rechte Brustwarze war sichtbar. Ich sah mir die nächste Karte an. Es war ein Farbfoto von einem kleinen, vielleicht vierjährigen Mädchen, nur mit einer Blumengirlande um die Hüften bekleidet.

Mein Herz pochte, und ich fühlte in mir eine große Kälte. Die nächste Karte zeigte zwei im Wald liegende Mädchen. Sie waren völlig nackt! Schnell sah ich mir die nächste und die folgende und die übernächste Karte an. Sirenen heulten in meinem Innern auf. Ich hoffte auf irgendeine andere Erklärung. Ich schaute meine Schwester an, bemüht, meine beängstigenden Gedanken vor ihr zu verbergen. Sie schien so erschüttert zu sein wie ich es war. Mit unseren Blicken verstanden wir uns, aber wir sagten nichts.

Wir bündelten die Karten wieder ordentlich und packten sie weg. Über diese Dinge hatten wir nie gesprochen, und darüber würden wir auch nie sprechen.

Als ich nach diesem Besuch nach Hause fuhr, war ich von meinen Gedanken entsetzt. Was bedeutete das? Doch nicht Big Ray? Nicht mein geliebter Großvater. Er war immer nur süß und liebevoll mit Sandy und mir umgegangen. Er hatte mich nie berührt. Er war nicht wie Daddy, oder etwa doch?

Noch mehr Sirenen gingen in meinem Kopf los. Ich versuchte mich zu beruhigen, aber mein Verstand wollte einfach begreifen. Was könnten diese Karten bedeuten?

Ich war sicher, daß sie meinem Großvater gehörten. Er hatte diese Kollektion gehegt, sie war fast 100 Jahre alt und immer noch sorgfältig gebündelt, immer noch im Besitz der Familie. Sie war einstmals wichtig für ihn gewesen. Und vielleicht für jemanden vor ihm.

Wieviel Streß würde meine Ehe noch aushalten können, ohne zu zerbrechen? All die Probleme des vergangenen Jahres drehten sich in meinem Kopf. Der Tod von Maymie, der Krebs meiner Mutter, die 20.000 Dollar, die Ken und ich für einen Kredit meines Vaters bezahlten mußten. Wir hatten für ihn gebürgt, und er hatte seine Schulden nicht zurückgezahlt. Ken war immer noch wütend darüber. Durch meinen Kopf ratterten die Gedanken, aber es gelang mir trotzdem, die Augen auf die Straße gerichtet zu halten.

Die letzten Male, in denen ich allein durch die Berge gefahren war, hatte der Gedanke, mich mit dem Wagen hinunterzustürzen, etwas schmerzhaft Reizvolles bekommen. Ich versuchte, mir wegen der Kinder diesen Gedanken zu verbieten, aber er existierte. Als ich unser Tal erreicht hatte, fuhr ich langsamer. Big Ray. Was war mit meinem geliebten Großvater? Die Jahre der Gespräche mit Maymie kamen mir wieder ins Gedächtnis.

Maymie hatte immer ihr Bestes getan, um unsere Familiengeschichte am Leben zu erhalten und erzählte mir unzählige Male von der erfolgreichen Familie aus Los Angeles, in die sie hineingeboren worden war. Die Erinnerungen flossen unaufhörlich, und ich konnte die süße Stimme meiner Großmutter in meinem Geiste sprechen hören.

»Wir haben über so viele Generationen in der Stadt gelebt, daß wir uns für die Mitgliedschaft in dem exklusiven Club ›First Century of the Los Angeles‹ qualifiziert haben, und vergiß das bloß nicht, Donna«, pflegte sie zu sagen.

Eines Abends nach dem Abendessen – Big Ray las im Wohnzimmer Zeitung – erzählte mir Maymie von ihren Großeltern, die aus dem Süden nach Kalifornien gekommen waren.

»Donna, deine Vorfahren gehörten zu den ersten Siedlern, die nach Amerika gekommen sind. Darunter waren auch einige, die die Unabhängigkeitserklärung mit unterschrieben haben. Die Plantage der Mutter meiner Mutter war von den Soldaten der Nordstaaten besetzt worden, und sie mußte für sie kochen. Erinnerst du dich daran, daß ich dir von meinen Urgroßeltern erzählt habe, die beide von Sklaven gesäugt wurden? Kate und William, meine Großeltern, sind mit elf Kindern hier hergezogen. Meine Mutter war eins von ihnen. Die Mutter von Cousine Emily war ein anderes. Mein ganzes Leben lang war ich froh darüber, in Emilys Nähe zu sein. Echte Kumpel, eher wie Schwestern . . .«

Emily. Das war's! Jetzt erinnerte ich mich daran, was sie mir über Cousine Emily und Big Ray erzählt hatte. Sie hatte gesagt, daß sie in der Nacht wachgeworden war, als sie alle in Big Bear waren. Sie hatte gehört, daß Big Ray mit Emily zusammen war. Emily war eine Jugendliche, und Big Ray war um die vierzig. Damals hatte ich nicht verstanden, was sie meinte, aber jetzt war mir alles klar.

Big Ray und Emily. Jetzt machte die ganze Geschichte Sinn. Meine Hände klammerten sich um das Lenkrad, und ich hielt den Wagen in der Spur, während ständig neue, zufällige Erinnerungen in mir aufkamen. Schockierende Erinnerungen, Geschichten, die meine Großmutter in der nettesten Art zu erzählen pflegte, die möglich war. Wußte sie, daß ich sie eines Tages zusammensetzen und alles begreifen würde?

Sie erzählte so gerne Geschichten über die alten Zeiten, und sie konnte es auch sehr gut. Sie hatte an der

Universität sogar Unterricht in Rhetorik und Drama genommen und, wurde sie nie müde zu betonen, war dort mit John Wayne in derselben Klasse gewesen. Aber heute war mir dieser alte Cowboy vollkommen gleichgültig. Heute sah ich Maymie wieder vor meinem geistigen Auge, wie sie im Bett blieb an einem Tag, an dem ich jung genug war, um ihr Haus zu putzen und mir damit ein Taschengeld zu verdienen.

»Donna, heute möchte ich dir alles über meine Mutter erzählen. Cordelia war eine wunderbare Frau, und ich möchte, daß du sie in deinem Herzen behältst.«

Ich ließ mich am Fußende ihres großen Bettes nieder, saß ganz bequem in den Falten ihrer blauen Daunendekke.

»Jeder nannte meine Mutter Delia«, setzte Maymie fort. »Delia heiratete meinen Vater Jonathan, einen Fliesenleger aus Ventura. Er sah deinem Vater sehr ähnlich, Donna. Vielleicht waren es Jons bemerkenswerte blaue Augen und seine gute Figur, die Delia veranlaßten, ihn zu heiraten. Vielleicht war Delia aber auch schwanger. Was auch immer der Grund war – sein Charakter war es jedenfalls nicht. Delia hat entschieden unter ihrem Stand geheiratet. Ich habe immer eine Zwangshochzeit vermutet, denn er verließ uns, als ich vier oder fünf war. Über solche Dinge sprach man nicht in der wohlerzogenen Gesellschaft des Viktorianischen Zeitalters.

Jedenfalls, nachdem Jon sie verlassen hatte, mußte Delia darum kämpfen, meinen Bruder Phillip und mich großzuziehen. Sie überlebte mit Hilfe von Gaben und Geschenken ihrer reichen Schwestern. Sie knauserte, und es gelang ihr, uns alle drei zu ernähren, aber wir waren trotzdem arm, Donna. Ich erinnere mich daran, daß meine Mutter das Abendessen für uns drei mit einer Dose Campbell's Suppe bestritt!

Im Jahr 1910 war Delia immer noch ohne Ehemann,

aber sie war mit der beliebten und prominenten Fay Landis befreundet, die sie noch aus High-School-Zeiten kannte. Fay suchte dringend eine Frau für ihren jüngeren Bruder Ray. Sie versuchte Delia dazu zu bringen, eine Verbindung mit Ray einzugehen.«

Ich war eine neugierige Zuhörerin und hörte mir aufmerksam die Fortsetzung der Geschichte an.

»Fay führte ernste private Gespräche mit ihrem Vater Chadwick Landis, der später Senator von Los Angeles wurde. Chadwick äußerte sich beunruhigt darüber, daß sein Sohn fast 30 Jahre alt war und noch immer keine Frau gefunden hatte. Ray war zufrieden mit seinem Lateinstudium, seinem Dame- und Schachspiel, der Pharmazie und der wunderschönen Walnußranch, die er vor kurzem in Orange County erstanden hatte. Er hatte sich nicht mit dem Tod seiner Mutter Lydia abfinden können. Sie war erst 43 Jahre alt, als sie an Krebs starb.«

Maymies Stimme verlor sich.

»Schließlich gelang es Fay, ein Treffen zwischen Ray und Delia zu arrangieren. Als geschiedene Frau war Delia nicht besonders attraktiv für einen Mann wie deinen Großvater, der über Reichtum, Erziehung und eine gehobene soziale Stellung verfügte.«

Beim Abendessen mit meinem Großvater wurden keine weiteren Geschichten erzählt. Als wir danach spülten, fuhr Maymie fort. Ich bemerkte eine Art Stolz in ihrer Stimme.

»Als ich älter wurde, beichtete Ray mir, daß er Delia eigentlich nie wahrgenommen hatte. Er hatte nur Augen für mich gehabt. Ich hieß damals Gladys May und war neun Jahre alt. Ich versteckte mich hinter den Röcken meiner Mutter. Er beschrieb mich als ein kleines Mädchen mit langen blonden Löckchen auf dem Rücken. Er sagte, daß er von meinen blauen Augen beeindruckt war, die er faszinierend fand, weil sie so schräg standen. Wie dem auch sei, er war jedenfalls nicht im geringsten an meiner Mutter interessiert. Mich wollte er heiraten!«

Ich wurde immer gespannter. Fay wollte, daß Ray Maymies Mutter heiratete, nicht die kleine Maymie . . . Ich war still, unsicher darüber, was ich sagen sollte.

»Offensichtlich hat es einige Verhandlungen gegeben, und er stimmte zu, mit der Heirat bis zu meinem 17. Lebensjahr zu warten. Er war auch damit einverstanden, meine Mutter, meinen Bruder und mich finanziell zu unterstützen. Ich sollte ihn dafür auf kleinen Ausflügen begleiten.«

Dann kam eine lange Pause. Vielleicht schaute sie zurück über die Jahre. Vielleicht stellte sie sich das Leben mit ihrer Mutter und ihrem Bruder in einer lang vergessenen Küche vor. Schließlich beendete sie ihre Erzählung mit einer Stimme, die von weit her zu kommen schien: »Niemand hat mich je danach gefragt, was ich fühlte, aber ich wollte einfach nicht mehr, daß wir uns mit dieser Campbell's-Suppe über Wasser halten mußten.«

Ich hatte den Eindruck, daß die Sitten damals ganz anders gewesen sein mußten. Ihre Kindheit schien mir Jahrhunderte weit entfernt.

Ich hatte ein altes Foto von ihr gesehen, auf dem sie zehn Jahre alt war und ein gestärktes weißes Kleid trug. Mein Großvater stand neben ihr, ein großer Mann mit einem dunklen Filzhut, Weste und Anzug, auf dem er die goldene Kette seiner Taschenuhr stolz zur Schau stellte.

Maymie seufzte. Sie hatte wieder diesen abwesenden Blick, als sie fortfuhr: »Als Gladys May fing ich an, mit Mr. Landis Ausflüge zu machen. Er schien schrecklich alt zu sein, aber er war sehr nett zu mir. Er ermutigte mich, meinen Namen in den moderneren Namen Vera-

May umzuändern und kaufte mir teure Kleidung und Schmuck. Als ich 17 war, besaß ich einen riesigen Hochzeitsring mit Diamanten, ein großes Haus, Bedienstete und trug den Titel Mrs. Landis.«

Als ich mich unserem Haus näherte, wurde mir klar, welch schreckliche Indizien gegen meinen Großvater sprachen. Big Ray *mußte* wie Daddy gewesen sein. Was für eine überwältigende Entdeckung.

Als ich Kens Wagen in der Auffahrt sah, wußte ich, daß ich mich jetzt schnell zusammennehmen mußte, damit er nicht merkte, wie aufgeregt ich war. Ich versuchte, mich und meine Gefühle zu beruhigen, als die Kinder herbeigelaufen kamen, um mich zu begrüßen.

»Mommy, Mommy, Dad ist heute früher nach Hause gekommen! Dann können wir jetzt Fahrrad fahren.«

»Ja, Kinder. Das ist eine gute Idee.« Meine Begeisterung war gezwungen. Ich stieg aus dem Auto und hielt nach meinem Mann Ausschau.

Mit dem Schlauch in der Hand sprengte er den Gemüsegarten und genoß das Ende dieses schönen Frühlingsnachmittages. Er trug noch seine Anzugshose und hatte die Ärmel des Hemdes aufgerollt. Er gefiel mir richtig gut. Die Kinder liefen voraus und riefen ihn.

»Daddy! Wir möchten Fahrrad fahren! Du hast gesagt, wir dürfen!«

»Laßt mir nur eben ein bißchen Zeit zum Umziehen.« Er lächelte, hob Julie hoch und wirbelte sie in der Luft herum.

Dan wand sich um die Beine seines Vaters – das war die für ihn typische, energische Art der Begrüßung. Ken blickte mir über die Wiese hinweg entgegen, während ich langsam auf ihn zukam. Er begrüßte mich.

»Meine Süße, du siehst ein bißchen mitgenommen aus. War das hart mit den Fotos?«

»Ja, es war ziemlich schlimm. Ich habe May und Ray so vermißt. Es war wirklich unangenehm«, sagte ich zu ihm, behielt aber die Postkarten und ihre schreckliche Bedeutung für mich.

»Es waren nicht nur die Fotos, stimmt's? Das vergangene Jahr war in jeder Beziehung schwierig«, tröstete er mich und umarmte mich mit seinem freien Arm. Die Kinder liefen davon, um sich unseren neuen Garten anzuschauen.

»Und daß dein Vater Bernie und die Kleinen wegen dieser jungen Perle Crystal hat sitzenlassen und außerdem noch aufgehört hat zu arbeiten, um nicht für die Kinder aufkommen zu müssen, hat die Situation nicht sonderlich verbessert. Daß er sich dann Geld von uns geliehen und den Kredit hat platzen lassen, hat mich völlig aus der Fassung gebracht. Ich weiß, daß das für dich eine Belastung war.«

Ich warf meinen Kopf zurück und sah ihm direkt ins Gesicht. Er schaute mir in die Augen, und seine Stimme war weicher, als er schließlich weitersprach.

»Donna, ich werde einlenken. Ich hätte ihm nicht verbieten dürfen, seinen Fuß noch einmal in unser Haus zu setzen. Ich habe nur an mich gedacht. Er hätte zwar den Fehler mit dem Kredit nicht machen dürfen, aber er ist immerhin dein Vater. Und ich weiß, ich bin entschieden zu weit gegangen, aber du beklagst dich wirklich nie.«

Er hielt inne und sagte dann nach einer langen Pause: »Dein Dad kann wieder zu uns kommen. Ich war ein Narr. Ich war wütend auf ihn, und du saßest zwischen den Stühlen.«

Natürlich habe ich mich nicht beklagt, dachte ich, aber jetzt war nicht der Zeitpunkt, Erklärungen abzugeben. Ich hatte andere Dinge im Kopf. Für einen langen Moment sagte ich gar nichts und versuchte, mich auf Ken zu konzentrieren. Meine Ehe war mir sehr wichtig.

»Vielleicht sollten wir über unseren Skiausflug sprechen«, sagte ich. Kens tröstender Arm lag immer noch auf meinen Schultern. »Es wird uns so guttun, eine Zeitlang wegzufahren. Es ist einfach zu viel geschehen.« Als wir ins Haus gingen, um uns für die Fahrradtour fertigzumachen, drehten sich in meinem Kopf noch unzählige unausgesprochene Gedanken.

Das konnte doch nicht wahr sein! Mein reizender Großvater mit nackten kleinen Mädchen und Maymie, die an ihn verkauft worden war. Das paßte nicht zu meiner Erfahrung mit Big Ray. Aber wenn man es unbeteiligt und logisch betrachtete, ergab es durchaus einen Sinn.

Noch mehr Stücke des Familienpuzzles fanden also ihren Platz, und das Bild, das sich ergab, war alles andere als schön. Ich verstaute es ganz weit hinten in meinem Kopf. Damals war ich noch nicht in der Lage, damit fertigzuwerden.

Juni 1978
San Juan Capistrano

»Mommy, heute ist so ein heißer Tag, laß uns eine Limonade für Barbie bestellen.« Julie zerrte an meinem Arm. Sie war ganz aufgeregt über ihre neue Eisbar für Barbiepuppen.

»Schenk du nur ein, ich möchte auch was trinken.« Ich war genauso glücklich wie Julie. Ich hatte Sommerferien und eine Menge Zeit für die Kinder. Mit Julie konnte man wunderbar spielen. In ihren weißen Shorts und dem pinkfarbenen Top sah sie für mich immer noch wie ein Baby aus, obwohl sie schon zehn Jahre alt war.

Der Nachmittag verging schnell, und bald war es wieder Zeit, die Spielsachen wegzuräumen und das Abendessen vorzubereiten. Als wir die Eisdiele zusammenfalteten, zog Julie seltsam drängend an meinem Arm. Ich schaute herunter zu ihr und fragte mich, was wohl nicht in Ordnung sein mochte. Sie stand mit einem gequälten Ausdruck im Gesicht vor mir und hielt ihre blonde Barbie fest in der Hand.

»Was ist los, Julie, tut dir was weh?« Jetzt saß ich neben ihr auf dem Fußboden.

Es fiel ihr schwer zu sprechen, aber schließlich gelang es ihr zu flüstern: »Opa . . .«

Wir sahen einander in die Augen. In meinem Innern ging ein rotes Warnsignal an, aber äußerlich blieb ich ruhig. »Sprich weiter, Schatz. Du kannst mir alles erzählen.«

Sie zögerte noch einen Moment lang und stieß dann hervor: »Er hat mich angefaßt.«

Kalte Wut erfaßte mich, mein Blut geriet in Wallung. Dann packte mich die Angst. Ich hatte doch alles getan, um sie zu schützen. Ich ließ sie nur im hellen Tageslicht mit Dad allein. Auch waren immer all die anderen Kinder dabei, wenn sie am Strand spielte. Ich hatte sie nur einmal ein paar Stunden alleingelassen, als ich Mom besuchte und ins Einkaufszentrum gefahren war. Nur ein paar Stunden. Ich hatte sie nie alleingelassen, als sie kleiner war.

Ich zog Julie zu mir heran und bemühte mich darum, die Aufregung in meiner Stimme zu verbergen.

»Was meinst du damit?« fragte ich sie. Vielleicht war es ja gar nichts.

»Ich bin eingeschlafen«, sagte sie mit dünner Stimme, »und er berührte mich hier unten.«

In meinem Kopf drehte sich alles wie in einer wirbelnden Spirale. Ich fühlte mich wie Alice im Wunderland, die in das tiefe Loch fällt.

»Was ist passiert?«

»Ich wachte auf. Er ist immer so nett zu mir. Ich hatte mich an ihn gekuschelt und war in seinen Armen eingeschlafen, während er ein Buch las. Als ich aufwachte, berührte er mich unter meinem Höschen.« Sie brachte ihre Worte jetzt mit mehr Sicherheit hervor. »Ich wachte richtig auf und sprang aus dem Bett. Ich hatte Angst.« Jetzt strömten die Worte nur so aus ihr heraus. »Ich schrie ihn an: ›Was machst du da, Opa?‹ und rannte quer durchs Zimmer. Ich hatte wirklich Angst, Mommy!«

Sie unterbrach sich einen Moment, um Atem zu holen und fuhr dann fort: »Er schaute mich an, aber seine Augen waren anders. Er sah aus wie ein Monster. Er sagte: ›Das ist unser Geheimnis. Wage bloß nicht, deiner Mutter davon zu erzählen. Erzähle niemandem etwas!‹ Und dann wurden seine Augen richtig böse.«

In der Stille konnte ich mein Herz laut klopfen hören.

Julie sprach weiter: »Aber Mommy, das mußte ich erzählen. Du hast uns immer gesagt, wir sollen über alles sprechen. Und du hast gesagt, daß mich niemand anfassen darf, bevor ich nicht erwachsen bin.«

Ich zog meine Tochter ganz nah an mich heran. »Meine arme Kleine. Ich werde ihn nie wieder in deine Nähe kommen lassen. Was er getan hat, war sehr schlecht.« Ich konnte die Wut in meiner Stimme hören. »Ich verspreche dir, daß ich ihm nie wieder erlauben werde, dir das anzutun. Es war völlig richtig, daß du mir alles erzählt hast.«

Nach diesem Tag verbrachte ich viele schlaflose Nächte. Ich würde meine Tochter vor ihm schützen, was auch immer geschehen mochte. Irgendwo ganz tief in meinem Herzen wußte ich, daß das nicht die beste aller Reaktionen war, aber was hätte ich sonst tun können? Ich konnte ihn zur Rede stellen, aber mir war völlig klar, daß er sagen würde, Julie sei eine Lügnerin. Und wie würde er sich danach benehmen?

»Arme Schwestern enden zwei Meter unter der Erde. Verräter werden hingerichtet. Leute, die reden, haben Unfälle. Ich mache all das, was Hunde tun . . .« Ich hatte diese Drohungen noch bestens im Ohr. Was würde er Julie antun?

Ich hatte immer noch nicht den Mut, jemanden in alles einzuweihen. Was würde geschehen, wenn ich Ken erzählen würde, daß Julie sexuell belästigt worden war? Ken könnte dann drastische Maßnahmen ergreifen und im Gefängnis landen. Ich hatte qualvolle Gedanken, aber ich war nicht fähig zu handeln. Die Angst hielt mich in ihren Fängen, lähmte mich. Aber meine innere Stimme sprach weiter zu mir.

Donna, setz dich mit den Dingen, die geschehen, auseinander . . . sieh sie dir genau an und setz dich mit ihnen auseinander.

DRITTER TEIL

Am Wendepunkt

Obwohl ich manchmal alle meine Kräfte zusammennehmen mußte, um das Unangenehme aus meinen Gedanken zu vertreiben, war mein Leben auch voll von außergewöhnlich guten Dingen.

Wir waren so sehr dem öffentlichen Leben zugewandt und respektiert, daß Ken zum Bürgermeister von San Juan Capistrano gewählt wurde. Er wurde – und das war einmalig in der Geschichte dieser Gemeinde – auch in der zweiten und sogar in der dritten Amtszeit wiedergewählt. Ich hatte die Plakate von seinen Wahlkampagnen eingerahmt und in der Eingangshalle zu den Bildern der Familie gehängt. Es wurde mir immer ganz warm ums Herz, wenn ich sein Bild dort hängen sah: ernst, ehrlich und gutaussehend.

Ich hatte Kens Wahlkampagne gemanagt und viel damit zu tun gehabt, die Wahlbezirke abzuklappern, die Arbeit der freiwilligen Wahlhelfer zu organisieren und Flugblätter zu produzieren. Ken war ein sehr populärer Politiker, ein echter Mann aus dem Volk. Er kämpfte für das Recht der alten Leute, weiterhin in ihren Wohnungen zu erschwinglichen Mietpreisen wohnen zu können. Er kämpfte für die Weiterbeschäftigung der Sozialarbeiter, die sich um die Armen kümmerten, für den Erhalt der Landschaft, für Parkanlagen und Baseballfelder für die zukünftigen Generationen. Er hatte nie vor einer Auseinandersetzung zurückgeschreckt, wenn es um Menschen ging, die seine Hilfe suchten. Ich war sehr stolz auf ihn und auf unsere gesamte Familie.

Einige Leute aus der Gemeinde sprachen von mir als der »First Lady von San Juan«, und das gefiel mir. Ich war ganz begeistert davon, zu Vernissagen von Kunstausstellungen zu gehen, bei Eröffnungszeremonien die Bänder zu zerschneiden und bei so vielen reizenden Gelegenheiten den Vorsitz bei Tisch zu haben. Der Bürgermeister und seine Gattin. Die lokalen Nachrichtenblätter brachten ständig Geschichten über uns – über unsere Ausflüge, die Preise, die wir gewannen, und darüber, was unsere Kinder in der Schule machten.

Es war uns gelungen, unser Leben besser zu gestalten, als wir zu hoffen gewagt hatten. Unser Heim und unsere Herzen waren von Lachen erfüllt, und wir wunderten uns darüber, wie weit wir uns von der verkrachten Situation unserer beiden Elternhäuser entfernt hatten.

Wenn doch hin und wieder ein Schatten auf unser Glück fiel, brauchte ich mir nur die glücklichen Gesichter in unserer Familiengalerie in der Diele des oberen Stockwerks anzusehen, und alles war wieder im Lot. Der Status quo war wiederhergestellt. Ich wollte, daß nichts jemals das Leben stören würde, das wir für uns und unsere Kinder eingerichtet hatten.

Fast täglich rief Dad mich an, um zu hören, wie es uns ging, und meistens gab mir sein Interesse an unserem Leben ein Gefühl von Wärme und Liebe. Da wir jetzt in größerer Entfernung voneinander wohnten, schien unser Verhältnis zueinander freundlicher als zuvor, und ich hatte keine Angst mehr, daß er Julie etwas antun könnte. All das lag jetzt hinter uns. Es war mir gelungen, es aus meinen Gedanken zu verbannen.

Aber ich mußte leider erfahren, daß die Vergangenheit einen großen Einfluß auf die Gegenwart ausüben kann, ob wir das nun wollen oder nicht.

26. Juni 1985
San Juan Capistrano

An diesem Abend sollte die Party zu Dannys 13. Geburtstag stattfinden. Er hatte sich Tortillas mit Hühnchenfüllung zum Essen gewünscht. Das war sein Lieblingsgericht, und es machte mir besondere Freude, es für ihn zuzubereiten. Die Sommerferien hatten begonnen, und mit viel Spaß stürzte ich mich kopfüber in die Freuden des Mutterdaseins.

Unter Mithilfe meiner Haushälterin Rosa war ich gerade damit beschäftigt, die Knochen des Hühnchens zu entfernen, als ich einen neuen Camaro in die Auffahrt fahren sah.

Wer konnte das sein? Zwischen den Telefonanrufen und anderen Unterbrechungen hatte ich Schwierigkeiten, das Huhn in die Kasserolle zu schichten. Nachdem ich erst verärgert gewesen war, war ich nun ganz überrascht, als ich Cee Cee hinter dem Steuerrad erkannte. Sie hatte ihre kleine Tochter Keely bei sich.

»Cee Cee!« rief ich begeistert, als ich zur Hauseinfahrt hinauslief. Ich umarmte sie und warf einen Blick auf ihr hübsches dunkelhaariges Baby. »Wir haben uns ja Ewigkeiten nicht gesehen. Wie kommt's, daß du hier bist?«

»O Donna, ich hätte dich anrufen sollen. Rand hatte Zahnschmerzen, und Sandy hat ihn sofort drangenommen.« Wir waren alle sehr stolz auf Sandy und dankbar dafür, daß wir eine Zahnärztin in der Familie hatten. Sie behandelte uns alle.

»In einer Stunde muß ich ihn wieder abholen. Ich wollte dich nur kurz sehen und wollte, daß du siehst, wie groß Keely geworden ist.« Cee Cee war ernst, und mit ihren großen blauen Augen sah sie mich Zustimmung heischend an. Ihr hübsches Gesicht konnte ihre Traurigkeit nicht verbergen.

»Mein lieber Gott, ich bin so froh, daß du gekommen bist! Keely wird wirklich riesig und ist sooo süß! Ist sie jetzt acht Monate alt?«

Kurze Zeit später lehnte Cee Cee gegen meine gekachelte Theke in der Küche. In der einen Hand hatte sie ein Limonadenglas, und auf ihrer Hüfte balancierte sie die entzückende Keely. Ich befaßte mich wieder mit meinem Hühnchen, und Cee Cee brachte mich auf den neuesten Stand, was die Familie in Los Angeles anging.

Ihr Mann Rand machte Karriere mit seiner Heavy-Metal-Gruppe und war häufig in Europa oder Japan auf Tournee. Seine letzte Platte war in Japan ein großer Erfolg gewesen, und er würde bald im *Madison Square Garden* ein Eröffnungskonzert geben. Sie hatte also jeden Grund, glücklich zu sein, aber es stellte sich bald heraus, daß sie gefühlsmäßig nicht auf der Höhe war. Immer häufiger war sie von Selbstmordgedanken gequält, aber das Baby und ihre anderen vier Kinder, um die sie sich kümmern mußte, hatten sie immer wieder davon abgehalten.

Während ich ihr zuhörte, wurde mir klar, daß Cee Cee immer schon Probleme mit Depressionen gehabt hatte. Sogar bevor sie mit 17 mit ihrer ersten Tochter Anne schwanger wurde, war sie entweder unglaublich glücklich oder elendiglich traurig gewesen. Als ich meine Maistortillas nebeneinanderlegte und mit dem Hühnchen füllte, wußte ich, daß sie heute furchtbar traurig war.

»Donna«, Verzweiflung sprach aus ihrer Stimme. »Ich kann wirklich nicht mehr weiter. Daddy läßt mich nicht in Ruhe. Er macht mich verrückt. Selbst wenn ich mit Rand auf Tournee gehe, verfolgt er uns. Als wir letzten Monat in Nashville waren, tauchte er in unserem Hotel auf, als wir uns gerade liebten. Wir waren 2.000 Meilen von zu Hause entfernt, und plötzlich stand er in der Tür, unangekündigt und uneingeladen!« Ihr Ton wurde leidenschaftlich. »Er kam tatsächlich in unser Zimmer, legte sich aufs Bett und bat mich, ihm eine Limonade mit zerstoßenem Eis zu besorgen. Rand hat fast die Nase voll von mir. Er ist wütend und will, daß Dad uns in Ruhe läßt. Dad kommt täglich vorbei, und Rand verläßt jedesmal das Haus.«

Ihre Stimme klang jetzt bestimmter, wutentbrannt. »Du weißt, daß Henri mich wegen Dad verlassen hat. Er sagte damals, wir hätten Dad ständig um die Ohren.«

»Cee Cee, solange er dich finanziell unterstützt, denkt er, ein Recht darauf zu haben, jederzeit hereinzuplatzen. Wir leben nicht zufällig so weit außerhalb von Los Angeles. Ken hatte nicht die Absicht, sein Leben mit Dad zu verbringen. Du darfst nicht nur Andeutungen machen, Cee Cee«, fügte ich entschieden hinzu. »Dad überhört Andeutungen. Er ruft hier sogar zu den unmöglichsten Zeiten nach elf Uhr abends an. Er weiß genau, daß ich früh ins Bett gehe. Ken spricht dann kurz mit ihm und weckt mich nie auf. So muß man mit Dad umgehen. Er ist wie ein großes, einsames Baby. Am liebsten liest er mir seine Romane vor«, sagte ich und zuckte mit den Achseln.

»Es ist schlimmer als das.« Cee Cees Stimme wurde ein oder zwei Oktaven tiefer. Sie macht eine lange Pause. Ihre Augen waren von den Lidern verdeckt. Ich legte gerade grünen Chili in meine Kasserolle.

»Anne sagte mir, er habe sie belästigt.«

Mein Herz blieb stehen, als sie meine 17jährige Nichte erwähnte. Plötzlich war ich ganz bei der Sache. Ich spürte, wie mein Gesicht rot anlief. Was ich in all diesen Jahren befürchtet hatte, was ich mir selber nie zu denken erlaubt hatte . . .

»Was meinst du mit belästigen?« fragte ich vorsichtig

mit der kontrolliertesten Stimme, die mir zur Verfügung stand.

Es folgte eine lange Pause. »Er drängt sich ihr auf.«

»Was meinst du damit?« Es gelang mir nicht, das Drängen in meiner Stimme zu verbergen.

»Er drängt sich ihr auf!«

»Was erzählst du mir da?« Dabei wußte ich genau, was sie meinte.

»Er zwingt sie zum Sex! Sie haßt ihn. Sie will ihn töten. Er tut ihr weh. Sie ist so zart. O Gott, Donna, ich weiß nicht mehr, was ich tun soll. Ich kann ihn nicht davon abhalten. Mich belästigt er auch.« Es hörte sich an, als würge sie.

Ich wusch meine Hände und führte Cee Cee und Keely, die sie noch auf dem Arm trug, zitternd zum Sofa. »Erzähl mir davon, Süße.« Ich zwang mich dazu, mich zu beruhigen. Ich hatte noch nie ein Problem dadurch gelöst, daß ich in Panik ausgebrochen war. Obwohl meine Ohren infolge eines starken Adrenalinstoßes sausten, würde ich auch jetzt nicht in Panik geraten.

45 qualvolle Minuten später fuhren Cee Cee und Keely ab, um Rand abzuholen und nach Los Angeles zurückzukehren. Ich blieb wie betäubt zurück.

All die freundlichen Gedanken an den Geburtstag, die ich vor einer Stunde noch gehabt hatte, waren verschwunden. Ich war ganz benommen von der entsetzlichen Geschichte, die Cee Cee so zögernd erzählt hatte. Unser Vater hatte sie nicht nur belästigt, als sie noch ganz klein war, sondern er hatte sie auch im Alter von acht Jahren zum Beischlaf gezwungen. Es war furchtbar. Sie hatte mir danach erzählt, daß er das gleiche mit ihrer Tochter Anne gemacht hatte. Anne hatte schließlich mit ihrer Mutter über alles gesprochen, was in den vergangenen Jahren mit ihr geschehen war. Jetzt schützte Cee Cee Anne vor Dad, indem sie sich selbst opferte.

Das war alles unglaublich schwierig anzuhören. Ich konnte mir nicht vorstellen, daß Cee Cee im Alter von 35 Jahren noch immer Dads Kontrolle ausgesetzt war. Die Galle kam mir hoch.

Ich erfuhr, daß Dad Cee Cee unserem Großvater weitergegeben hatte, der sie dann ebenfalls sexuell belästigte. Ich war am Boden zerstört. Das Geflüster von dem Tag, an dem wir die alte Kiste durchstöbert hatten, verwandelte sich in meinem Kopf in Geschrei. Big Ray ebenfalls! Aber ich hatte meinen Großvater geliebt. Verzweifelt klammerte ich mich an diese mir heilige Erinnerung.

Cee Cee hatte den Verdacht, daß auch unsere jüngste Schwester, die 15jährige Diedre, von Daddy belästigt worden war. Seit seiner Scheidung von Bernie in den frühen 70er Jahren hatte Diedre mit ihrer Mutter zusammengelebt. Zur Zeit sah Dad Diedre kaum. Cee Cee glaubte, daß sie jetzt wahrscheinlich vor ihm sicher war.

Ich kalkulierte schnell das gegenwärtige Risiko. Alle waren vor Dad in Sicherheit – außer Cee Cee. Alle jüngeren Mädchen – Diedre, Connie, Anne und Julie – waren außer Reichweite, und Keely war erst ein acht Monate altes Baby. Cee Cee war ganz klar die einzige, die im Moment in Gefahr war. Ich ermahnte sie, sich eine neue Arbeit zu suchen, wie sie sie jahrelang in einer Agentur für Schauspieler in Hollywood gehabt hatte. Sie mußte von Dad unabhängig werden. Sie mußte von ihm wegkommen.

Cee Cee hatte Angst und erzählte mir, daß sie in Erwägung gezogen hatte, mit ihrem Mann über alles zu sprechen. Nach einer langen Pause sagte sie: »Nein, er würde mich verlassen, wenn er die Wahrheit erführe.« Danach fing sie wieder an zu weinen.

Cee Cee war gezwungen gewesen, die High-School zu verlassen, als sie mit Anne schwanger war. Sie hatte auf eine Spezialschule für unverheiratete schwangere Mädchen gewechselt. Dort hatte Cee Cee so viel Erfolg gehabt, daß sie zur Abschiedsrednerin gewählt worden war. Dad muß höchst erstaunt gewesen sein. Er hatte uns immer erzählt, Cee Cee sei dumm.

Ich erinnerte mich daran, wie ich sie während der Schulabschlußfeier von meinem Platz im Auditorium aus beobachtet hatte. Sie war hochschwanger und sehr jung gewesen, aber ihre Abschiedsrede war gut, und sie hatte sie bravourös gehalten. An diesem Tag war ich sehr stolz auf meine Schwester gewesen.

Die Neuigkeiten, die sie mir heute unterbreitet hatte, ließen die Härchen auf meinen Armen zu Berge stehen und verschlugen mir den Atem. Das war alles jenseits meiner schrecklichsten Alpträume. Oft hatte ich das Wort »verrückt« benutzt, um Dads absonderliches Verhalten zu umschreiben, aber ich wußte, daß er nicht verrückt war. Verrückt sein bedeutete, das Richtige nicht vom Falschen unterscheiden zu können.

Und Dad kannte den Unterschied von richtig und falsch ganz genau. Er hatte eine anspruchsvolle Tätigkeit in der High-Tech-Industrie, eine gute Erziehung, schrieb Romane, bildete sich weiter. Er war sogar Präsident seines Jachtclubs gewesen. Der Gedanke, daß Dad nicht als wirklich verrückt einzustufen war, machte mir vielleicht am meisten Angst.

Cee Cee erzählte mir auch von Connie. Auch sie gehörte zu der zweiten Familie meines Vaters, die er nach der Scheidung von meiner Mutter mit Bernie gegründet hatte. Cee Cee berichtete, daß Connie sie kürzlich um Hilfe gebeten habe, als sie vor Dad davongelaufen war, weil er sie ständig sexuell belästigte.

Und was war mit Sandy? Ich erinnerte mich an die Qualen, die sie gelitten hatte, als sie mir vor einigen Jahren verriet, daß Dad sie sexuell mißbraucht hätte. Als

Sandy ihn bei der Kinderschutzvereinigung angezeigt hatte, hatte diese Organisation nur oberflächliche Nachforschungen angestellt. Da er ohne Kinder lebte, gab es für sie auch keinen »Fall«. Wie immer kam unser Dad ungeschoren davon.

Danach nahm Dad jede Gelegenheit wahr, sich darüber zu beklagen, daß Sandy eine Verräterin sei. »Jemand, der so verräterisch ist, könnte ausgeschaltet werden«, verkündete er feierlich. Mir liefen kalte Schauer über den Rücken.

Ich lehnte mich zurück und versuchte nachzudenken. Der Schmerz brannte mir in der Seele. Ich hatte mir versprochen, daß mein Alptraum hinter mir lag, daß alles in Ordnung sei. Nichts Schlimmes konnte mehr passieren, was annähernd so war wie die Ereignisse in meiner Kindheit. Und doch war die Bedrohung plötzlich wieder da, sie war über mein wunderschönes Heim gekommen, in dem ich mich vor diesen Qualen so sicher gefühlt hatte. Bis jetzt.

27. Juni 1985
Zu Hause
San Juan Capistrano

Ich erwachte, und Cee Cees Worte drehten sich in meinem Kopf. Ich fühlte mich gezwungen, weiter in meinen Erinnerungen nachzuforschen. Irgend etwas war im Begriff, sich in mein Bewußtsein zu drängen. Ich blätterte durch mein imaginäres Adreßbuch und kam zu dem Buchstaben »T«, der für meinen Bruder Trey stand. Er war nur ein bißchen älter als mein eigener Sohn Rick. Trey war gerade 21 geworden, liebte die Schule und das Collegeleben. Er war ein ehrlicher junger Mann, auf den man sich verlassen konnte.

Ich erinnerte mich an Dads zuckersüße Stimme, mit der er ständig seine unterschwellig negativen Mitteilungen zum Besten gab.

»Trey ist ein Holzkopf. Der wird es nie zu etwas bringen.«

»Cee Cee ist als Baby auf den Kopf gefallen. Sie wird nie intelligent sein.«

Ich erkannte, daß Dad mir ununterbrochen schreckliche Dinge über jedes meiner Geschwister sagte: über meine Brüder Trey und Chad und über meine Schwestern Sandy, Cee Cee, Diedre und Connie. Er spielte uns gegeneinander aus. Ich hatte oft gehört, wie er von Cee Cee als einer »Wilden« sprach. Unser Vater war offensichtlich ein kalt berechnender Lügner. Er hatte uns manipuliert, indem er uns durch seine Lügen voneinander trennte.

Jedem einzelnen von uns gegenüber war er die Freundlichkeit in Person. Er lächelte viel und pries unsere Tugenden. Sein Lieblingssatz war: »Ich liebe dich mehr als sonstwas auf der Welt.« Hinter unseren Rükken jedoch erfand er die teuflischsten Lügen. Wegen unseres Vater mißtrauten wir einander tatsächlich alle. Teilen und erobern war die strategische Basis seiner Kriegsführung. Ich erinnerte mich daran, daß meine seit langem verwitwete Großmutter begonnen hatte, mit einem Mann auszugehen, der Dad nicht gefiel. Mein Vater setzte Detektive auf ihn an und zwang Maymie, die Freundschaft abzubrechen. Dad ließ die Puppen tanzen, die gesamte Familie. So war er immer gewesen.

»Am stärksten fesselt das Elternteil, das seine Macht mißbraucht.« Genau. Diesen Satz hatte ich einmal in einem Selbsthilfebuch gelesen. Wie interessant, daß mich das damals nicht besonders beeindruckt hatte, aber als ich jetzt darüber nachdachte, erkannte ich, daß es wahr war. Für wen wollte ich so perfekt sein? Für Daddy natürlich. Für das mißbrauchende Elternteil.

Wie oft verbarg ich meine wahren Gefühle hinter einer Maske, die nur SUPERGLÜCK zeigte. Und was war mit SUPERANGENEHM? Auch das brachte ich oft zum Ausdruck. Ich war Frau Hilfsbereit, die Angst hatte, den Mund aufzumachen, Angst, der Wahrheit ins Gesicht zu sehen. Angst davor zuzugeben, daß Dad auch mich verletzt hatte.

Über meine eigenen Geheimnisse, über die Dinge, die Dad mir angetan hatte, hatte ich mit Cee Cee nicht gesprochen. Nicht mal gestern, als sie mir ihr Herz ausgeschüttet hatte. Was wäre, wenn sie Dad sagen würde, daß sie mir alles erzählt hatte? Ich wollte gar nicht daran denken, was dann geschehen würde . . .

28. Juni 1985
San Juan Capistrano

Ich verbrachte schlaflose Nächte. Was sollte ich bloß tun? Ich kam zu dem Schluß, daß im Moment jede in Sicherheit war, und Cee Cee hatte versprochen, von Dad loszukommen. Wollte ich mich wirklich in das einmischen, was da zwischen Dad und seiner zweiten Familie geschah? Es gab eine ungeduldige Seite in mir, die mit Cee Cees Abhängigkeit nicht wirklich Mitleid hatte, aber all das, was ihr zugestoßen war, tat mir unsäglich leid.

Jahrelang hatte ich sie darin unterstützt, entweder aufs College zu gehen oder sich Arbeit zu suchen – alles zu tun, um auf eigenen Beinen zu stehen.

Ich hatte Eric Bernes Arbeit über die psychologischen Spiele, die die Menschen miteinander spielen, gelesen und hatte begriffen, daß Dad und Cee Cee das »Opfer-Retter-Spiel« spielten. Ich hatte ihr nachgewiesen, wie sehr es Dad gefiel, den Großen Daddy zu spielen, der sparsam Geld und Gefälligkeiten austeilte, so, wie es ihm gerade paßte. Er hatte Cee Cee immer unterdrückt, indem er ihr immer wieder die Geschichte erzählte, wie sie damals auf den Kopf gefallen war. Er liebte es, sie als »beschädigte Ware« zu bezeichnen.

Ich wußte, daß ihre einzige Möglichkeit, diese Spielchen zu beenden, darin bestand, unabhängig zu werden, sich von Dads Einfluß freizumachen. Cee Cee war abhängig geblieben, weil sie immer wieder Geld zum Einkaufen, Ratschläge und sogar eins von Daddys Häusern zum Wohnen gebraucht hatte.

Vielleicht sprach er hinter meinem Rücken auch schlecht über mich, aber ins Gesicht sagte er mir immer, ich sei schön und kompetent. Und er hatte mich nie an Big Ray oder sonst jemanden weitergereicht. Ich fragte mich, warum er sich entschlossen hatte, Cee Cee das anzutun und mir nicht. Ich war dankbar dafür, daß Big Ray für mich ein wunderbarer Großvater gewesen war, aber ich mußte lange darüber nachdenken, welchen Unterschied Dad und Big Ray zwischen uns beiden machten. Die Antwort, die mir schließlich dazu einfiel, gefiel mir überhaupt nicht.

Cee Cee, das uneheliche Kind meines Vaters, wurde als entbehrlich betrachtet. Dad muß sie immer für wertlos gehalten haben. Vielleicht glaubte er auch tatsächlich, daß es Menschen gab, die anderen überlegen waren. Ja . . . ich strengte meinen Kopf an. Er glaubte ganz sicher, Männer seien den Frauen überlegen. Er haßte es, daß sie das Wahlrecht hatten und ärgerte sich darüber, sie im Straßenverkehr hinter einem Lenkrad sitzen zu sehen. Sein Wortschatz war immer durchsetzt gewesen mit Worten wie »Mätresse«, »Bastard« oder »Hahnrei«, deren Herkunft aus den Romanen des Viktorianischen Zeitalters nur zu deutlich war.

Meine Gedanken gingen weit zurück bis zu den längst vergessenen Sätzen, die mir in meiner Jugend wohl vertraut gewesen sein mußten. Schließlich konnte ich meinen Vater in dogmatischem Tonfall sagen hören: »Hitler hatte die richtige Idee. Mit diesen Juden kann man wirklich keine Geschäfte machen. Sie haben gekriegt, was sie verdient haben.« »Blonde Menschen sind den dunkelhaarigen überlegen.« »Nigger sind geistig minderwertig.«

Es war unglaublich. Er mußte diesen Unsinn wirklich glauben! Was mir immer als relativ banales Geschwätz erschienen war, das ich ein Leben lang zu ignorieren versucht hatte, nahm jetzt neue Dimensionen an. Ich wußte, daß Soldaten den Feind entmenschlichten, indem sie in Stereotypen dachten. Das ließ die Schrecken des Krieges erträglich werden. »Schlitzaugen, Japsen, Hundesöhne, Bastarde.«

Entmenschlichte Menschen. Plötzlich hatte ich es erkannt. Cee Cee, ein Bastard, wertlos, deren Gefühle keine Bedeutung hatten. Auch Anne war wie Cee Cee unehelich geboren. Für Dad zählten ihre Empfindungen ebenfalls nicht. Er hatte sie entmenschlicht.

Ich konnte kaum glauben, was Cee Cee mir erzählt hatte. Big Ray. Mein wunderbarer Großvater mußte Cee Cee als unterlegen, entbehrlich angesehen haben . . . Meine schöne, talentierte, kluge und liebevolle Schwester Cee Cee. Cee Cee mit ihrem Sinn für Humor, die immer einen Witz auf den Lippen hatte.

Und was war mit unserer Großmutter, die davon sprach, daß sie verkauft worden war? Das war einfach zu schrecklich. Ich wollte den Kanal in meinem Kopf abdrehen, aber er ließ sich nicht ausschalten.

Big Ray und Maymie? Einmal, vor Jahren, hatte ich es eine Zeitlang gewußt. Plötzlich wurde mir wieder alles klar. Arme Maymie, ich verstand jetzt.

Ich hielt einen Moment inne und dachte an meine immer jugendliche und energiegeladene Großmutter. Sie war gut erzogen und kultiviert – sie war eine Lady. Durch ihre harte Arbeit hatte sie der Familie nach der Katastrophe der Depression wieder auf die Beine geholfen. Sie war in ihrem Leben glücklich gewesen – beim Tanzen, mit uns, beim Lesen und mit ihren vielen Freunden. Sie, die aus ihrem Leben so viel gemacht hatte, hatte die Erniedrigung erleben müssen, verkauft worden zu sein. Sie mußte sich gefühlt haben, als sei sie zu lebenslänglichem Gefängnis verurteilt worden.

Warum hatte Big Ray mich nie belästigt? Vielleicht hatte er mir irgendeine besondere Qualität zugeschrieben. Diesen Eindruck hatte ich jedenfalls immer gehabt. Ich war als eheliches Kind zur Welt gekommen, was innerhalb unserer Familie wohl schon etwas Besonderes war. War es das? Sie hatten die kleine Cee Cee sexuell mißbraucht, weil sie ein uneheliches Kind war? Es war für mich unergründlich, wie Cee Cees Leben gewesen sein mußte, wie es wohl jetzt noch war. Alles schien noch verworfener als in den Horrorgeschichten von V. C. Andrews, die meine Kinder lasen. *Blumen im Dachgeschoß*. Das war schon empörend genug. Freddie, der die Elm Street in Schrecken versetzte. Aber all diese Geschichten waren nur erfunden. Was macht jemand, der sich vor die nicht zu leugnende Tatsache gestellt sieht, daß er etwas erlebt, das noch viel schlimmer ist als Fiktion?

Da ich auf diese Frage keine Antwort wußte, versetzte ich mich in die Zeit von Cee Cees Kindheit. Meine war sicherlich nicht ideal gewesen, aber ich trug immerhin den Nachnamen meines Vaters, und mein Vater schlief in unserem Haus. Ich mußte mich nicht wie Aschenputtel neben zwei legitimen Schwestern fühlen. Was muß es wohl für sie bedeutet haben, ihren Vater immer »Ray-Ray« zu nennen und so zu tun, als habe sie keine Schwestern? Das bedeutete ganz klar, daß sie nicht »gut genug« dafür war, eine richtige Schwester oder Tochter zu sein.

29. Juni 1985
San Juan Capistrano

Nach einigen Tagen war ich immer noch unruhig und rief Cee Cee an, um zu erfahren, wie es ihr ging. Ihre Stimmung hatte sich erheblich gebessert. Seitdem wir miteinander gesprochen hatten, fühlte sie sich insgesamt viel wohler. Sie meinte, daß sie, nachdem sie sich mir mitgeteilt hätte, viel weniger Scham und Angst empfinden würde.

Cee Cee glaubte, daß jede von uns jetzt in Sicherheit sei. Sie würde nun dafür sorgen, daß Dad mit allem aufhören würde, daß er sie in Ruhe ließe. Es würde schon alles in Ordnung gehen. Sie versicherte mir nochmals, daß auch Anne nichts mehr von Dad zu befürchten habe. Sie hatte beschlossen, einfach nicht mehr ans Telefon zu gehen, wenn er anriefe und auch seine Wohnung nicht mehr sauberzumachen.

Ich war erleichtert. Als zwei Wochen nach Cee Cees Besuch bei mir vergangen waren, war ich wieder in der Lage, meine Ängste hinter die Tür mit dem speziellen Sicherheitsverschluß zu verbannen, sie waren jetzt wieder hinter Schloß und Riegel. Allerdings schien es immer schwieriger zu werden, die Ängste zu verdrängen, aber Schmerz und Wut mußten begraben werden.

Wenn Dad erführe, daß jemand etwas über sein Verhalten erzählt hätte, könnte das tödlich sein. Ich beruhigte mich weiterhin mit dem Gedanken, daß jede von uns in Sicherheit sei. Mehr konnte ich nicht tun.

Ich wußte, ich würde es nicht in Betracht ziehen, Ken

einzuweihen. Er könnte zu drastisch reagieren. Schließlich mußte ich an unsere drei Kinder denken und an unser Ansehen in der Gemeinde. Ken war gerade in seiner dritten Amtszeit als Bürgermeister. Ich zwang mich dazu, meine Gedanken wieder auf meine Familie und auf unsere Pläne für die Sommerferien zu konzentrieren. Die anderen Gedanken mußte ich einfach beiseite schieben.

Und Dad, hatte er sich verändert? Ich wußte nicht, was ich glauben sollte. Dies war alles so schwierig für mich. Trotz allem liebte ich meinen Dad immer noch . . .

5. August 1985
Avalon Bay
Catalina Island

Ich räumte den Frühstückstisch ab und ging an Deck unseres Bootes. Die helle Sonne spiegelte sich im Wasser. Ein goldener Tag kündigte sich an.

In der Hoffnung, mich etwas abzukühlen, sprang ich ins kristallklare Wasser und schwamm in die Fahrrinne vor unserem Boot. Als ich mit einer Hand am Schiffstau hing, konnte ich erkennen, daß jemand an Bord des Bootes meines Vaters war, das nicht weit von uns entfernt angelegt hatte. Seitdem Cee Cee mir vor fünf Wochen ihre explosiven Neuigkeiten erzählt hatte, hatte ich ihn nicht mehr gesehen. Ich konnte nun nachts endlich wieder schlafen. Auch für Cee Cee schien die Welt jetzt in Ordnung zu sein.

Ich holte tief Atem, ließ das Schiffstau los und schwamm auf Dads Boot zu. Er saß lesend im Heck.

»Hallo Dad.«

»Hallo, Kleine. Wie geht's dir, Herzchen?« Er war voller Freude darüber, mich im Wasser zu sehen.

»Super. Es ist eine richtige Herausforderung, auf dem Herd im Boot zu kochen. Er funktioniert mit Alkohol!«

»Komm an Bord. Ich arbeite gerade an einem neuen Kriminalroman, der hier in Avalon spielt. Kann ich dir ein wenig daraus vorlesen?« fragte er mich.

»Klar, laß mich nur erst hochklettern und mich ein bißchen abtrocknen.«

Ich trocknete meine Haare mit einem Handtuch, das ich an Deck fand, zog dann einen weißen Plastikstuhl heran und setzte mich. »Okay, Dad, fang an.« Die Sonne wärmte meine feuchte Haut. Ich schloß die Augen, während Dad vorlas.

Die Geschichte war ein Mord-Thriller. Hinter einem Todesfall in Catalina steckten einige böse Jungs aus Hollywood. Der Titel lautete *Fliehe vor dem Bösen.* Nachdem er einige Minuten gelesen hatte, fing die Geschichte an, mich zu interessieren. Es handelte sich um einen extravaganten Lebemann, dem eine Zwölf-Meter-Jacht gehörte, die im Hafen von Avalon lag. Im Laufe der Story befahl der Mörder einem seiner stämmigen Angestellten unbekümmert, ihm ein achtjähriges Mädchen zu suchen und auf seine Jacht zu bringen, um sich an ihr sexuell zu befriedigen.

Meine Augen sprangen weit auf. Dad las mir diese schreckliche Geschichte mit einem unbeweglichen Gesicht vor. Seine Stimme war vollkommen ruhig. Ich hingegen sah diese perverse Geschichte vor meinem inneren Auge lebendig werden. Ich selbst war dieses kleine Mädchen.

»Ich kann nicht mehr zuhören . . .« Meine Augen füllten sich mit Tränen, als ich mich von ihm abwandte.

»Was ist los?« fragte Dad mit seiner unschuldigsten, ganz verwirrten Stimme.

»Ich kann das nicht aushalten.« Meine Stimme brach,

als ich stammelte: »Was du mit mir gemacht hast, als ich klein war, war nicht in Ordnung.«

Er schaute mich verblüfft an und machte eine Notiz an den Rand seines Buches.

Ich fuhr hastig fort. »Im letzten Semester sprach ein Mädchen in meiner Rhetorikklasse über Inzest, und ich geriet in Panik und begann zu schwitzen. Was du mit mir gemacht hast, als ich klein war, war nicht in Ordnung. Ich werde niemals damit klarkommen.«

Ich wandte mein Gesicht ab, mein Kinn zitterte. Ich bemühte mich um Selbstkontrolle. Jahrelang hatte ich die Auseinandersetzung mit meinem Vater gescheut. Wir hatten immer so getan, als sei nie etwas geschehen. Es folgte eine lange Stille.

»Es tut mir leid«, hörte ich ihn murmeln.

»Es ist wohl besser, wenn ich von diesen Romanen nie wieder etwas zu hören kriege«, warnte ich ihn. »Das regt mich zu sehr auf.« Ich würgte meine Worte heraus, vorsichtig bemüht, nicht noch mehr meiner Gefühle aufzudecken und schon gar nichts von dem, was Cee Cee mir vor kurzem erzählt hatte. Das hätte das Leben von uns beiden in Gefahr bringen können.

In diesem Moment kam meine Halbschwester Connie hoch, die unten in der Kabine gewesen war. »Hallo Donna, schöner Tag heute!« Sie begrüßte mich herzlich.

»Ja ... Ich muß jetzt gehen!«

Mein Vater hatte seine Aufmerksamkeit wieder ganz dem Schreiben zugewandt. Als ich ihn verließ, hatte er mir nichts zu sagen. Er schien von dem, was ich ihm gesagt hatte, völlig unberührt zu sein. Ich kletterte die Treppe ins Meer hinunter, tauchte wieder ins kalte Wasser und schwamm zu unserem Boot zurück. Mein Vater machte immer noch Notizen in seinem Buch.

Während ich durch das eiskalte Wasser schwamm, kam ich der Wahrheit wieder ein Stückchen näher:

»Kein Schuldbewußtsein.« Ich hatte gelesen, daß jemand, der kein Schuldbewußtsein besaß, auch nie mehr wirklich eins entwickeln würde. Soziopathen hatten kein Schuldbewußtsein. Sie fühlten weder Reue noch Schuld. Um in der Gesellschaft leben zu können, mußten sie die Unordnung in ihrem Innern verbergen. Nur wenn ihnen jemand ganz nahe kam, konnte er ihre wahre Persönlichkeit entdecken.

Die ruhige innere Stimme sprach wieder zu mir. *Donna, dein Vater ist nicht so ein netter Typ, wie du immer vorgegeben hast.* Die freundliche innere Stimme ließ mich nicht mehr los. Sie verfolgte mich.

Ich erinnerte mich an andere Begegnungen, bei denen seine Reaktion auf mich sonderbar gewesen war. Vor einem Jahr hatte er eine 21jährige Serviererin in einem Restaurant kennengelernt, in dem er zu frühstücken pflegte. Er hatte ihr einen Diamantring von zweieinhalb Karat geschenkt und wollte sie dazu bringen, ihn zu heiraten.

An diesem Morgen fand eine Ausstellung meiner Bilder in unserem Ort im Freien statt. Dad hatte sich dort mit mir verabredet. Er wollte seine neue Bekannte mitbringen, um sie mir vorzustellen.

Ich war ganz besonders stolz auf ein Gemälde, das ich gerade fertiggestellt hatte. Es zeigte mich im Alter von einem Jahr und war das zentrale Stück meiner Ausstellung. Ich wußte, Dad würde es großartig finden.

Ich hatte den ganzen Tag auf ihn gewartet, aber er hatte sich nicht blicken lassen. Ich war im Begriff, vom Parkplatz wegzufahren, als ich Dad winkend und hupend in seinem Auto sitzen sah. Ich hielt an und stieg aus dem Wagen.

»Hallo Donnie!« Seine Stimme klang jugendlich und glücklich. »Mensch, bin ich froh, daß ich dich noch erwischt habe. Ich möchte, daß du Kitty kennenlernst.«

Wir wurden einander vorgestellt, der Diamantring wurde vorgeführt. Ich versuchte, meiner Stimme einen warmen Klang zu verleihen. »Es freut mich, dich kennenzulernen, Kitty. Ein schöner Ring!«

»Donnie, sie will eine ganze Schar von Kindern, genau wie ich!« Er war atemlos und aufgeregt. Ich fühlte mich wie seine Mutter.

Er hatte eine neue Verlobte und verwirrende Pläne. Ich stand da und fühlte mich ein wenig lächerlich mit meinen selbstgemalten Bildern im Auto. Ich schluckte die Kränkung herunter und versuchte die Tatsache zu ignorieren, daß Kitty jünger als mein Sohn, Dads Enkel, war! Aber da sie so sehr mit sich selbst beschäftigt waren, nahmen die beiden meine schwache Vorstellung nicht einmal wahr.

Wir aßen schnell zusammen zu Abend. Als wir danach wieder beim Auto waren, versuchte ich, doch noch die Aufmerksamkeit für mein neues Gemälde zu erwekken, auf die ich so sehr gehofft hatte. Ich gab es Dad und hielt in Erwartung seines Lobes, von dem ich überzeugt war, den Atem an. Ich war so stolz. Mein Herz machte einen Extra-Sprung. Ich wußte, daß ihn dieses Selbstporträt wirklich begeistern würde.

Er warf einen kurzen Blick auf das Bild. »Das ist nett, Schatz. Und was hältst du von Kitty? Ist sie nicht klasse?« Er strahlte, als er sie wieder an sich heranzog, um sie zum zigsten Male zu umarmen.

Ich blieb allein auf dem Parkplatz. Damals war nicht der Moment gewesen, meine Gefühle zu analysieren, aber jetzt, als ich zu meinem sicheren Boot schwamm, quälte mich diese Erinnerung.

November 1988
In der Schule

Ich saß an meinem großen Schreibtisch im Eckbüro des Colleges, an dem ich seit 22 Jahren unterrichtete. Ich blickte auf die Wand vor meinem Schreibtisch. Dicht gedrängt hingen dort alle möglichen Fotos von meiner Familie. Meine drei Kinder lächelten mir von Dutzenden von Fotografien entgegen, die wir im Laufe der Jahre gemacht hatten. Sie bedeuteten mir sehr viel. Mein Büro war mein Heiligtum.

Meine Studenten waren versessen darauf, etwas von meinem Privatleben mitzukriegen. Oft kamen sie mit ihren Freunden oder anderen Studenten, um meine Fotowand zu betrachten.

Seitdem Cee Cee mir vor einigen Jahren all diese häßlichen Dinge erzählt hatte, hatte ich mich noch stärker auf meine Familie, die Porträtmalerei und auf meine Studenten konzentriert. Das alles war für mich ein Trost. Ich wußte mich zu beschäftigen und zu kontrollieren.

Heute war in meiner Klasse etwas Besonderes geschehen. Etwas, das deutlich machte, warum es für mich so wichtig war zu unterrichten. Als meine Studenten nach dem Unterricht den Klassenraum verließen, hatte ich Gelegenheit, mit einem jungen Mann zu sprechen, den ich auch in einer anderen Klasse unterrichtete. Ich hatte festgestellt, daß er sich in der letzten Zeit extrem verändert hatte.

Er war zurückgeblieben und zog den Reißverschluß seines Rucksacks zu. Das Gewicht der schweren Bücher machte sich bemerkbar. Als Tran an meinem Podium vorbeikam, sprach ich ihn an.

»Also Tran«, ich bemühte mich darum, beiläufig zu klingen. »Ich habe den Eindruck, als hättest du dich in der letzten Zeit sehr verändert. Stimmt's?« Ich lächelte ihn freundlich an. Es war nicht leicht gewesen, an ihn heranzukommen.

Er schaute mir direkt ins Gesicht, und seine dunklen, mandelförmigen Augen blickten dabei so tiefernst wie immer. »Durch Sie habe ich begriffen, daß ich kein Spinner bin.«

Ich mußte lachen. »Wer sollte das denn von dir gesagt haben?«

»Ich war immer überzeugt davon, nicht normal zu sein.« Sein Tonfall war sachlich. »Ich habe nie viele Freunde gehabt. Ich hab' nie wirklich dazugehört. Sport war auch nichts für mich. Dafür bin ich zu klein.«

»Tran, ich habe dich nie als einen Außenseiter empfunden.«

»Nun, ich schon, bis zu dem Moment, als Sie uns etwas über diese verschiedenen Persönlichkeitstypen beigebracht haben. Ich habe immer alles an mir gehaßt.« Er machte eine Pause und sah mich unsicher an. »Jetzt bin ich mit mir selbst im reinen.«

»Gut, das freut mich.« Ich lächelte ihn an.

Er nickte mit seinem feingeformten Kopf und ging zur Tür. Ich wußte, daß unser Gespräch beendet war. Wir hatten nicht viele Worte miteinander gewechselt, aber was sich ereignet hatte, war bemerkenswert.

Ich hatte Tran, einen dünnen 16jährigen, vor einem Jahr kennengelernt, als er als fortgeschrittener High-School-Schüler an meinen öffentlichen College-Vorlesungen in Rhetorik teilgenommen hatte. Er hatte nie Kontakt zu anderen Studenten gehabt. Er verhielt sich distanziert und unfreundlich, schien sich und den Unterrichtsgegenstand zu verachten und sich uns allen überlegen zu fühlen. Er wollte Naturwissenschaftler sein. Sein Verhalten machte ihm das Leben nicht gerade leicht. Bei mir bekam er eine Zwei, wahrscheinlich die erste in seinem Leben.

Als er dann zu Beginn des nächsten Semesters auftauchte, wollte er sich – verspätet – als Teilnehmer in ein anderes meiner Seminare eintragen. Es schockierte mich, ihn dort zu sehen. Wochenlang sprach er fast mit niemandem. Dann plötzlich, nach einer Lektion über die Sheldonschen Persönlichkeitstypen, begann er, sich zu verändern. Ich glaube, er hatte entdeckt, daß er nicht allein war. Er war nicht nur normal, sondern er war sogar als Typ in einer wissenschaftlichen Abhandlung beschrieben worden.

Einen Moment lang konnte ich mich in Trans schmerzliche Gefühle hineinversetzen. Wie traurig mußte es sein, sich so ausgeschlossen zu fühlen. Unsere Gesellschaft verlangt aktive, sportliche Typen, so daß diejenigen, die weniger athletisch veranlagt sind, sich überflüssig fühlen. Das machte mich wütend. Warum konnte man nicht einfach als der Mensch akzeptiert werden, der man war? Warum können wir nicht alle Hautfarben, Größen, Kulturen und Religionen nebeneinander dulden? Warum können wir nicht einfach Menschen sein, die glücklich oder traurig sind, die Schmerz und Freude empfinden?

Studenten wie Tran, die mir zeigten, daß ich für sie etwas bedeutete, tauchten immer wieder einmal in meiner Karriere als Lehrerin auf und gaben meiner Arbeit wirklich einen Sinn. Ich wußte, daß ich die Gabe hatte, zu meinen Studenten eine Beziehung aufzubauen und ihnen zu zeigen, wie wichtig sie waren. Die Schule war so ein wunderbar sicherer Ort für mich.

15. Juli 1989
San Juan Capistrano

Im Sommer frei zu haben, hatte seine positiven und seine negativen Seiten. Ich genoß die Freiheit, das zu tun, was mir Spaß machte, aber wenn ich zu viel Freizeit hatte, begann ich mir Sorgen zu machen. Manchmal war ich besorgt wegen der unkontrollierbaren Erinnerungen, die mich aus der Vergangenheit heimsuchten, manchmal saß ich brütend da und dachte an meine Nichte Keely. Ich mußte mich ablenken, und so plante ich ein riesiges Picknick für Julies 21. Geburtstag.

Ich saß gerade an meinem Schreibtisch und stellte eine Einkaufsliste für die Party zusammen, als das Telefon klingelte. Ich nahm den Hörer ab.

»Donnie?« fragte die jugendliche Stimme, an der ich meinen Dad sofort erkannte.

»Hallo Dad! Wie geht's deiner schicken neuen Hüfte heute?« fragte ich ihn lächelnd und verdrängte für einen Moment erfolgreich meine Unruhe.

»Hey, noch ein paar solcher Operationen, und ich werde als Wunder der Wissenschaft zu betrachten sein. Es ist wirklich erstaunlich. Ich kann tatsächlich wieder laufen. Jetzt bin ich nicht mehr der verkrüppelte alte Knacker.«

»Das ist ja großartig, Dad. Die Krankengymnastin war eine große Hilfe, nicht wahr?«

»Ja, aber meine Geschwindigkeit ist längst nicht mehr 20 Schritte und dann ein Schulterklopfen. Von wegen alter Knacker. Ich denke schon wieder ans Surfen.«

»Dad, fühlst du dich an der Küste nicht wohler? Ich begreife immer noch nicht, warum du von dort weggezogen bist.«

»Ich fühle mich hier viel wohler. In Hollywood ist es einfach zu heiß. Hey, ich habe angerufen, um dir zu sagen, daß ich die Einladung zu Julies Party heute erhalten habe. 21. Wie die Zeit vergeht!«

»Wem sagst du das.«

»Donna, diese Einladung ist einfach großartig. Die ist so raffiniert, daß ich's kaum glauben kann.«

»Findest du wirklich?«

»Ja sicher! Wie viele Mädchen haben schon ein Gemälde von sich im Alter von einem Jahr, das in Farbe in so eine Einladung graviert ist? Vor allen Dingen ein Bild, das die eigene Mutter gemalt hat! Das ist mehr als raffiniert. Dein Talent ist wirklich grenzenlos!«

Seine Worte gaben mir das Gefühl, geliebt und etwas Besonderes zu sein. Dads Lob bedeutete mir immer noch viel.

»Ich weiß, daß ich mir mit dem Grillfest für 130 Gäste eine Menge vorgenommen habe.«

»Ach, die Leute werden schon tüchtig zulangen. Und, Schatz, schließlich brauchen wir ja nicht alle gleichzeitig zu essen. Einige werden schwimmen, andere Volleyball spielen. Das wird auf jeden Fall die beste Party, die in dieser Familie jemals stattgefunden hat.«

»Dad, glaubst du wirklich?«

»Engel, ich kann nur recht haben. Bei diesem Fest wird es an nichts fehlen. Und du bist die Gastgeberin. O Donnie, da schellt gerade jemand. Ich muß gehen. Ich wollte dir davon erzählen, daß ich mit Keely einkaufen war. Ich habe drei neue Kleidchen für sie gekauft. In jedem sah sie aus wie Miss Amerika. So niedlich. Ich werde dir darüber genau berichten. Jetzt muß ich auflegen. Ich ruf' später noch mal an.«

»Okay. Ich will alles über diese Kleidchen wissen. Miss Amerika, huh? Keely ist schon 'ne Nummer.«

»Die Party wird perfekt werden. Mach dir bloß keine Sorgen mehr. Küßchen.«

»Tschüs Dad.«

Als ich den Hörer aufgelegt hatte, lenkte ich meine gesamte Aufmerksamkeit sofort wieder auf die Tischdekoration. Luftballons. Wir würden dringend Luftballons brauchen . . .

10. August 1989
San Juan Capistrano

An diesem Morgen überkam mich eines dieser schrecklichen Bilder, als ich gerade dabei war, meine beiden Hunde Cory und Cassie zu füttern. Ich kämpfte so entschieden dagegen an wie ich konnte, aber in der letzten Zeit war das Füttern der Hunde für mich zu einem machtvollen Auslöser meiner Erinnerungen geworden. Aus irgendeinem Grund hatte ich fast täglich dasselbe Bild vor Augen.

Ich sah mich, wie ich klein war und Daddy im Dunkeln von mir herunterstieg. Wir waren im Wohnwagen auf einem Ausflug nach Chicago. Ich hatte mich in meinem Schlafsack auf dem Boden schlafend gestellt. Im Wohnwagen konnte ich deutlich Dads Schatten ausmachen. Ich sah, wie er zu meiner kleinen schlafenden Schwester hinüberging. Maymie schlief im vorderen Bett. Und meine süße kleine Sandy lag hinten im Doppelbett.

O nein . . . aufhören. Häßliche, kranke Vorstellungen. Bilder, die ich mir nie zu sehen erlaubt hatte. Ich fragte mich bloß, wieviel mehr ich davon noch würde ertragen können.

Sie kamen jetzt ständig. Manchmal waren sie unterschiedlich. Immer jedoch ließen sie mich zitternd, ängstlich und von Ekel erfüllt zurück. Was mich am meisten beunruhigte, war die Tatsache, daß sie sich so vollständig meiner Kontrolle entzogen. Donna, die Meisterin in Sachen Selbstkontrolle, war plötzlich nicht mehr in der Lage, die widerlichen Bilder zu verdrängen, die ihr im Kopf herumgingen.

Es wurde mir klar, daß solche Episoden bereits seit mehreren Jahren an der Tagesordnung waren. Seit dem Besuch von Cee Cee im Jahre 1985 waren sie immer häufiger geworden. Ich wußte genau, daß ich absichtlich versucht hatte, ihre Bedeutung zu ignorieren, mich vor der Wahrheit zu verstecken. Aber nun machte mein Verstand das nicht mehr länger mit.

Die freundliche Stimme, der liebevolle Geist, der mich aus meinem Inneren kommend immer wieder getröstet hatte, hatte aufgehört, mir ein Gefühl von Sicherheit zu geben. Ich dachte an die Ruhepausen am Nachmittag und an die Augenblicke vor dem Einschlafen. Ich hörte jetzt, wie diese freundliche Stimme mich immer mehr drängte.

Donna, was ist mit Keely? Sie ist jetzt vier Jahre alt. Sie wird bald eingeschult. Du kannst dich erinnern, daß er dich in dem Alter angefaßt hat. Was ist mit Keely? Du mußt die Kinder schützen . . .

Meine Unruhe war seit Januar noch stärker geworden. Eine große Gruppe aus der Familie hatte sich auf unserem Boot zusammengefunden. Bei dieser Gelegenheit hatte ich zum ersten Mal wirklich ein bißchen Zeit mit Keely verbracht.

Wir hatten sofort ein gutes Verhältnis zueinander entwickelt. Sie verbrachte den ganzen Tag auf meinem Schoß, als wir an diesem kalten Januartag durch den Hafen von San Pedro fuhren. Wir kuschelten und lachten miteinander. Ich fotografierte unsere Hände – ihr kleines blasses Händchen, das in der Handfläche meiner starken, braungebrannten Hand lag.

Plötzlich hatte ich eine Idee für ein interessantes Gemälde, und so machte ich eine Menge Fotos. Ich malte ihr unglaubliches Gesicht, als sie zwei Jahre alt war, und das Porträt war von einem Künstlermagazin veröffentlicht worden. Keely war wirklich einmalig. Ihre Lippen waren von dem gleichen hellen, natürlichen Rot wie die ihres Vaters. Sie hatte irisierende blaue Augen, die von dichten dunklen Wimpern umrahmt waren. Sie war wirklich ein hübsches Kind.

Als der Tag zu Ende ging, setzte sie sich rittlings auf meinen Schoß und schaute mich ganz direkt an, wobei sie abwesend mit den Ringen an meinem Finger spielte. Dann sagte sie: »Tante Donna, ich bin so froh, daß du dich in mich verliebt hast!«

Ich hatte mich in sie verliebt. Ihre Bemerkung haute mich um; sie war so klug und so direkt. Ich mußte über ihre kindliche Ehrlichkeit lachen und drückte sie fest an mich. Wir hüllten uns beide in meine Jacke, um uns vor der frischen Brise zu schützen. Mein Herz lief über vor Liebe zu diesem vierjährigen Kind.

Dieser Tag war der Beginn einer intensiven Beziehung. Mein Kühlschrank war nun vollgeklebt mit ihren Zeichnungen. Ich wurde immer stärker mit Keelys Leben verbunden. Sie wollte sogar, daß ihre Mutter mich einmal wöchentlich anrief. Wir führten wunderbare Gespräche über ihre Haustiere, ihren Kindergarten und ihren kleinen Bruder Kyle.

Einige Monate später machte ich einen unangekündigten Besuch bei Cee Cee und ihrer Familie. Cee Cee und Rand waren im Begriff, sich zum Ausgehen für den Abend fertigzumachen. Cee Cee telefonierte gerade mit Connie und bat sie, an diesem Abend auf die Kinder aufzupassen. Connie hatte keine Zeit, aber sie sagte, daß Dad kommen würde. Er wollte mit Keely ins Kino gehen und ihr einen neuen Film zeigen.

Als ich dieses Gespräch mitanhörte, wurde ich von

Panik ergriffen. Ich mischte mich ein und zischte Cee Cee fast an.

»Nein! Laß Keely nicht allein mit ihm gehen, nirgendwohin, *niemals*!«

Meine Vehemenz erschreckte sie. Sie erschreckte auch mich. Ich hatte keine Ahnung warum, aber ich war in Alarmstimmung. Einen langen Moment später zeigte ihr Gesichtsausdruck, daß sie begriffen hatte. Sie nahm den Hörer wieder auf.

»Ah, Connie, ist schon in Ordnung. Ich werde für Keely eine andere Lösung finden. Danke. Ich ruf dich bald wieder an.«

Als sie den Hörer aufgelegt hatte, ermahnte ich sie, ihn *niemals* auf Keely aufpassen zu lassen. Schließlich schüttelte sie ihren Kopf und stimmte mir wortlos zu. Wir wußten beide, daß Dad sehr krank gewesen war. Aufgrund seiner kürzlich aufgetretenen Probleme mit der Prostata war er dem Tod nahe gewesen. Ich versuchte mich davon zu überzeugen, daß er ein Invalide war. Er war zu alt, um eine Bedrohung darzustellen. Wahrscheinlich sagte sich Cee Cee dasselbe, aber ich war trotzdem nicht ganz überzeugt. Da ich so weit entfernt lebte, war ich machtlos und konnte Keely nicht beschützen. Oder etwa doch?

Als ich nach Hause kam, machte ich mit den Hunden einen langen Spaziergang. Als sie so um mich herumsprangen, dachte ich an Ken. Er war derjenige, der darauf bestanden hatte, dieses ländliche Leben zu führen, der mich Strandmädchen an Orangenhaine, Cowboys und Schwalben herangeführt hatte. Er hatte einen solch stabilisierenden Einfluß auf mein Leben. Was sollte ich jemals ohne ihn anfangen? Der Gedanke war bedrükkend.

Ich brauchte eine Minute um zu begreifen, warum ich über die Folgen nachdachte, sollte ich Ken verlieren. Als es mir schließlich klar wurde, wurde meine Angst nur umso größer.

18. August 1989
San Juan Capistrano

»Donnie?«

»Oh, hallo Dad«, antwortete ich zerstreut, als ich die vertraute Stimme meines Vaters am anderen Ende der Telefonleitung hörte. Meine Erinnerungsschübe waren immer bedrückender geworden, und so hatte ich immer größere Schwierigkeiten damit, mit ihm Small talk zu machen, da der Mechanismus, der bisher meine Erinnerungen unter Kontrolle gehalten hatte, allmählich im Begriff war zusammenzubrechen.

»Schatz, ich rufe nur an, um Hallo zu sagen. Ich denke immer noch an Julies Party. Die war wirklich phantastisch.«

»Es freut mich, daß sie dir gefallen hat«, antwortete ich ruhig.

»Du solltest die Zeltstadt sehen, die Keely und Russ mit den Stühlen in meinem Wohnzimmer bauen. Die beiden haben furchtbar viel Spaß.«

Wir sprachen noch eine Weile weiter. Als ich den Hörer einhängte, erinnerte mich das flaue Gefühl in meinem Magen daran, wie ängstlich besorgt ich um Keely war, und an die Bilder meiner Erinnerung, die in der letzten Zeit so häufig in mir hochkamen. Ich sah die kostbare kleine Keely im Wohnzimmer meines Vaters. Wie konnte Cee Cee es zulassen, daß er auf ihre Kinder aufpaßte? Die Sorge um die Kleine machte mich wahnsinnig.

In der Sicherheit und Einsamkeit meines ruhigen Heims an diesem Spätnachmittag, verzweifelt auf einen

Hinweis hoffend, der mich in bezug auf Keely beruhigen könnte, begab ich mich in Julies leeres Schlafzimmer. Es war noch genau so, wie sie es vor drei Jahren verlassen hatte, als sie zum College gegangen war. Ich öffnete die Doppeltüren ihres Kleiderschrankes und setzte mich vor die Bücherkiste auf den Boden. Darin suchte ich ein Lehrbuch über Fälle von Psychopathologie.

Ich fand es ziemlich schnell und suchte im Inhaltsverzeichnis nach einem Einstieg in das Thema: »Sexuell abnormes Verhalten«. Ich brauchte nicht lange zu suchen. Ich schlug die betreffende Seite auf und begann die Lektüre in der Hoffnung, hier die Informationen zu finden, die meine Angst um Keelys Sicherheit gegenstandslos machen würden. Ich wußte so wenig, ehrlich gesagt fast gar nichts über dieses Thema. Ich hatte immer Angst davor gehabt, mich auch nur in Ansätzen über sexuelle Mißhandlung von Kindern, Inzest oder Vergewaltigung von Töchtern durch Väter zu informieren. Selbst die bloße Erwähnung dieses Themas war für mich Grund genug, in Panik auszubrechen.

Ich wußte genau, daß dieses Buch hilfreich für mich sein würde. Ich überflog die Kapitel: Inzest, Pädophilie, Vergewaltigung. »Pädophile beginnen mit ihrem ältesten Kind und machen dann weiter. Sie machen mit dem Mißbrauch noch weiter, wenn sie schon weit über 70 sind. Sie hören niemals damit auf.« Diese Worte bedrohten mich aus dem Lehrbuch heraus: »Sie hören niemals damit auf.«

Gerade gestern abend hatte Dad mich angerufen und Keely an den Hörer gelassen. Mit ihrer Kinderstimme hatte sie gesagt: »Tante Donna, ich bin so froh, daß du mich liebhast.«

Und dann war mein Vater wieder an den Hörer gegangen. Wehmütig hatte er gesagt: »Keely hat mir gestern eröffnet, daß ich der netteste Mann bin, den sie kennt und daß sie mich heiraten möchte. Ich habe ihr erklärt, daß man uns das nicht erlauben wird. Donnie, sie ist die einzige Frau, die mich liebt.«

Diese Bemerkung erschütterte mich im tiefsten Inneren. Die verstecktesten Kammern meiner Seele begannen sich zu öffnen, und aus ihnen entwichen noch mehr Bilder aus meiner Vergangenheit. Was ich da sah, ließ mich deutliche Zweifel an Keelys Sicherheit hegen.

23. August 1989
San Juan Capistrano

Ich verbrachte eine Stunde im Einkaufszentrum auf der Suche nach einem Geburtstagsgeschenk für Kens Mutter. Ich wollte der Kreidezeichnung, die ich von ihrer Katze gemacht hatte, noch eine kleine Aufmerksamkeit hinzufügen. Heute abend gaben wir für sie ein Abendessen.

Ich stöberte gerade in der Buchhandlung B. Dalton herum, als mir das Buch *Toxic Parents* von Dr. Susan Forward ins Auge fiel. Ein interessanter Titel. Ich kaufte es. Ein paar Tage später begann ich mit der Lektüre.

»Es gibt viele verschiedene Formen von körperlichem Mißbrauch. Die meisten Personen, die andere mißbrauchen, sprechen, handeln und sehen aus wie menschliche Wesen. In Wirklichkeit aber sind sie Monster, denen solche Gefühle und Eigenschaften vollständig abgehen, die unser Menschsein ausmachen . . . diese Leute sind nicht zu begreifen. Ihr Verhalten hat keine logische Grundlage.«

Ich war sehr angespannt, als ich weiterlas. Ich hatte das Gefühl, meine eigene Lebensgeschichte zu lesen:

»Viele Eltern, die ihre Kinder körperlich mißbrauchen, sind mit schrecklichen emotionellen Defiziten und ungestillten Bedürfnissen erwachsen geworden. Oft betrachten sie ihre eigenen Kinder als Ersatzeltern, von denen sie erwarten, daß sie die emotionellen Bedürfnisse stillen, die ihre richtigen Eltern nie gestillt haben. Der Kindesmißhandler wird wütend, wenn sein Kind seinen Bedürfnissen nicht entsprechen kann (oder will).«

Ich konnte kaum glauben, was ich da las. Dad hatte mich im Alter von zwei Jahren in seine kleine Mutter verwandelt. In meiner Kindheit hatte ich kaum etwas anderes getan als seine Bäder und Mahlzeiten zuzubereiten, seinen Rücken zu massieren und ihm den Haushalt zu führen. Ihm eine seiner Forderungen, gleichgültig welcher Art sie auch waren, abzuschlagen, hatte einen heftigen Wutausbruch zur Folge gehabt. Ich dachte daran, wie er mir immer das Handgelenk verdreht hatte. Ich dachte an seine Gewalttätigkeiten spät in der Nacht.

»Er (der Mißhandelnde) schlägt jetzt wild um sich, und in diesem Moment ist das Kind erst recht ein Ersatzelternteil, weil es in Wirklichkeit seine Eltern sind, auf die der Mißhandelnde wütend ist.«

Man mußte keine großen Spekulationen anstellen, um sich Dad als kleinen Jungen vorzustellen, der wütend am Zaun stand, als seine Mutter von ihrer Weltreise zurückkehrte. Dad hatte uns oft genug von dieser Reise erzählt, und noch als er 50 oder 60 war, nahm seine Stimme dabei einen bockigen Tonfall an.

»Sie war länger als ein Jahr weg«, hatte er sich beklagt. »Danach habe ich nie wieder Mutter zu ihr gesagt.«

Er hatte Maymie niemals verziehen, daß sie ihn verlassen hatte.

Ich las etwas über den Rollentausch, der zwischen dem mißbrauchten Kind und dem passiven Elternteil eintritt. Das Kind übernimmt die Verantwortung für den Schutz dieses Elternteils, als ob es (das Elternteil) das Kind sei.

»Indem er (oder sie) zuläßt, von Hilflosigkeit überwältigt zu werden, kann der inaktive Elternteil leichter seine stillschweigende Komplizenschaft an der Mißhandlung leugnen. Und das mißbrauchte Kind kann besser mit der Tatsache fertigwerden, daß es in Wahrheit von beiden Eltern im Stich gelassen wurde, indem es die Passivität des inaktiven Elternteils rationalisiert bzw. ihn sogar beschützt.«

Ich dachte über die Rolle meiner Mutter in meinem Leben nach. Sie hatte unser Elend immer damit entschuldigt, daß sie zu sagen pflegte: »Wir versuchten eben zu überleben.« Sie sah sich selbst ganz klar als Opfer und nicht als die erwachsene Beschützerin ihrer eigenen Kinder. In den vergangenen zehn Jahren hatte meine Mutter mir bei den verschiedensten Gelegenheiten Fragen über Dad gestellt.

»Euer Vater hat euch Mädchen nie angefaßt, nicht wahr?«

Sie schüttelte schon ein Nein mit dem Kopf, während sie noch im Begriff war, diese Frage zu stellen. Die Antwort fiel also leicht. Ich gab ihr die Antwort, die sie haben wollte.

»Nein, Mom.«

Ich fühlte mich gezwungen, sie zu schützen. Im übrigen wollte ich nicht glauben, daß auch meine Mutter mir gegenüber versagt hatte. Was ich glauben wollte, war, daß sie mich liebte.

Von dem Abschnitt des Buches mit der Überschrift

»Der Hüter des Familiengeheimnisses« war ich geradezu benommen. Er hätte über mich geschrieben sein können. Ich wußte, daß ich dieses Buch niemals gekauft hätte, hätte ich vorher gewußt, worum es hier ging.

»Momente der Zärtlichkeit, Liebe und Unterstützung lassen sie (das Opfer) sich nach einer normalen Beziehung mit ihm (ihrem Vater) sehnen. Um ihren Teil der Verpflichtung ihm gegenüber einzulösen, denkt sie, daß sie über das wirkliche Verhalten ihres Vaters Stillschweigen bewahren muß. Ein ›gutes Mädchen‹ würde ihre Familie niemals verraten.«

Was sollte ich jetzt machen? Was sollte ich in bezug auf Keely und Daddy tun? Ich wußte, daß die Unruhe, die ich den ganzen Sommer lang empfunden hatte, mit meiner Sorge um Keelys Sicherheit zusammenhing. Sie näherte sich mit großer Geschwindigkeit einem gefährlichen Alter. Sie war jetzt vier. Fünf und sechs rückten bedrohlich näher.

Cee Cee hatte mir garantiert, daß sie Keely nie mit Dad allein lassen würde, daß ihre älteren Brüder Russ, 9, und Jess, 14, immer zugegen wären. Aber ich kannte Dads Vorgehensweise. Die Jungs waren nicht der geringste Schutz vor Opa, dem Babysitter. Je weiter ich las, umso mehr überzeugte ich mich davon, daß Keely in Gefahr war, mißbraucht zu werden.

Mein logischer Verstand kehrte zu seiner Hüftoperation im Mai dieses Jahres zurück. Er ging jetzt am Stock. Dad hatte auch einen ernsthaften Nierenschaden und Acetonämie nach seinem Problem mit der Prostata im vergangenen Jahr. Er war sehr krank gewesen. Reagierte ich einfach nur zu stark? Ich las weiter in dem Buch:

»Wenn jemand Opfer eines Mißbrauchs in seiner Kindheit gewesen ist, kann er oder sie sich nicht selbst heilen. Diese Opfer benötigen professionelle Hilfe.«

Ich dachte an meine mich häufig heimsuchenden Erinnerungen. Ich wußte, daß ich etwas unternehmen mußte. Ich wußte, daß mein Verstand mir diesmal keine Ausrede mehr durchgehen lassen würde. Daher faßte ich den Entschluß, einen Therapeuten aufzusuchen. Ich sprach mit Ken und meiner Familie darüber, daß ich die Absicht hätte, eine Bescheinigung als Supervisorin zu erlangen und daß ich vorher die dafür notwendige Therapie hinter mich bringen wollte.

Ken wußte, daß ich noch einen akademischen Abschluß machen wollte und war der Ansicht, ich sollte das Beste für mich wählen.

Meine freundliche innere Stimme hörte nicht auf, mich zu sticheln. *Ist Keely in Sicherheit? Ist sie wirklich sicher?*

30. August 1989
Das Büro von Rose
Newport Beach, Kalifornien

Eine Woche später begleitete Sandy mich bei meinem ersten Besuch zu meiner Therapeutin Rose. Sie war eine nette rundliche Frau von Mitte 50. Sandy blieb kurz und ließ uns dann allein in der pinkfarbenen Blässe von Roses entspannendem Büro. Rose sah mich an und sagte dann ruhig: »Jetzt erzählen Sie mir, warum Sie hier sind.«

Es verging eine ganze Weile. Schließlich stieß ich mit zitterndem Kinn die Worte hervor, die ich so lange zurückgehalten hatte: »Als ich ein kleines Mädchen war, hat mein Vater mich sexuell mißbraucht.«

Ich begann zu weinen. Die Tränen überwältigten

mich. Ich war schockiert, denn ich hatte jede Regel gebrochen, die man mich gelehrt hatte. Ich hatte Daddy an eine Fremde verraten. Ich hatte das Geheimnis ausgesprochen! Irgendwie kämpfte ich mich mühsam voran und fing nun an, ihr alles zu erzählen. Ich wußte, daß ich meine Erinnerungen und das Durcheinander in meinem Kopf wieder unter Kontrolle bekommen mußte.

Dies war mein erster Schritt.

10. September 1989
San Juan Capistrano

Ich legte den Hörer auf. Ich hatte mit Dad ein bißchen geplaudert. Die Angst zehrte an mir, versetzte mich in Panik.

Dad war im Begriff, den Abend und die Nacht über auf Keely aufzupassen.

Mit meinem frisch angeeigneten Wissen war ich überwachsam geworden. Jedes Wort von Dad in jeglicher Unterhaltung erhielt für mich eine neue Bedeutung. Ich hatte einige gescheiterte Versuche unternommen, mich über die Logistik seines Babysittens zu informieren. Ich hegte immer noch die verzweifelte Hoffnung, meinen wachsenden Verdacht ausräumen zu können.

»Donnie«, hatte Dad angesetzt. »Cee Cee und Rand haben heute ihre schwarze Rockerkleidung aus Leder getragen. Rand war für die Bühne geschminkt. Sie haben mir erzählt, daß sich ein Fußgänger vor ihrer Aufmachung gefürchtet hat und auf die andere Straßenseite gewechselt ist, um nicht an ihnen vorbeigehen zu müssen.«

»Dad«, sagte ich. »Ich mache mir Sorgen um Keely.« Er dachte, ich bezöge mich auf die Geschichte, die er gerade zum Besten gegeben hatte. Mir ging es allerdings um die Nacht, die er mit Keely verbringen würde.

Dad spielte immer den Unschuldigen. Ich wußte, daß es keinen Sinn haben würde, sich mit ihm darüber auseinanderzusetzen, daß Keely die Nacht in seinem Hause verbringen würde. Aber der Gedanke an Keely ließ mich einfach nicht los. Sie war so klein und so vertrauensvoll. Sie war nur ein kleines Mädchen, das seinen Großvater liebte.

Donna, tu etwas, bevor es zu spät ist. Du mußt Keely schützen.

Ich konnte nicht so tun, als sei alles in Ordnung, und in Wirklichkeit war ich verzweifelt. Es wurde für mich immer schwieriger, mit Dad am Telefon Small talk zu machen. Ungefähr eine Woche später konnte ich mit ihm überhaupt nicht mehr umgehen. Einige Wochen lang erfand Ken Ausflüchte für mich, aber ich wußte, daß ich nicht ohne Ende »Apartments zeigen« konnte.

Ich erzählte meinem Mann, daß ich in der Therapie gerade über Probleme in der Kindheit sprach und daß ich jetzt einfach zu durcheinander sei, um mit meinem Vater zu reden. Ken konnte das akzeptieren, aber es war unangenehm für ihn, ständig neue Entschuldigungen für mich vorbringen zu müssen. Er konnte nicht wirklich verstehen, warum ich nicht mit Dad telefonieren wollte.

Am 15. September wurde mir klar, daß ich Dads Anrufen nun nicht länger würde ausweichen können. Ich schrieb ihm einen Brief, um ihm mein so plötzlich verändertes Verhalten zu erklären. Ich hatte die Hoffnung, damit seinen täglichen Telefonaten auszuweichen und Zeit zu gewinnen. Ich gab Trauer über Dannys Auszug ins College und über den kürzlichen Tod meiner Stute Windy vor. Ich hatte zu viel Angst vor der Aufregung, die ich durch die Wahrheit verursachen könnte.

Ich fürchtete mich davor, den Brief zu öffnen, der prompt zurückkam. Er war in der exakten Ingenieursschrift meines Vaters geschrieben. Ken saß neben mir in meinem Ankleideraum, während ich den acht Seiten langen Brief las. Nachdem ich ihn beendet hatte, reichte ich ihn wortlos an meinen Mann weiter.

»Ich sag's ja, guck dir diesen herablassenden Ton einmal an«, lachte Ken.

»Kenny, hier geht es um etwas anders, als du denkst. Es geht um etwas, das ich dir nicht sagen kann«, dachte ich. Ich wußte, es war mir nicht gelungen, Dads wachsamem Auge zu entgehen. Er hatte meine schriftliche Erklärung nicht akzeptiert. Indem ich seine Anrufe nicht beantwortet hatte, hatte ich einen furchterregenden Prozeß in Gang gesetzt.

Der gesamte Brief war in einem sarkastischen Tonfall gehalten. Dad begann damit, mich seine »Kleine Brieffreundin« zu nennen. Er schwätzte ein wenig über jedes einzelne Familienmitglied und erinnerte mich so auf subtile Weise an das, wovon ich im Begriff war, mich selbst auszuschließen. Er behandelte mich von oben herab, indem er mir Ratschläge gab, wie ich mein Leben zu leben hätte, wobei er fand, daß meine Wertvorstellungen und die Prioritäten, die ich setzte, alle falsch seien. Er bezeichnete mich als einen Workaholic. Sein überlegener Tonfall und die Drohungen, die er aussprach, ließen keinen Zweifel daran, daß wir einer kriegerischen Auseinandersetzung entgegengingen.

Dem Brief war ein seltsames Gedicht von ihm beigefügt:

> Die Truppen, fast immer unschuldig am Wesen des Krieges,
> marschieren tapfer vorwärts im Rhythmus der Trommeln.
>
> Andere Unschuldige sitzen zu Hause auf dem Vulkan
> und werden seine wahre Natur nie begreifen.

Die Führer beider Gruppen setzen sie selten von den Tatsachen in Kenntnis.
Alle gehen fröhlich ihrem jeweiligen Schicksal entgegen.

Dieser Brief jagte mir große Angst ein, und der Sinn dieses Gedichts war mir nicht ganz klar. Ich begriff, daß es sich dabei um eine Art von Drohung handelte. Er bedrohte mich wegen der schrecklichen Herausforderung, die meine Weigerung, mit ihm am Telefon zu sprechen, für ihn darstellte. Ich zog in Betracht, ihn anzurufen und die Wogen zu glätten, bevor der Krieg außer Kontrolle geraten würde.

Ich mußte an Keelys kleine Hand denken, die sie damals voller Sicherheit und Vertrauen in die meine gelegt hatte. Ich hörte wieder, wie sie sagte: »Tante Donna, ich bin so froh, daß du dich in mich verliebt hast.« Meine innere Stimme hörte nicht auf, mir wegen ihrer Sicherheit zuzusetzen. Ich fühlte, daß mein Ansehen als menschliches Wesen auf dem Spiel stand. Ich war Mutter, Lehrerin und eine anständige Bürgerin. Ich mußte für Keelys Sicherheit sorgen.

Ich wußte, daß ich in der Tat etwas ins Rollen gebracht hatte, was ich nun nicht mehr aufhalten konnte. Die ärgerliche Seite meiner Persönlichkeit drängte mich dazu, auf den Brief meines Vaters zu antworten. Ich würde den gleichen sarkastischen Ton anschlagen. In meinem Innern fügten sich die Worte zu einem Brief aneinander, den ich jedoch niemals abschicken würde:

Lieber Dad,

der Schluß deines Briefes hat mir richtig gut gefallen. Du hast da beschrieben, wie du dich zurücklehnst und dir die Familie »Eines Mannes« betrachtest. Ich bin auch der Meinung, daß unsere Familie faszinierend ist.

Was für eine brillante Geschichte: Ein gutaussehender, charmanter Mann belästigt Kleinkinder, vergewaltigt sie dann (damit beginnt er, wenn sie ungefähr acht sind), und setzt darauf die sexuellen Mißhandlungen an ihnen so lange fort, bis sie in der Lage sind zu fliehen. Und dann beobachtet dieser Vater, wie sie mit der Zerstörung ihrer Persönlichkeit fertigwerden.

Das erste Kind, Donna, die Willfährige, versuchte so zu tun, als sei nie etwas geschehen. Sie versuchte, perfekt zu sein, um ihr eigenes, überwältigendes Schamgefühl zu verbergen.

Sandy, das zweite Kind, war in ihrem Inneren so verletzt, daß sie im Alter von zwölf Jahren vor dir davonlief. Auch sie versuchte, perfekt zu sein, aber sie war so zerstört, daß mehrere ihrer Beziehungen in die Brüche gingen. Du siehst, sie kann keinem Mann mehr vertrauen.

Und dann ist da das dritte Kind, Cee Cee. Du hast sie von Big Ray abrichten lassen und dann den Rest selbst erledigt. Sie fühlte sich so hilflos, daß sie die »Wilde« wurde und in der Szene von Hollywood auf die Rolle ging.

Und was war mit deinen anderen Töchtern, deinen Enkelinnen und ihren jungen Freundinnen?

Keely? Ich bete zu Gott, daß ihr nichts geschieht.

Wie du schon erwähnt hast, Dad, gibt das wirklich Stoff für eine interessante Geschichte ab.

Donna

Wenn ich meinem Vater diesen Brief geschickt hätte, hätte er behauptet, das alles sei falsch. Und er hatte schließlich immer recht. Ich durfte ihn nie in Frage stellen oder herausfordern. So lief die Welt nach Dads Ansicht, jedenfalls die Welt, die er sich eingerichtet hatte, und in der alles nach seinem Willen ablief – oder gar nicht.

Dad rief weiterhin immer dann bei uns an, wenn er das Bedürfnis danach hatte. Aber wenn Ken den Hörer abnahm, legte er einfach auf. Ich war wochenlang nicht an den Apparat gegangen. Wenn wir unseren Anrufbeantworter eingeschaltet hatten, hinterließ er nie eine Nachricht. Manchmal klingelte es sechs bis siebenmal in der Stunde. Und immer hängte er wieder auf. Sogar mitten in der Nacht klingelte es manchmal.

Diese Wochen der Telefonanrufe brachten mich aus der Fassung. Wenn ich allein zu Hause war, war ich von Angst und Schrecken erfüllt. Ken begann allmählich, die Geduld zu verlieren. Er hatte immer noch nicht verstanden, was hier eigentlich vor sich ging, und ich war noch nicht in der Lage, es ihm zu erklären. Ich wollte meine Ehe nicht aufs Spiel setzen.

In den Therapiestunden gab Rose mir den Rat, in der Nähe unserer Telefone Schilder aufzustellen. Ich schrieb sie in Großbuchstaben und klebte sie im ganzen Haus überall hin:

Armer Schatz. Er ist verrückt, und das ist nicht mein Problem.

Am Anfang taten diese Schilder ihren Dienst, aber dann verschlimmerten sie das ganze Problem nur noch. Denn selbst wenn das Telefon mal nicht klingelte, wurde ich ständig daran erinnert, daß es bald wieder soweit sein würde. Ich konnte nicht mehr länger als zwei oder drei Stunden an einem Stück schlafen. Ich hatte jetzt immer häufiger Alpträume.

Um meine Selbstkontrolle zurückzuerlangen, las ich noch mehr Bücher über sexuellen Mißbrauch in der Hoffnung, dort irgend etwas zu finden, das meine Ängste in bezug auf Keely beschwichtigen würde. Während meiner Therapiesitzungen lenkte ich das Gespräch immer wieder auf Keely. Rose glaubte immer noch, daß ich das eigentliche Thema sei und mein eigener Mißbrauch in der Kindheit. Sie glaubte, daß meine ganze Sorge um Keely nur der Ablenkung diente. Ich versuchte mit allen Mitteln, ihr meine Verzweiflung wegen Keely glaubhaft zu machen. Es gab kein konkretes Ereignis, das meiner Besorgnis einen realen Hintergrund gegeben hätte, aber trotzdem war ich unruhig.

Ich erinnerte mich daran, daß ich vor Jahren die Schriften des großen Naturwissenschaftlers Hermann von Helmholtz studiert hatte, der die einzelnen Stufen des menschlichen Denkens untersucht hatte. Er beschrieb das erste Stadium als »Sättigung«, d.h. das Ich ist erfüllt von dem Widerspruch zwischen der Erkenntnis eines Problems und der Unmöglichkeit, Lösungen dafür zu finden. Ich hatte mich mit jedem Detail meiner Kindheit und der Kindheit meines Vaters befaßt. Ich war tatsächlich damit gesättigt.

Ich hatte Angst um Keely, aber ich hatte auch Angst davor, Daddy zu verraten, ihn zu verlieren. Er würde mich bestimmt hassen . . . oder töten. Ich hatte Angst vor dem, was Ken möglicherweise unternehmen könnte und davor, was meine Freunde denken würden – und wenn meine Kinder die Wahrheit erführen . . . Aber meine innere Stimme gab immer noch keine Ruhe.

Wovor hast du Angst? Donna, du bist dabei, eine Strategie zu entwickeln.

Stimmte das? Die Erkenntnis, daß ich tatsächlich dabei war, einen Plan auszuhecken, überraschte mich. Ja, ich spürte, daß ich eine Idee ausbrütete. Die zweite Stufe hieß bei Helmholtz »Inkubation«. Mein Unterbewußtsein bemühte sich heftig darum, einen Plan zu entwerfen. Die Alpträume und die Erinnerungsschübe waren ein Teil dieses Prozesses.

Donna, du weißt genau, was du machen mußt. Du

mußt sicherstellen, daß dein Vater Keely niemals anfaßt . . .

Die Antwort erleichterte mich sehr. Ich würde hier nicht tatenlos herumsitzen, während Keely in Gefahr war. Nein, ich würde etwas unternehmen. Ich war nicht sicher, was das sein würde, aber ich stellte mir die verschiedensten Strategien vor. Die besten sahen vor, Keely an einen völlig sicheren Ort zu bringen. Aber das war nicht leicht zu realisieren. Ich konnte weder Cee Cee noch unserem Vater trauen. Ich wußte, daß er Gewehre besaß und in der Lage war, einen unkontrollierten Wutausbruch zu bekommen, wenn jemand versuchte, seine Pläne zu durchkreuzen. Wenn ich getötet würde, wäre ich für Keely keine Hilfe mehr. Um diese Sache richtig zu machen, brauchte ich die Hilfe einer Armee, die ich um mich versammeln mußte.

Ich würde die Truppen zusammenziehen.

VIERTER TEIL

Sammlung der Truppen

Nein, die Vergangenheit würde nicht weiterhin begraben bleiben. Die Leichen mußten aus dem Keller geholt werden.

Im Verlauf von wenigen Jahren war mein wunderbares Leben immer häufiger von äußeren Ereignissen gestört worden – von den Informationen darüber, daß mein Vater ohne Unterlaß diejenigen mißbrauchte, denen er das meiste Vertrauen schuldete.

Je größer der Druck auf mich wurde, umso mehr gelang es der Wahrheit, sich durchzusetzen. Selbst in ruhigen Zeiten kamen die Erinnerungen, die ich so sorgfältig in die Dunkelheit verbannt hatte, wieder hoch, ungebetene Gäste, die mich in den Stunden nach dem Aufwachen verfolgten und von meinen Träumen Besitz ergriffen. Szenen aus der Erinnerung, die plötzlich in mein Bewußtsein eindrangen – so, als geschehe alles in diesem Augenblick.

Ich fühlte mich wieder mehr und mehr als Opfer, ein Opfer der Vergangenheit. Das ging mir gegen den Strich. Damals war ich ein hilfloses Kind gewesen, aber für Hilflosigkeit war ich jetzt zu alt. Ich war in der Lage, einen Ausweg zu finden und hatte nicht die Absicht, die Rolle des Opfers zu spielen.

Ich hatte den brennenden Wunsch, mein Leben im Gleichgewicht zu halten, aber Keelys Situation stand dem im Weg. Gleichgewicht oder Keely? Dieser Konflikt, der meinen Verstand ergriffen hatte, erschwerte das Denken. Was würde passieren, sollte Ken mich verlassen? Was wäre, wenn meine Kinder mir nicht mehr ins Gesicht sehen könnten? Und wenn die Nachbarn kein Wort mehr an mich richten würden? Wenn ich meine Stelle verlieren würde? Und trotzdem – etwas mußte geschehen!

Was konnte ich tun, was nicht all das aufs Spiel setzen würde, woran ich so schwer gearbeitet hatte? Was der Beziehung zu meinem Mann und meinen Kindern keinen Schaden zufügen würde? Und ebensowenig unsere Stellung in der Gemeinde und unsere Pläne für die Zukunft in Gefahr brächte? Ich hatte so viel zu verlieren. Wie konnte ich wirklich durchführen, was ich zu tun hatte?

So schwer es mir auch fiel, es zuzugeben – ich wußte, ich brauchte Verbündete.

3. Oktober 1989
Das Büro von Rose
Newport Beach

»Ich glaube, du übertreibst ein bißchen, Donna«, sagte Rose bei unserer nachmittäglichen Therapiestunde zu mir. »Es scheint mir, daß du ein wenig überreagierst, was die drohende Gefahr für Keely betrifft. Und außerdem bist du jetzt zu schwach, um Cee Cee anzurufen und mit ihr über dieses Thema zu diskutieren.«

»Aber Rose«, entgegnete ich. »Cee Cee ist ihre Mutter und muß sie schützen.«

Rose war unerbittlich: »Donna, bitte denke jetzt zuerst an dich. Du bist gefühlsmäßig geschwächt, und ich habe nicht den Eindruck, daß du mit diesem Problem zur Zeit gut umgehen kannst.«

»Vielleicht übertreibe ich wirklich«, pflichtete ich ihr schließlich bei, aber als ich danach nach Hause kam, hatte ich wieder das verzweifelte Bedürfnis, Keely zu beschützen. Ich wählte Cee Cees Nummer. Sie mußte gewarnt werden. Aber am anderen Ende der Leitung hörte ich nur die Computerstimme der Auskunft, die mir mitteilte, daß es unter dieser Nummer keinen Anschluß mehr gäbe. Und auch eine neue Nummer gäbe es noch nicht.

Ich wollte auch niemand anderen aus der Familie anrufen. Was würde geschehen, wenn jemand Dad danach mitteilen würde, was ich über ihn zu sagen hatte? Und wenn ich Cee Cee eine Warnung mit der Post zuschicken würde, würde sie ihm diesen Brief möglicherweise zeigen. So sehr sie auch das Gegenteil behaupten mochte – ich wußte, daß Cee Cee immer noch von ihm abhängig war.

Dies war nicht der Moment, die richtige Lösung zu finden. Ich lebte weiterhin mein tägliches Leben, aber meine Gedanken waren immer noch aufgewühlt. Ich hoffte so sehr, daß sich von selbst eine Lösung einstellen würde.

19. Oktober 1989
San Juan Capistrano

Meine Mom kam mich am Samstagmorgen zum Kaffeetrinken besuchen. Sie wußte, daß ich eine Therapie machte und daß mein Vater mich mit seinen Anrufen quälte. Sie war besorgt, denn immerhin hatte sie viele Jahre mit dem Versuch verbracht, ihn zu begreifen. Moms Wut auf Dad, der damals begonnen hatte, mit Bernie eine zweite Familie zu gründen, obwohl er noch mit ihr verheiratet gewesen war, war noch nicht verflogen. Aber ich war an ihren Ärger gewöhnt.

An diesem Morgen nahmen wir unsere Tassen voll

heißem Kaffee mit hinaus in den Innenhof. Für Oktober war es ungewöhnlich warm und schön. Als wir auf Dads ständige Anrufe zu sprechen kamen, drehte sich Mom zu mir und sah mir direkt in die Augen: »Donnie, hat dein Vater dich jemals angefaßt?« Ihre Stimme war tonlos.

Als sie mir früher diese Frage gestellt hatte, hatte ich ihr nie die Wahrheit gesagt. *Truppen sammeln.* Ich wußte, daß ich einen Verbündeten brauchte. Ich zögerte nur einen Moment lang, obwohl mein Puls heftig schlug.

»Ja, Mom. Darum geht es eigentlich in der Therapie. Die letzte Zeit war furchtbar für mich, weil ich immer diese Erinnerungsschübe hatte. Meine Therapeutin sagt, ich habe ein akutes, verschlepptes Streßsyndrom. Es ist vergleichbar mit dem, was den Vietnamveteranen nach dem Krieg passierte. Wenn ein Mensch Opfer eines Traumas geworden ist, kann es vorkommen, daß es nach Jahren zurückkehrt und ihn verfolgt. Das ist ziemlich schlimm, Mom, ich habe große Probleme damit.«

Ich hatte immer befürchtet, meine Mutter würde durchdrehen, sollte sie jemals die Wahrheit erfahren. Ich beobachtete sie nun aufmerksam, um jede nonverbale Äußerung von ihr wahrzunehmen. Sie wurde blaß und begann zu weinen. Ihre Hände zitterten, und sie machte den Eindruck, als hätte sie das Atmen eingestellt.

»Mutter, ich habe dir nie etwas gesagt, weil ich immer Angst hatte, der Gedanke würde dich verrückt machen.«

»Süße, ich habe dich doch schon früher danach gefragt«, weinte sie leise. »Warum hast du mir das nicht schon vor langer Zeit erzählt? Warum hast du mir nichts gesagt, ich hätte doch etwas tun können!«

»Was hättest du denn unternommen, Mom?« fragte ich sie. »Du konntest ja noch nicht mal was dagegen tun, daß Bernie bei uns wohnte und daß er Kinder mit ihr zeugte.« Ich gab meinen Worten jetzt sehr viel Nachdruck. »Ich glaube nicht, daß du ihn hättest aufhalten können.«

»Donnie, ich werde jedenfalls nicht verrückt werden. Ich möchte dir jetzt helfen«, versicherte sie mir schluchzend und in unvollständigen Sätzen. »Ich wußte immer schon, daß er ziemlich schräg ist. Was kann ich tun? Du armes Kleines. Es tut mir so leid. Ich hätte mir nie träumen lassen . . .« Ihre Stimme versagte. »In den letzten zehn Jahren hat es darüber so viel mehr im Fernsehen und in der Zeitung gegeben. Ich fing an, mir Sorgen zu machen, nachdem seine dritte Frau ihn vor Gericht gebracht und diesen Haftbefehl gegen ihn erwirkt hatte. Ich habe die Gerüchte gehört.« Mutters Stimme war jetzt wieder lebhafter.

»Ich hatte Crystal ganz vergessen.«

»Und was ist mit Sandy?«

»Alle Mädchen, Mom.«

»O gütiger Gott!«

2. November 1989
Auf der Heimfahrt
San Juan Capistrano

Ken und ich waren auf der Heimfahrt nach einem von Julies College-Fußballspielen. Wir waren ganz erschöpft von diesen ununterbrochenen Telefonanrufen, bei denen nie jemand in der Leitung war und fingen an, über meinen Vater zu sprechen. Ken war immer noch sehr verwirrt von Dads Verhalten. Ich wußte, daß ich Ken jetzt bald die Wahrheit würde sagen müssen. Ich brauchte ihn in meiner Armee.

Wahrscheinlich hatte er eine Intuition, wie sie häufig bei langverheirateten Paaren auftreten, jedenfalls fragte

Ken plötzlich mit vorsichtiger Stimme: »Donna, hat dein Vater dich jemals sexuell belästigt?«

»Ja«, konnte ich ihm ohne Zögern antworten. Ich spürte, daß ich mich auf gefährlichen Grund begeben hatte, aber ich brauchte seine handfeste Unterstützung. Ich machte eine Pause. »Er begann damit, als ich ein kleines Mädchen war.«

Ken ergriff einfach nur meine Hand. Wir sprachen nicht mehr weiter, ließen mein Geständnis auf uns wirken. Seine Berührung gab mir Sicherheit, während wir nach Hause fuhren, und die Dunkelheit dieses Abends gab unseren Gedanken nur noch mehr Intensität.

Als wir schließlich bequem in unserem Wohnzimmer saßen, ließ Ken mich reden. Ich hatte solche Angst vor seiner Reaktion gehabt – und jetzt war er so unendlich verständnisvoll. Er versprach mir, daß alles wieder ins Lot geraten würde, daß er mich schützen würde.

Viel später an diesem Abend wandte mein Mann sich an mich. Ich sah die Trauer in seinem Gesicht. »Donna, ich habe in all diesen Jahren nie etwas gesagt, aber heute abend habe ich endlich alles verstanden.« Seine Stimme war beruhigend. »In all diesen Jahren habe ich das Gefühl gehabt, wir seien zwei einsame Soldaten im Wald.« Er machte eine lange Pause. Ich wußte, das alles war nicht einfach für ihn. »Jedesmal, wenn ich spät abends vom Unterricht oder einer Versammlung nach Hause kam und versuchte, dich im Schlaf zu berühren . . .« Er machte wieder eine Pause.

Ich war mir nicht sicher, ob ich wirklich hören wollte, was jetzt kommen würde. Ich sah Ken im Halbdunkel unseres Wohnzimmers an. Ich nahm die Zahlen der Digitaluhr auf dem Fernseher wahr. Es war 1.30 Uhr. Kens Augen waren groß und ernst im Schatten des dunklen Raumes.

»Was ist, Kenny?«

»Jedesmal, wenn ich versuchte, dich in der Nacht zu lieben ...«

»Ja?«

»... war klar, daß du mich ablehntest.«

»Dich ablehnen? Aber Ken, ich liebe dich doch!«

»Donna, dein Verhalten war immer verletzend für mich, und so versuchte ich es irgendwann nicht mehr weiter. Wenn ich deinen Rücken streichelte oder dich berührte, fingst du an, wild um dich zu treten. Manchmal versuchtest du sogar, mich zu beißen. Ich konnte das nicht begreifen. Manchmal schriest du sogar mit einer seltsamen Stimme: ›Nein, nein, nein!‹ Deine Stimme war so voller Qualen. Wenn ich mich dann zurückzog, beruhigtest du dich wieder und schliefst ein. Donna, ich glaube, du befandest dich in diesen Situationen immer in so einer Art Halbschlaf.«

Ich war entsetzt. »Kenny, willst du mir damit sagen, daß ich tatsächlich ›Nein!‹ geschrien habe? Oh, lieber Gott ...«

Mein Brustkorb zog sich zusammen, und ich fing an zu weinen, als mir klar wurde, daß ich mein ganzes Leben lang diesen tiefen, schrecklichen Schmerz geleugnet hatte, der jetzt an die Oberfläche kam. Kenny hielt mich fest in seinen Armen.

»Kenny, es tut mir so leid.«

»Es ist alles in Ordnung, Donna. Jetzt sind wir vereint.«

Wir begriffen beide, daß meine Ängste den Blick auf die Qualen und die Wut freigaben, die sich in meinem Unterbewußtsein angestaut hatten. Wir brauchten es nicht mehr laut auszusprechen. Kenny kannte nun die ganze grausige Geschichte meiner Kindheit.

Es gab noch etwas, was ich erzählen mußte. Ken mußte die Sache mit Julie erfahren, aber das sollte an einem anderen Tag geschehen.

4. November 1989
San Juan Capistrano

In den nächsten Tagen nahm ich meine Kinder – eins nach dem anderen – beiseite und erzählte ihnen, daß ich in meiner Kindheit mißbraucht worden war. Sie waren alle tief getroffen und wütend. Danny und Rick wollten meinen Dad töten. Meine süße Julie weinte wochenlang. Als ich die Qual in ihrem Gesicht sah, bekam ich eine Ahnung davon, welches Leid ich in meinem Inneren eingefroren hatte.

An dem Tag, an dem ich ihr alles erzählte, saßen wir in Nordstroms leerem Restaurant und tranken ganz ruhig unseren Kaffee.

»O Mom, der sicherste Platz, den ich in meinem Leben kennengelernt habe, war in den Armen meines Daddys«, schluchzte sie.

Danach war sie eine lange Zeit sprachlos. Ich dachte über Julies Worte nach. Die Arme ihres Vaters waren für sie ein sicherer Himmel gewesen.

In meiner Familie war das so anders gewesen. Wenige der Kinder meines Vaters umarmten ihn jemals zur Begrüßung oder Verabschiedung. Wir mußten ständig auf der Hut vor ihm sein.

Nachdem ich nun mit Julie gesprochen hatte, konnte ich nicht mehr länger damit warten, Ken auch zu erzählen, daß Dad sie angefaßt hatte, als sie zehn war. Mein Mann war so gut und so verständnisvoll gewesen, als er hörte, was ich erlebt hatte. Wie würde er reagieren, wenn er jetzt die Geschichte mit Julie erfahren würde?

Als ich es Ken erzählte, stellte er mir nur ganz ruhig einige Fragen, um sicherzugehen, daß mit Julie alles in Ordnung sei und um sich davon zu überzeugen, daß wirklich nicht mehr geschehen war als das, was ich ihm berichtet hatte. Dann stieg er in seinen Wagen und fuhr weg. Sein Gesichtsausdruck war traurig und verletzt. Ich hatte Angst vor dem, was er möglicherweise unternehmen würde, aber ich konnte nichts dagegen tun. Er blieb mehrere Stunden außer Haus. Als er zurückkehrte, erschien er mir sehr entschieden und kontrolliert. Er sagte nur, er würde sich jetzt um alles kümmern.

Später an diesem Abend erzählte er mir, daß er einen riesigen Hammer aus der Werkzeugkiste genommen hätte. Dann hätte er die Richtung nach Los Angeles eingeschlagen, um zu Dads Haus zu fahren. Er hatte den Plan gehabt, den Hammer so einzusetzen, daß Dad nie wieder jemanden hätte verletzen können. Auf dem Weg dorthin jedoch hatte er sich durch die Tränen seines Schmerzes und seiner Wut hindurchgekämpft, um wieder halbwegs zur Vernunft zu kommen.

Kurz vor der Ausfahrt nach Venice hielt er auf der Umgehungsstraße an, weil er erkannt hatte, daß ein körperlicher Angriff auf Dad uns nur noch mehr Probleme bescheren würde. Ken käme ins Gefängnis, und unser Leben wäre ruiniert. Er machte kehrt und kam zurück nach Hause, fest entschlossen dazu, alles Weitere so in die Wege zu leiten, daß sich der Staat mit meinem Vater würde auseinandersetzen müssen.

Ken wußte, daß es mehr als eine Art von Hammer gab.

6. November 1989
San Juan Capistrano

Monate voller schlafloser Nächte und der Streß, den mir meine Ganztagsbeschäftigung als Lehrerin bereitete, fingen langsam an, von mir ihren Tribut zu fordern. Das alles mußte endlich aufhören. Plötzlich hatte ich mitten in der Nacht, als meine Gedanken wieder einmal aufeinanderprallten, die Erkenntnis, was jetzt zu tun sei. Obwohl ich körperlich erschöpft war, nahm meine gefühlsmäßige Energie dank der Unterstützung von Mom, Ken und meinen Kindern wieder zu. Nachdem die Wahrheit herausgekommen war, fühlte ich mich gestärkt.

Ich erhob mich von meinem Bett und begann, auf der Schreibmaschine einen Brief an Cee Cee zu schreiben. Ich hatte ihr vor Jahren zugehört, aber ich selbst hatte mich ihr nie anvertraut. Cee Cee mußte jetzt einfach erfahren, wie gefährlich Dad wirklich war. Ich mußte ihr meine Geschichte erzählen.

Ich schrieb zwei Stunden lang und schüttete mein Herz über all das aus, was Dad mir angetan hatte – von meinem ersten Schultag angefangen bis ich schließlich ins Verbindungshaus eingezogen war. Ich erzählte ihr, wie schmutzig und unzulänglich ich mich immer hinter meiner fröhlichen Fassade gefühlt hatte, und wie hart ich immer daran gearbeitet hatte, so zu tun, als seien wir alle normal. Ich erklärte ihr mein Bedürfnis danach, perfekt zu sein, und daß ich Ken und meine Kinder nicht dem Spott und der Lächerlichkeit preisgeben wollte.

Wenn sie diesen Brief zu Ende gelesen haben würde, würde Cee Cee wissen, daß ich eine Therapie machte, und die Definition von Pädophilie kennen, nach der solche Menschen bis ins hohe Alter mit dem Mißbrauchen weitermachen. Ich flehte sie an, ihre einmalige Tochter Keely zu beschützen.

»Cee Cee«, schrieb ich ihr, »ich möchte, daß Keely ihre Unschuld erlebt, daß sie sich unbefleckt fühlen kann. Ich will nicht, daß sie mit 13 Jahren Geschlechtskrankheiten hat oder Alpträume von sexueller Mißhandlung bekommt. Ich möchte nicht, daß sie vor Scham stirbt, weil sie keine Jungfrau mehr ist.«

Während ich schrieb, empfand ich unendlich viel Liebe für meine Halbschwester und ihre kleine Tochter.

Mein Herz und mein Verstand waren im Einklang miteinander, als ich die Worte schrieb, die endlich Wahrheit und Heilung in unsere Familie bringen sollten.

»Ich weiß, daß in vergifteten Familien jeder sein Geheimnis hütet, das ihn von den anderen isoliert. Laß uns in dieser einsamen, mißtrauischen Welt nicht so weit voneinander entfernt leben.«

Dieser Brief war von der Sorte, die man schreibt, wenn man mit sich selbst ins reine kommen möchte, ohne die Absicht zu haben, sie jemals abzuschicken. Aber am nächsten Morgen steckte ich ihn in einen Umschlag und gab ihn dem Briefträger. Ich konnte keine Rücksicht auf die Folgen nehmen – Cee Cee brauchte diesen Brief. Diesbezüglich hatte ich nicht den geringsten Zweifel.

14. November 1989
San Juan Capistrano

Kenny war am Apparat, als Cee Cee anrief. Sie sprach abgehackt und zusammenhanglos.

»Kenny, ich habe Donnas Brief bekommen«, rief sie. »Ich habe Angst. Dad sagte, du und Donna hättet versucht, das Sorgerecht für meine Kleinen zu bekommen.«

»Cee Cee«, Kens Stimme war warm aber entschieden. »Um nichts in der Welt wollen wir dir deine Kinder wegnehmen. Donna ist lediglich furchtbar besorgt um die Sicherheit von Keely.«

»Das weiß ich jetzt, Kenny.« Vor lauter Tränen konnte sie nicht weitersprechen. »Ich habe Dad aber wirklich geglaubt. Ich wollte ihm glauben. Ich wollte einfach nicht wahrhaben, daß er Keely etwas antun könnte, aber jetzt weiß ich, daß es wahr ist!

Kenny, gestern habe ich Dad einen Streich gespielt, um rauszukriegen, ob Donna in ihrem Brief recht hatte.

Ich wollte ihr nicht glauben. Sie hat geschrieben, daß sie der Ansicht ist, Keely sei in extrem großer Gefahr. Also fuhr ich zum Haus von Dad. Während ich dort saubermachte, erklärte ich ihm mit meiner besten Schauspielerstimme: ›Dad, ich kann damit umgehen, daß du Keely anfassen willst, aber sonst darfst du ihr nichts antun.‹ Kenny, ich erwartete, daß er sagen würde, ›Das sind doch alles Lügen!‹« Cee Cees Stimme brach. Einen Moment lang konnte sie nicht weitersprechen.

»Aber, Kenny, er sagte: ›Instruiere sie für mich. Instruiere sie.‹ Er wollte, daß sie ihr Geheimnis für sich behielte. Da wußte ich, daß Donna recht hatte. Ich nahm Kyle und Keely und machte mich so schnell wie möglich davon. Ich habe den ganzen Abend schon versucht, euch anzurufen. Es war immer besetzt. Da habe ich mir gesagt, jetzt versuchst du's noch einmal, und ihr seid drangegangen.«

»Cee Cee, du mußt sofort herkommen. Kannst du heute abend noch kommen?« Ken war freundlich, aber bestimmt.

»Ken, ich habe solche Angst. Ich kann es kaum glauben, aber Dad sagte, er würde Donna zugrunde richten. Er hat auch Chads Leben letzte Woche bedroht. Seinen eigenen Sohn! Daddy drückte das Gewehr, das er unter dem Vordersitz seines Autos liegen hat, fest an sich und schwadronierte herum. Glaubst du, er könnte Chad umbringen?«

»Cee Cee, kannst du jetzt sofort kommen?« Ken drängte.

»Ich könnte morgen mit Rand und Anne kommen.«

»Tu das, versprochen? Wir werden uns dann überlegen, wie wir weiter vorgehen werden. Du bedeutest uns viel, Cee Cee, und wir müssen Keely schützen.« Ken machte eine Pause, damit diese Mitteilung ihre Wirkung tun konnte. »Du mußt stark sein. Es war richtig, uns anzurufen. Alles wird wieder gut.« Seine Worte waren machtvoll und bestimmt. »Hör mir gut zu. Geh nicht ans Telefon, laß den Anrufbeantworter laufen. Halt Keely im Haus in Sicherheit. Dann wird nichts passieren. Hast du mit Rand gesprochen?«

»Er weiß, daß ich sexuell belästigt wurde, als ich noch ein Kind war, bevor wir geheiratet haben. Aber von dem, was jetzt geschieht, weiß er gar nichts.«

»Darüber werden wir dann morgen sprechen. Er muß es erfahren.« Ken war grimmig.

»Und nun tu, was ich dir gesagt habe. Verschließ die Haustüren und das Tor und stell den Anrufbeantworter an.«

»Okay. Danke, Kenny«, Cee Cee beruhigte sich allmählich. Ken legte auf und drehte sich zu mir herum.

»Donna, sie ist vor Angst wie versteinert. Dieser Schweinehund hat sie tatsächlich davon überzeugt, daß du hinter ihren Kindern her bist!« Mein Mann schüttelte den Kopf. Er konnte es nicht fassen.

Ich erinnerte mich an die ominösen Worte in Dads Gedicht: »Die Truppen, fast immer unschuldig am Wesen des Krieges, marschieren tapfer im Rhythmus der Trommeln.«

Der Krieg hatte begonnen.

15. November 1989
San Juan Capistrano

Rand und Cee Cee kamen mit ihrer 21jährigen Tochter Anne, der vierjährigen Keely und dem Baby Kyle. Ihre Söhne Jesse, Russ und Nick waren bei Freunden. Cee Cee machte sich in der Küche zu schaffen und packte die Hamburger aus, die sie für alle mitgebracht hatte. Anne zog mich zur Seite, um mir von der Fahrt zu unserem Haus zu erzählen.

»Donna, wir haben Mutter kaum hierhergekriegt. Bei jeder Ausfahrt hatte sie eine Entschuldigung, warum wir wieder zurückfahren sollten. Sie weinte die ganze Zeit über. Rand begreift überhaupt nicht, worum es geht. Wir müssen es ihm bald erklären. Mom hatte Angst vor seiner Reaktion, wenn sie es ihm ohne eure Hilfe hätte sagen müssen.«

Nachdem die Reste der Hamburger beseitigt waren und die Kinder sich in Ruhe mit ihren Spielsachen beschäftigten, stellten wir noch einige Stühle um den Tisch in der Eßecke und warteten darauf, daß Ken heimkehrte. Sandy schaute für ein paar Minuten rein, um uns moralisch zu unterstützen.

Cee Cee hob an: »Ich habe Donna 1985 alles erzählt. Ich wollte damals, daß sie ihn dazu brächte, aufzuhören. Aber sie hat gar nichts unternommen.«

»Ich sprach 1981 mit ihr. Auch damals handelte sie nicht«, lautete Sandys Anklage.

»Halt, einen Moment mal«, unterbrach ich sie ärgerlich. »Ich bin hier nicht die Mutter. Ihr seid beide erwachsen. Ich habe nicht die Pflicht, für euer Leben geradezustehen.«

Es gefiel mir überhaupt nicht, daß sie mir die Verantwortung in die Schuhe schieben wollten. Die Monate der Therapie hatten mich auf jeden Fall gelehrt, daß die Verantwortung für all diese Leute nicht bei mir lag. Ich hatte ausschließlich die Verantwortung für mich selbst und meine eigenen Kinder zu tragen. Ich hatte nicht die Absicht, diese Schuldzuweisungen auf mich zu nehmen. Sandy hatte sich vor Jahren ergebnislos an die zuständigen Autoritäten gewandt. Diese hatten damals gesagt, es läge kein Delikt vor. Cee Cee hatte ich vor Jahren entschieden nahegelegt, von Dad wegzukommen und sich eine Arbeit zu suchen. Statt dessen hatte sie ein weiteres Kind bekommen.

»Hört mal, so kommen wir nicht weiter«, fügte ich hinzu, wobei ich versuchte, ruhig zu bleiben. »Es scheint so, als würden wir immer wieder versuchen, die Schuld von dem einzigen abzuwenden, der sie wirklich trägt . . . nämlich Dad. Laßt uns darüber jetzt mal Klarheit schaffen und dann überlegen, was zu tun ist.« Ich schaute in die Frauenrunde.

»Ich bin nicht hier, um mir all die schrecklichen Details anzuhören«, sagte Sandy finster. »Ich habe mich damit vor Jahren in der Therapie beschäftigt und möchte mich jetzt einfach nicht mehr damit befassen. Ich wollte euch nur sagen, daß ihr gesund werden könnt. Ich bin drei Jahre lang wegen der Dinge, die unser guter alter Vater mir angetan hat, in die Therapie gegangen. Nachdem so viele meiner Beziehungen mit Männern auseinandergegangen waren, mußte ich lernen, ihnen zu vertrauen. Und ich mußte wieder lernen, was es bedeutet, ein Mädchen zu sein. Meine Verteidigungsstrategie gegen die Männer hatte nämlich immer darin bestanden, mich so zu verhalten wie ein Junge. Ich werde euch Anregungen geben und zu eurer Unterstützung jederzeit da sein, aber ich kann mich nicht mehr mit den Einzelheiten auseinandersetzen. Ich muß jetzt gehen.«

Cee Cee, Anne und ich sahen sie an. Sandy war offen und direkt. Sie schien stark und sich ihrer selbst sicher zu sein.

»Ich muß jetzt wirklich gehen. Morgen muß ich arbeiten«, fügte Sandy mit einem traurigen Lächeln hinzu. »Cee Cee, ich bin stolz darauf, daß du es geschafft hast, hierherzukommen. Damit hast du den ersten Schritt zu deiner Besserung getan.«

Nachdem Sandy gefahren war, fingen Anne und Cee Cee gleichzeitig an zu sprechen. Rand war im anderen Zimmer mit dem Baby beschäftigt, und wir beschlossen, ihm noch nichts über Dad und Keely zu sagen. Wir wußten, daß es besser war, damit zu warten, bis Ken von seiner Versammlung zurückgekehrt war. Er würde mit Rands zu erwartender Wut besser umgehen können als wir.

»Donna, es war ein Alptraum«, berichtete mir Anne traurig. »Ich habe Mom schließlich davon erzählt, als ich 16 war. Seitdem ist er nicht mehr in meine Nähe gekommen, aber Mom hat mich vor ihm geschützt, indem sie sich selbst geopfert hat.«

Cee Cee unterbrach sie. »Donna, er ließ mich einfach nicht in Ruhe. Ich fühle mich wie eingesperrt. Er kommt zu unserem Haus und hupt jeden Abend zur Essenszeit vor der Tür. Wir haben versucht, ihn zu ignorieren, aber er hupt und hupt – es ist zum Verrücktwerden! Gestern abend ging das zwei Stunden lang so weiter. Wir haben alle Lichter ausgemacht und uns auf dem Boden versteckt. Den ganzen Tag über hatte schon das Telefon geklingelt, und wenn wir drangingen, legte er auf. Er macht uns noch völlig wahnsinnig.«

»Cee Cee, wochenlang hat er mich mit dieser Art Telefonanrufen gequält. Immer wenn jemand dranging, hängte er ein. Ich wußte, daß er darauf wartete, daß ich ans Telefon ging, aber diesen Gefallen habe ich ihm nicht getan. Vor ein paar Wochen habe ich versucht, dich anzurufen. Ich hätte dir schon früher geschrieben, aber ich befürchtete, du würdest Dad den Brief zeigen. Ich hatte Angst vor Dads Reaktion.« Es folgte ein langes Schweigen.

»Donna, ich schäme mich so. Ich habe ihm erzählt, daß du geschrieben hast, er habe dich als Kind sexuell belästigt. Er sagte, das sei ›der letzte Unsinn‹, damals habe er hart gearbeitet und keine Zeit dazu gehabt. Er hatte keine Zeit! Eine ziemlich komische Antwort. Ich habe ihm auch ein paar andere Sachen aus deinem Brief gesagt. Es tut mir so leid.« Cee Cees Schluchzen erschütterte ihren zarten Körper. Es war ihr bewußt geworden, daß sie mich in Gefahr gebracht hatte.

Einige Minuten später fuhr sie fort: »Dad überzeugte mich davon, daß du es wirklich auf meine Kinder abgesehen hättest. Er gab mir den Rat, mich nach Phoenix abzusetzen. Jesse hat mir vor zwei Jahren erzählt, er hätte gesehen, daß Opa Dinge getan hätte . . . und ich kümmerte mich damals nicht darum. Ich befürchtete, er würde Jesse sonst umbringen. Dad jagte mir eine solche Angst ein.«

»Mom und ich saßen gestern ganz ruhig mit Keely zusammen«, erklärte Anne langsam. »Nach einiger Zeit war es uns schließlich gelungen, Keely dazu zu bringen, uns zu erzählen, was Opa mit ihr gemacht hat. Es ist wirklich schrecklich. Er hat sie in der Badewanne dazu gezwungen, an seinem Penis zu lecken. Und er hat sie geleckt. Sie erzählte mir von seinen Lippen. Manchmal ging er gemeinsam mit ihr im Restaurant frühstücken. Keely erzählte, daß er auf der Fahrt dorthin im Auto manchmal seine Zunge in ihren Mund steckte. Wenn sie dann in das Restaurant hineingingen, steckte Opa seine Finger in ihr Unterhöschen.«

»Süße, wir müssen Keely schützen. Das alles muß aufhören.« Meine Stimme war bestimmt, aber in meinem Innern brach mir das Herz, als ich diese Dinge hörte. Ich war besorgt über etwas gewesen, was in der Zukunft möglicherweise hätte geschehen können – und in Wirklichkeit war es längst eingetroffen. Ich fühlte mich krank.

Alle wußten von dem Mißbrauch, und trotzdem war Keely nicht sicher davor. Warum hielt ihn denn keiner davon ab? Donna, du wirst ihm jetzt das Handwerk legen!

»Dad hat mir befohlen, dir nicht zu schreiben. Er sah zufällig, wie ich im Begriff war, die Karte an dich in den Briefkasten zu werfen und bedrohte mich. Ich erzählte ihm, daß es dir so schlecht ginge, und ich dir deshalb eine Karte mit den besten Wünschen zur Genesung geschrieben hätte. Ich machte sogar ein böses Gesicht dazu, das dir galt. Ihm gefiel mein Sarkasmus, und er erlaubte mir also, die Karte abzuschicken. Natürlich sah er nicht, was ich geschrieben hatte. Er ist hinter dir her, Donna. Er sagte: ›Und wenn es mich meine letzten zweihunderttausend Dollar kosten sollte – ich werde sie kaputtmachen.‹ Er sagte, er würde Detektive anstellen und auch jemanden im Rathaus Negatives über Ken verbreiten lassen. ›Danach wird er sein Büro verlassen können.‹ Ich weiß nicht, was er vorhat, Donna.«

»Ich habe auch Angst«, gab Anne zu. »Am schlimmsten war es, als wir klein waren. Diedre, Connie, die Jungs – wir alle liefen immer zum Auto, wenn es Zeit war, irgendwohin zu fahren. Die Jungs waren größer und immer zuerst am Auto, aber uns Mädchen trieb die Verzweiflung. Es war völlig egal, ob jemand auf Toilette mußte oder Durst hatte, oder ob du deine neue Puppe nicht finden konntest, du ranntest einfach. Die langsamste wurde an diesem Tag mißbraucht, während die anderen im Auto warteten.«

Kalter Schrecken fuhr durch meinen Körper. Diese armen kleinen Mädchen. Welch ein Mensch konnte solche Dinge tun? Meine freundliche innere Stimme antwortete:

Nur ein sehr schlechter Mensch. Ein furchtbar schlechter Mensch . . .

»Donna, Dad hat mich verrückt gemacht mit dem Gedicht, das er an dich geschrieben hat. Wir alle mußten es immer wieder lesen. Für mich war das Quatsch, aber er bestand darauf, daß wir ihn dafür loben sollten. Er hat auch einen Wutanfall über Sandys Brief bekommen, den sie ihm im letzten Monat vorgelesen hat. Er zerriß ihn in tausend Stücke und warf ihn in die Toilette.«

»Dieser Brief«, antwortete ich, »führte im einzelnen

die schädigende Wirkung aus, die der Mißbrauch Sandys auf sie gehabt hat. Sie verlangte in dem Brief von ihm, endlich mit dem Mißbrauch aller anderen aufzuhören. Um ihren Heilungsprozeß voranzutreiben, mußte sie Dad persönlich gegenübertreten.«

»Und was hat Sandy gemacht?« Cee Cee sah mich verwundert an.

»Es war zu Halloween. Sie traf eine Verabredung zum Mittagessen in Marie Callenders Restaurant, um sich mit ihm auseinanderzusetzen. Sandy machte alles ganz allein. Sie war sehr tapfer. Sie las ihm ein vorbereitetes, vierseitiges Dokument vor, in dem sie ihn mit allem konfrontierte. Das einzige, was Dad bestritt, war, Diedre zu sehr geliebt zu haben. Sandy führte uns alle in diesem Brief an, auch Jamie, die Tochter von Crystal. Sie sagte, daß sich seine Augen einige Male mit Tränen gefüllt hätten, und am Ende sagte er: ›Ich habe die falsche Entscheidung getroffen.‹ Das war alles, was Sandy von ihm als Entschuldigung erhalten konnte. Dad fing dann an auszuweichen und die ganze Schuld auf unsere Mutter abzuwälzen. Er war sehr darauf aus, sich von Sandy zu verabschieden.«

Wir sahen einander eine ganze Weile an. Das war das Ergebnis der einzigen geplanten Gegenüberstellung gewesen, der Dad jemals für seine Taten ausgesetzt war. Bestand die Hoffnung, ihm Einhalt zu gebieten?

»Als er mir davon erzählte, daß er sich mit Sandy getroffen hatte«, seufzte Cee Cee, »sagte er, Sandy hätte ihm geraten, besser auf sich achtzugeben.«

»Die Tatsache, daß Sandy ihn damit konfrontiert hat, daß er jede von uns sexuell belästigt hat, hat er natürlich nicht erwähnt, stimmt's?«

Cee Cee nickte mit dem Kopf. »Dad ist tatsächlich ziemlich komisch geworden. An einem Abend, als er bei uns war, verließ ich für einen Augenblick das Wohnzimmer. Als ich zurückkehrte, war die Vase, die du mal für mich bemalt hast, in tausend Stücke zerbrochen. Er sagte mir, Kyle hätte sie beim Krabbeln heruntergestoßen. ›Du willst ihren Scheiß hier doch wohl sowieso nicht haben‹, sagte er dann. Ich habe ihm nicht eine Sekunde lang geglaubt. Kyle war nie in die Nähe dieses Tisches gekommen.«

Das Geräusch von Kens Wagen unterbrach unser Gespräch. Ich lief zur Tür, um ihn zu begrüßen. Als er mich umarmte, flüsterte ich ihm zu, daß wir Rand noch nicht eingeweiht hätten. Ken begriff, daß wir ihn brauchten und beeilte sich, sich zu unserer angespannten kleinen Gruppe zu gesellen. Er unterstützte Cee Cee sehr, während sie Rand die schmerzlichen Tatsachen unterbreitete.

Rand bekam einen Wutanfall, als er hörte, daß Dad seine Frau und seine Tochter körperlich mißbrauchte und donnerte Cee Cee an: »Wie konntest du unser kleines Mädchen mit ihm allein lassen, wo du doch wußtest, daß er Kinder mißbraucht? Wie konntest du das zulassen?«

Cee Cee weinte und bat Rand, sie nicht zu verlassen. Er war so zornig, daß er die Absicht hatte, Dad zu töten. Ken ergriff ihn am Arm und brachte ihn dazu, sich wieder hinzusetzen. Schließlich gelang es Ken auch, ihn wieder so weit zu beruhigen, daß wir alles durchsprechen konnten.

Der Abend schien nicht enden zu wollen. Wir weinten und schrien einander an. Schließlich gelang es Anne und Rand, uns davon zu überzeugen, Dad anzuzeigen. Cee Cee und mich versetzte dieser Gedanke in Angst und Schrecken, aber mir war klar, daß wir keine andere Wahl hatten. Ich sah ihr in die Augen und nickte Zustimmung.

Meine starke innere Stimme sagte mir: *Donna, du mußt die Kinder schützen.*

FÜNFTER TEIL

Auf in den Kampf

Die Chinesen lehren uns, daß auch die längste Reise mit einem einzigen Schritt beginnt. Sie enthalten uns dabei allerdings vor, wie schrecklich es sein kann, wenn dieser Schritt den sicheren Krieg bedeutet. Irgend jemand wird dann den Schaden davontragen. Vielleicht sogar jeder.

Zwischen der Entscheidung zu handeln und unserem ersten wirklich vereinten Schritt in diese Richtung schien für uns alle aus der Familie ein riesiger Abgrund zu klaffen. Was wir taten, versetzte uns in eine neue Dimension, und so furchterregend das auch sein mochte, verwandelte es uns doch von Opfern in Kämpfer. Wir konnten das Ergebnis dieses Kampfes nicht vorhersagen oder sicher sein, daß wir siegreich aus ihm hervorgehen würden. Aber unsere Seelen hatten an dem Tag Oberwasser bekommen, an dem wir uns zu diesem Schritt entschlossen hatten.

In vielerlei Hinsicht schien sich die Situation verschlechtert zu haben. Ich verlor meine Angst nicht über Nacht; meine Erinnerungsschübe hielten an. Manchmal wachte ich sogar auf und hatte geträumt, eins dieser freundlichen Telefongespräche mit Dad geführt zu haben, in denen er sich nach dem Befinden der Kinder, der Hunde und der Pferde erkundigte. Wie schwierig es doch war, sich dem Lauf der Zeit anzupassen.

Aber in der Tiefe meiner Seele errang der Teil von mir, der davon überzeugt ist, daß alle Menschen fair behandelt werden sollten, einen großen Sieg, nachdem dieser erste Schritt getan war.

Damals war ich mir dessen allerdings noch nicht sicher.

17. November 1989
Früher Morgen
Santa Monica, Kalifornien

An diesem wolkenbedeckten grauen Morgen trafen wir uns in Cee Cees Wohnung in Santa Monica. Außer Connie waren alle meine Schwestern und Brüder anwesend. Für den Fall, daß Dad am Haus vorbeifahren sollte, hatten wir unsere Autos vorsorglich in der Nachbarschaft geparkt. Wir hielten eine stark emotional geladene Familienkonferenz ab. Ken führte den Vorsitz. Wir machten uns danach in kleinen Gruppen auf zum Stuart House, einem Zentrum für sexuell mißbrauchte Kinder, das nur einige Meilen von Cee Cees Haus entfernt war.

Als ich im Wartezimmer auf dem Plastiksofa saß, mußte ich über die Geschichten nachdenken, die ich den ganzen Tag über von meiner Familie zu hören bekommen hatte. Eins der Mädchen hatte eines nachts bei Dad geschlafen. Sie war ein flachbrüstiges kleines Kind und hatte Grippe. In der Nacht wurde sie von meinem Vater geweckt und vergewaltigt. Sie beschrieb, wie krank sie war und daß sie während des Beischlafs ganz trocken gewesen sei. Es hätte unbeschreiblich weh getan. Ich mußte mir Beispiele von weitaus größerer Gewalttätigkeit anhören, als die, die ich jemals von ihm hatte erleiden müssen. Ich war nie geschlagen, nackt ausgesperrt oder nach der Vergewaltigung mit einem Gürtel geschlagen worden, wobei Dad »Hure« geschrien hatte.

Das war fast mehr, als ich ertragen konnte. Mehr als 40 Jahre lang hatte ich mich dadurch geschützt, daß ich mich auf meinen Intellekt konzentriert hatte, wo ich meinen Gefühlen nicht ausgesetzt war. Ich schaltete nun den friedvolleren Kanal meines Verstandes ein und versuchte, analytisch zu sein. Ich fragte mich, was für ein Mensch Dad eigentlich war. In einem der Bücher, die ich gelesen hatte, wurde ganz offen darauf hingewiesen, daß die Verantwortlichen für inzestuöse Handlungen keineswegs immer mit ernsthaften juristischen Konsequenzen zu rechnen hätten. Es wird auf diesem Gebiet nicht viel unternommen, weil der Mann in unserer Kultur immer noch als das Oberhaupt seiner Familie, der König seines Reiches gilt. Ich erinnerte mich daran, einmal die Geschichte eines Mannes gelesen zu haben, der wegen Inzest verhaftet worden war. Als sie ihm die Handschellen anlegten, wandte er sich an den Polizisten und sagte: »Das ist vielleicht ein Land, in dem man nicht einmal seinen eigenen Fick heranziehen kann!«

Ich hatte ebenfalls gelernt, daß typischerweise die Töchter und Stieftöchter die Opfer sind. Der Mißbrauch beginnt in der Regel früh, vom Vorschulalter angefangen bis zum Alter von ungefähr elf Jahren, und im Durchschnitt sind alle Töchter betroffen. Die Bücher brachten mir ebenfalls bei, daß Inzest die am weitesten verbreitete Form des Kindesmißbrauchs ist und daß 85% aller Verbrechen, die an Kindern begangen werden, sexueller Natur sind.

Inzest bedeutet Machtmißbrauch und Verlust der Selbstkontrolle. Ein inzestuöser Vater hat absolute Autorität über eine relativ machtlose Ehefrau und seine Kinder. Häufig haben die Täter das Gefühl, ein Recht darauf zu haben, ihre Töchter zu mißbrauchen. Hin und wieder gelingt es einem Therapeuten, den Straftäter dazu zu bringen, die Tatsache anzuerkennen, daß er seinem Opfer Schaden zugefügt hat, aber trotzdem fühlt er danach keine wirkliche Reue.

Als erste wurde ich befragt, weil ich die Älteste von

uns war. Ich begleitete einen Kriminalbeamten und unsere Sozialarbeiterin Lila in einen kleinen Raum mit einer spiegelverkleideten Wand. Durch diese Spiegel konnte man von einem anderen Raum aus das Zimmer, in dem wir uns befanden, observieren. Man setzte mich darüber in Kenntnis, daß ich jetzt durch diese Spiegelwand hindurch beobachtet werden würde. Ich brauchte ungefähr 20 Minuten, um meine Geschichte zu erzählen. Ich fühlte eine eiskalte Ruhe in mir – ein Gefühl, wie es die Menschen haben müssen, die vor ein Exekutionskommando gestellt werden. Ich war überhaupt nicht mehr verwirrt. Mir war völlig klar, was ich zu tun hatte, und ich tat es, deutlich und direkt.

Dad gab jedem gegenüber vor, freundlich, liebevoll und sorgend zu sein, ehrlich und verantwortlich. Er war klug und charmant, verdiente regelmäßig sein Geld und war ein Bürger, der zu den Wahlen ging. Er verwendete eine Menge Energie darauf, uns allen dabei zu helfen so zu tun, als sei er ein »netter Daddy«. Ich nahm an, daß Dad auch sich selbst gegenüber vorgab, ein anderer zu sein. Ich hatte gelernt, daß Leugnen die beste Waffe für den Straftäter war. Er würde niemals zugeben, daß er uns Schaden zugefügt hatte. Er lebte in seiner eigenen kleinen Welt.

Im Stuart House lernten wir noch eine Menge mehr über sexuell motivierte Straftäter:

1. Sie bekennen sich selten schuldig.
2. Traditionelle Therapie heilt sie nicht, obwohl sie vorgeben, geheilt zu sein.
3. Die Rückfälligkeitsraten sind extrem hoch.
4. Sterilisierung mit chemischen Mitteln und eine Art der Gehirnchirurgie haben sich als wirksam zur Heilung der Straftäter erwiesen.

5. Die meisten Straffälligen auf sexuellem Gebiet sind selbst mißbraucht worden.
6. Ungefähr 30% der Männer, die als Kinder mißhandelt wurden, werden später selber zu Mißhandelnden.
7. Kindesmißhandler entscheiden sich bewußt dazu, andere zu mißbrauchen.
8. Kindesmißhandler kommen aus allen Lebensbereichen. Sie sehen wie ganz normale Menschen aus.
9. Sehr häufig ist es der Vater, der seine eigene Tochter mißbraucht.

Leanne, meine älteste Freundin, kam, um mich zu unterstützen, und saß ruhig im Wartezimmer neben mir. Ihre wunderschönen braunen Augen waren voller Tränen und Trauer über die Dinge, die sie zu hören bekam. Diese Augen erinnerten mich daran, daß alles hier tatsächlich real war. Es handelte sich nicht um einen schrecklichen Alptraum, von dem ich irgendwann schon wieder aufwachen würde.

Bevor wir Stuart House verließen, nahm ein Mitarbeiter die Daten von Keely in seine Kartei für eine körperliche Untersuchung auf. Ein Arzt würde prüfen müssen, ob bei ihr Spuren einer Penetration festzustellen waren.

Nach einem langen Tag gingen wir alle zurück in Cee Cees Wohnung und ließen uns chinesisches Essen ins Haus kommen. Es war eine qualvolle Woche gewesen, in der wir wenig gegessen hatten.

Ken und ich spielten lange mit Keely in ihrem Zimmer. Wir fühlten, daß sie unsere Kraft brauchte. Am späten Nachmittag erzählte sie mir endlich, was Opa mit ihr gemacht hatte. Sie stopfte ein Taschentuch in ihren kleinen Mund, der die Form einer Rosenblüte hatte, und versuchte, sich selbst zu ersticken, um nicht sprechen zu müssen. Ich fühle immer noch den Stich, den mir ihre Worte versetzten.

»Tante Donna, ich weiß, was Opa macht«, flüsterte sie mir zu.

»Und was wäre das?« fragte ich beiläufig.

»Er nimmt seinen Finger, um mein Löchlein größer zu machen, damit sein großer Pipimann da reinpaßt.«

Ihr Ton war konspirativ; sie teilte gerade ihrer vertrauenswürdigen Tante ein Geheimnis mit. Ich blieb ruhig, doch meinen Ekel konnte ich nicht verbergen.

»Ich weiß, Keely, aber Opa darf das mit einem kleinen Mädchen nicht machen.«

Ich saß auf dem Boden und spielte mit ihren Puppen. Keely begab sich in eine etwas instabile Position in meinen Armen und lehnte ihren Kopf für eine lange Zeit gegen meine Schulter. Ich konnte ihre Furcht spüren und begriff, daß ich für sie jetzt eine Quelle der Kraft darstellte. Ich wartete den ganzen Abend, bis sie bereit war, ins Bett zu gehen. Erst danach fuhren wir nach Hause.

»Liebling, du warst heute großartig. Keely gegenüber warst du so stark und so gut. Du bist ein Wunder für mich, Donna.« Ken sprach zärtlich, während er mich an seine Brust drückte, die nach der Dusche noch ganz feucht war. »All die Jahre über habe ich immer gedacht, daß du unglaublich bist, aber ich hatte ja keine Ahnung . . .«

Wir machten das Licht aus. Dieser Tag war sehr lang gewesen, und ich mußte am nächsten Morgen wieder Unterricht geben. Ich lag in der Dunkelheit wach und dachte darüber nach, was die Psychologin Alice Miller über den Versuch gesagt hatte, Zeugen zu finden, die keine Angst davor haben, sich für Kinder einzusetzen. Sie war zu dem Schluß gekommen, daß es davon nicht viele gab. Sie war der Meinung, die Gesellschaft habe ihre Kinder betrogen und forderte ihre Leser dazu auf, die Kinder vor dem Machtmißbrauch der Erwachsenen zu schützen.

Alice, das alles ist sehr beängstigend ...

Erntedankfest 1989
Mammoth-Seen, Kalifornien

Für die Feiertage verließen wir alle die Stadt. Ken und ich fuhren mit unserer Familie in unsere Wohnung in den Bergen, nach Mammoth; Cee Cee und Rand nahmen ihre Brut mit nach Phoenix. Nach der langen und komplizierten Prozedur bei der Polizei hatten wir alle einen Ortswechsel dringend nötig.

Cee Cee rief an und war sehr aufgeregt. In der vergangenen Nacht hatte Keely aufgehört zu atmen. »Sie war purpurrot. Ich habe mich zu Tode gefürchtet!«

»Wie geht es ihr heute?« Ich versuchte, ruhig zu bleiben.

»Sie scheint in Ordnung zu sein, aber um sie wieder zum Atmen zu bewegen, mußte ich sie anschreien. Es war so furchtbar. Eine halbe Stunde später ist es uns gelungen, sie wieder zum Einschlafen zu bringen. Eine Zeitlang hat sie geweint.«

»Und was ist mit dir? Wie hältst du durch?«

»Ich schlafe nicht viel. Rand ist immer noch verärgert. Donna, wenn die Polizei nichts unternimmt, werde ich mich nicht mehr trauen, noch mal aus dem Haus zu gehen! Es war schrecklich, Keely diese und die vergangene Woche nicht in die Schule zu schicken. Aber bis Dad nicht im Gefängnis sitzt, werde ich sie dort nicht mehr hinlassen. Letzte Nacht hat sie diesen Anfall wegen eines Alptraums gekriegt. Sie hat geträumt, daß Dad auf den Schulhof gekommen wäre, um sie zu entführen. Jedesmal, wenn sie ein Auto von der gleichen Marke wie Dads sieht, gerät sie in Panik. Das könnte ein langer Winter werden.«

»Ich weiß. Ich gebe jetzt sogar acht darauf, wo ich parke. Ich weiß, daß Dad ein Waffenarsenal besitzt.«

»Donna, vor kurzem hat er ein halbautomatisches Gewehr gekauft. Ich glaube, daß er das immer im Auto hat.«

»Wie ist Keelys Untersuchung verlaufen?« Ich war sehr besorgt um meine Nichte.

»Die Ärztin meinte, es läge keine körperliche Schädigung vor, aber Keely mochte sie und erzählte ihr alles. Die Ärztin konnte mir nicht viel mitteilen, weil die Ermittlungen noch im Gang sind, aber sie hat sich bereiterklärt, als Zeugin für uns auszusagen. Sie sagte, daß die Erzählung Keelys ihr Übelkeit bereitet hätte. Nach unserem Besuch im Stuart House waren Rand und ich und die Kinder uns alle darüber einig, daß wir dort eine Therapie machen werden. Sie haben uns eine Übereinkunft unterschreiben lassen. Die Therapie ist als Teil ihres Programms für Vergewaltigungsopfer kostenlos. Rand ist nicht so begeistert davon, mit Fremden zu sprechen. Ich bin es natürlich ebensowenig, aber nun habe ich diesen Entschluß gefaßt. Das werde ich jetzt zu Ende führen.«

»Wir brauchen alle eine Therapie. Mir hat es wirklich geholfen, mit einer objektiven Person zu sprechen. Die verrückten Regeln innerhalb unserer Familie haben uns alle einer Gehirnwäsche unterzogen. Könnte ich wohl noch eine Minute mit Keely sprechen?«

Ich hatte Keelys süße kleine Stimme in der Leitung. Mir wurde warm ums Herz. Sie hörte sich glücklich an und beeilte sich, mir alles über ihren Vormittag zu erzählen.

»Tante Donna, Tante Donna, danke, daß du mich so liebhast. Ich spiele gerade Pferdchen mit meinem anderen Opa.«

»Das hört sich ja wirklich an, als hättest du richtig viel Spaß!« Ich bestärkte sie. Ich fühlte mich irgendwie erleichtert, nachdem ich gehört hatte, wie sorglos sie an diesem Morgen war.

»Allerdings. Jetzt muß ich aber gehen! Tschüs!«

Die Eltern von Rand liebten Keely inniglich. Sie spielte furchtbar gern mit diesem Opa. Der Gedanke, daß Keelys vertrauensvolle kleine Seele bei meinem eigenen Vater nicht gut aufgehoben war, erfüllte mich mit Zorn.

3. Dezember 1989
Das Büro von Rose
Newport Beach

Als ich mich mit Rose zu unserer Therapiestunde traf, bemerkte ich, daß ich in besserer Stimmung war. Ich hatte von der Schule eine einjährige Befreiung von meinen Aufgaben erhalten, um mich ganz meinen Studien widmen zu können.

»Ich habe das Gefühl, daß mein Leben langsam wieder beginnt, sich in normalen Bahnen zu bewegen«, meinte ich zu ihr. »All das Elend, worüber ich bis vor kurzem unentwegt gesprochen habe, ist überhaupt nicht repräsentativ für mein Leben.« Wir blickten einander in die Augen. »Ich glaube, mein ewiges Leugnen der traurigen Tatsachen hat es mir in den vergangenen 40 Jahren ermöglicht, sehr oft glücklich zu sein.« Ich machte eine kurze Pause. »Ich weiß, daß ich mich auf einer tiefen Ebene mit anderen eingelassen habe. Ich habe mich intensiv um meine Kinder, meinen Ehemann und meine Schüler gekümmert. Über mich selbst habe ich dagegen wenig nachgedacht. Ich weiß, daß du glaubst, die Beschäftigung mit der Porträtmalerei habe mir geholfen, dieses Defizit auszugleichen.«

»Ich glaube, daß du durch deine Kunst viel von deiner Wut sublimiert hast«, stimmte Rose zu. »Du hast elf Jahre lang gemalt. Das ist fast die Hälfte deines Lebens als Erwachsene. Sieh dir deine Gemälde mal etwas genauer an. Das sind nicht einfach nur Bilder, nicht wahr?« Rose machte eine Pause, um ihre Gedanken zu sammeln.

»Deine Bilder sind fast immer Porträts unschuldiger kleiner Mädchen. Du hast versucht, sie zu schützen, indem du ihre Unschuld mit dem Pinsel festgehalten hast. Ich habe die ganze Zeit über gedacht, daß deine Kunst dir das Leben gerettet hat, daß du dir durch sie zumindest aber deine geistige Gesundheit erhalten hast. Sie hat dir Abstand von den Konflikten gebracht, die deine Gefühle beherrschen.«

»Ich habe mich unbewußt in eine Kunsttherapie begeben, stimmt's nicht?« Diese Feststellung bedeutete eine neue Erkenntnis für mich.

»Ja, genau. Es ist dir gelungen, einen Weg zu finden, dich selbst zu heilen. Donna, dafür verdienst du viel Anerkennung. Du hättest schließlich statt dessen auch auf Alkohol oder Essen zurückgreifen können. Viele tun das, weißt du.« Rose sprach weiter: »Du verdienst wirklich Anerkennung für das, was du getan hast. Du bist seit 26 Jahren glücklich verheiratet und hast drei sehr erfolgreiche, zufriedene Kinder. Das allein schon ist eine bedeutende Leistung. Eure Familie scheint sich in einem gesunden Gleichgewicht zu befinden. Dafür schuldest du dir selbst Anerkennung. Du hast die Funktionsstörung oder den Mißbrauch, die dein Leben als Kind und Jugendliche bestimmt haben, in deiner eigenen Familie nicht fortgesetzt. Du hast alles darangesetzt, diesen Kreislauf zu unterbrechen. Darauf mußt du stolz sein.«

Ich starrte Rose schweigend an und dachte über ihre Analyse meiner Person, meines Lebens, nach.

»Und dabei sind wir noch nicht einmal bei deinen Tätigkeiten als Lehrerin, Künstlerin oder Geschäftsfrau angelangt«, sagte Rose voller Überzeugung.

Ich fragte mich kurz, wie viele meiner Künstlerfreunde sich wohl darüber im klaren waren, wie sehr unsere Stimmung sich verändert, wenn wir den Pinsel in die Hand nehmen. Ich wußte, daß Kreativität für mich ein sicherer Hafen war. Über all das wollte ich noch einmal gründlich nachdenken.

Was brachte wirklich Glück in das Leben der Menschen? Das Handeln, der kreative Prozeß, das sich-mit-anderen-Einlassen. Ich hatte jetzt nicht die Zeit, diese Idee weiter zu verfolgen, aber der Gedanke mußte noch genauer geprüft werden. Ich wußte, daß ich sehr früh die bewußte Entscheidung getroffen hatte, glücklich zu sein. Für mich war das Glas immer »halbvoll« gewesen.

»Rose«, hob ich einen Augenblick später an. »Ich glaube, ich habe ein ziemlich angenehmes Leben geführt, sieht man mal von einem kleinen Problem ab . . .« Ich lächelte sie nach diesem Versuch, einen Witz zu machen, an. Ich wußte genau, daß sexueller Mißbrauch verheerend wirkte. Ich war verletzt worden, aber ich hatte trotzdem ein schönes Leben gehabt. »Vielleicht ist das auch nur wieder Verleugnung der Realität«, fügte ich hinzu, wobei ich allerdings meinen eigenen Worten keinen Glauben schenkte, »und in Wirklichkeit hatte ich ein ganz elendes Leben. Aber die meiste Zeit über war ich eigentlich glücklich. Ich bin so gerne Mutter und so zufrieden damit, eine Familie zu haben.«

Rose sprach nicht viel. Sie war krank, und ich sah ihr an, daß sie sich nicht wohl fühlte.

Ihre Augenlider wurden schwer. Ich war mir nicht sicher, ob sie mir noch zuhörte. Trotzdem redete ich weiter, in der Hoffnung, sie würde sich wieder fangen.

»Wenn ich an meine mehr als 25 Jahre als Mutter denke, kann ich mich kaum an unangenehme Zeiten erinnern. Alles gefiel mir: der Besuch beim Kieferorthopäden, die Tanzstunden, die Fußballspiele, das Ringen auf dem Wohnzimmerfußboden, die Geburtstagspartys, die Skiausflüge und die Sommer in Catalina. Alles war wie ein wundervolles großes Fest, und ich war im Mittelpunkt. Ich war diejenige, die mithalf, alles zu organisieren. Ich habe die Traumvorstellung, die ich von meinem Leben hatte, realisiert. Das kann nicht alles nur Verleugnung sein, nicht wahr?«

»Nimm die Anerkennung für deine gute Arbeit entgegen, Donna. Und fang an, zu deinem kleinen inneren ›Ich‹ etwas netter zu sein. Das ist so lange hinter Schloß und Riegel gewesen. Als du mir beim letzten Mal erzählt hast, du könntest den Anblick von Fotos von dir im Alter zwischen fünf und zwölf Jahren nicht ertragen, bedeutete das, daß du dieses tapfere kleine Mädchen nicht anerkennen kannst. Sie braucht Anerkennung dafür, daß sie das, was sie erlebt hat, überlebt hat und daß sie in die Persönlichkeit hineingewachsen ist, die sie geworden ist.«

Ich entgegnete: »Ich schäme mich für sie. Sie empfindet Schmerz, ist voller Bedürfnisse und völlig verdreht. Ich ziehe es vor, sie eingesperrt zu lassen. Sie geht mir auf die Nerven.« Das meinte ich ernst. »Ich ertrage es nicht, meine Kinderbilder anzuschauen.«

»Um dich wieder besser zu fühlen, wirst du sie herauslassen müssen, du wirst ihren Schmerz nachempfinden müssen. Danach wirst du lernen, sie zu lieben und dich um sie zu kümmern. Du mußt lernen, zu ihr so gut zu sein wie du immer zu deinen Kindern gewesen bist. Die würdest du auch nicht einsperren, oder etwa doch?«

»Mit Sicherheit nicht!« antwortete ich viel zu schnell. Rose sah mich an und sagte dann: »Na also.« Es folgte eine lange Pause, in der keine von uns beiden ein Wort sprach.

Dann fragte Rose: »Donna, deine Familie bedeutet dir doch sehr viel, nicht wahr?«

»Sie bedeutet alles für mich!« Ich dachte an Keely – ein hilfloses kleines Mädchen. Ich würde alles tun, um die Kinder zu schützen. Es war mir klar, daß es noch nicht vorbei war. Ich war in Gefahr. Die Sache war längst noch nicht aus der Welt.

»Ich meine es sehr ernst, wenn ich sage, daß du für das, was du getan hast, Anerkennung verdienst.«

Doch für mich war der Moment der Entspannung vorbei. Ich hörte Roses Worte, aber jetzt waren sie für mich nur noch Geräusche, die an meinem Trommelfell kratzten. Ich befand mich noch im Krieg gegen meinen Vater. Meine Familie war in Gefahr.

15. Dezember 1989
Zu Hause bei Cee Cee
Santa Monica

Heute hatten die Kriminalbeamten Cee Cee telegrafiert, sie solle von dem Gespräch mit Dad eine Tonbandaufnahme machen. Es war abgemacht worden, daß sie sich mit Dad zum Frühstück treffen sollte, um der Polizei noch weitere Beweise für unseren Prozeß an die Hand zu geben.

Ken versuchte, sie zu beruhigen. Er war früh am Morgen zu ihr gefahren, um bei Ankunft der Polizei dort zu sein. Cee Cee war außer sich vor Angst. Sie konnte es nicht fassen, daß sie sich dazu bereit erklärt hatte, mit Dad zu frühstücken. Wußte er, daß wir alle bei der Polizei gewesen waren? Plante er, über sie herzufallen? Würde er sie erschießen und dann die Waffe gegen sich selbst richten?

Rand versuchte zu verhindern, daß die Kleinen ihre

Mutter verrückt machten. Sie waren seit Wochen im Haus, zu ängstlich, in die Schule zu gehen. Jeder war nervös und gereizt.

Den ersten Anruf bei unserem Vater machte Cee Cee um acht Uhr morgens. Sie wollte mit ihm die Uhrzeit für das Frühstück verabreden. Keiner meldete sich. Drei Stunden lang versuchte sie es alle 20 Minuten. Die Polizei blieb bei Cee Cee, während Ken sich mit einem alten Überzieher und einer Baseballmütze als Landstreicher verkleidete, um nachzusehen, ob Dad zu Hause war. Er fuhr nah an das Haus heran, parkte den Wagen und lief vor dem Grundstück herum. Die Vorhänge waren zugezogen. Dads Auto war im Einstellplatz. Er war also da.

Ken rief mit seinem tragbaren Telefon in Cee Cees Wohnung an, um von seinen Entdeckungen zu berichten. Cee Cee wählte Dads Nummer wieder und wieder. Keine Antwort. Hatte er einen Verdacht? War er krank? War das Telefon nicht eingestöpselt?

Gegen ein Uhr berichtete unser Bruder Trey, daß Dad ihn angerufen hätte. Dad war mit Diedre, unserer jüngsten Schwester, auf dem Weg zur Bank. Er hatte die Absicht, die Stadt zu verlassen und am nächsten Morgen nach Florida zu fliegen. Die Polizisten verließen das Haus. Sie sagten zu Cee Cee und Ken, daß sie es ein anderes Mal versuchen würden. Uns war klar, daß dieser mißlungene Versuch, mehr Beweise zu erhalten, den Zeitpunkt seiner Verhaftung um Wochen hinausschieben würde.

Der Kriminalbeamte versicherte Ken und Cee Cee beim Hinausgehen, daß Dad nach seiner Rückkehr aus Florida verhaftet werden würde. Es gab noch immer einige Einzelheiten, die ihn in Sorge versetzten. Er wollte eine Tonbandaufnahme. Der Haftbefehl war erlassen worden und wartete nun darauf, in Kraft gesetzt zu werden. Man bat uns um Geduld.

An diesem Tag war es Trey später noch einmal möglich, mit Dad zu sprechen. Trey erzählte Dad, daß es Cee Cee sehr leid täte, ihn in der letzten Zeit vernachlässigt zu haben. Sie hätte Geldprobleme gehabt und sei deswegen völlig durcheinander gewesen. Er brachte Dad dazu einzuwilligen, sie am nächsten Freitag morgen um neun Uhr anzurufen.

28. Dezember 1989
Zu Hause bei Cee Cee
Santa Monica

Keely saß ruhig in den Armen ihres Onkels Trey und hörte der Geschichte zu, die er ihr gerade vorlas. Nach einer Weile wandte sie ihm ihr Gesicht zu.

»Ich gehe bald weg.«

»Weggehen? Was meinst du denn damit, du dummes Mädchen?« zog er sie auf.

»Ich verlasse euch.«

Trey versuchte, mehr aus ihr herauszukriegen, aber sie verriet nichts. Er war enttäuscht, aber trotzdem las er ihr die Geschichte weiter vor.

Später berichtete Trey Cee Cee und Anne von dieser seltsamen Bemerkung.

Cee Cee sprach langsam, als sie sagte: »Gestern meinte sie zu mir, es täte ihr leid, uns all diesen Kummer bereitet zu haben. Sie hat in der letzten Zeit mehrmals am Tag in die Hose gemacht. Ich mache mir wirklich große Sorgen um sie.«

Anne fiel ein: »Mom, vor zwei Tagen mußte ich die Badezimmertür aufbrechen, während sie ganz allein ihr Bad nahm, wie es die Therapeutin geraten hat. Ich klopfte ununterbrochen gegen die Tür und rief ihren Namen. Aber sie antwortete nicht. Ich bekam Angst um sie und nahm schließlich eine Haarnadel zu Hilfe, um das Schloß aufzubrechen. Keely hatte die Wanne bis zum Rand gefüllt, so daß sie fast überlief. Ich schrie sie an: ›Keely, was machst du da? Warum antwortest du nicht?‹ Sie sah mich nur ganz seltsam und abwesend an. Alles, was sie sagte, war: ›Ich habe geübt.‹ Mom, ich wußte nicht, was sie meinte. Ich finde das alles ein wenig gespenstisch.«

»Gestern wollte sie genau wissen, wann Opa von seiner Reise nach Florida zurückkehrt. Ich sagte ihr, wahrscheinlich am Samstag. Daraufhin war sie völlig verängstigt.« Cee Cees Augen füllten sich mit Tränen. »Du nimmst doch nicht an, sie denkt an . . .«

»Selbstmord . . .«, sagte Anne monoton. »Sie denkt an Selbstmord.« Cee Cee, Anne und Trey waren erschüttert. War es möglich, daß Keely sich ertränken wollte?

29. Dezember 1989
Stuart House
Santa Monica

Keely bekam einen Dringlichkeitstermin im Stuart House. Nachdem Cee Cee lange mit Trey und Anne gesprochen hatte, war sie davon überzeugt, daß Keely selbstmordgefährdet war.

Am Abend danach rief Cee Cee mich an. Dieser Tag mit Keely war für sie der tragischste und ungewöhnlichste gewesen, den sie in ihrem Leben je erlebt hatte und je erleben würde.

Keely und Cee Cee hatten sich mit Nora, der Therapeutin, im Raum für Kinder-Einzeltherapie getroffen. Keely hatte sofort damit begonnen, in diesem Raum ununterbrochen im Kreis herumzulaufen. Dabei haute sie auf die Spielsachen und Kisten und zerbrach alles, was ihr bei ihrem Rundlauf in die Quere kam.

»Donna, Nora und ich saßen auf diesen kleinen Stühlen, während Keely gegen die Wände schlug und das Zeug durch den Raum stieß. Ihre Augen waren glasig, und sie atmete furchtbar schnell. Nora sagte, sie sei hyperaktiv, hyperkinetisch. Als Keely schließlich damit aufhörte, die Spielsachen zu zertrümmern, lief sie hinüber zu Nora und begann, sie mit ihren Fäusten ins Gesicht und auf den Brustkorb zu schlagen. Sie schlug so fest zu, daß Nora mit ihrem Stuhl umkippte. Nora wehrte sich nicht. Sie ließ sich einfach schlagen.« Cee Cees Stimme klang erschöpft.

»Als Nora dann damit beschäftigt war, sich aus diesem kleinen Plastikstuhl zu befreien und wieder aufzurichten, kletterte Keely in das Spielzeugschränkchen. Wir versuchten ihr gut zuzureden, dort wieder herauszukommen, aber sie rührte sich nicht.

Sie blieb länger als eine Stunde dort versteckt. Es war furchtbar. So habe ich Keely noch nie gesehen.

Schließlich hatte Nora die Idee, sie mit Hilfe eines Walkie-talkies dazu zu bringen, den Schrank zu verlassen. Nun, das gelang. Keely kam ganz langsam heraus. Es war absolut surreal. Nach acht Stunden war es Nora schließlich gelungen, Keelys Angst und Wut zu überwinden, indem sie mit ihr per Walkie-talkie kommunizierte. Am späten Nachmittag dann kam Keely in Noras Arme und schlug sie wieder. Danach wurde sie völlig hilflos und weinte in einem fort: Sie sagte: ›Ich hasse dich nicht, Nora, ich liebe dich.‹ Es war solch ein Alptraum. Und dieser Bastard, unser Vater, glaubt nicht, daß er jemanden von uns verletzt hätte!

Nora sagte mir, daß Selbstmord selbst bei so kleinen Kindern wie Keely nichts Ungewöhnliches sei. Bei Sechsjährigen ist er bereits statistisch erfaßbar. Donna,

Nora erklärte mir, daß Keely sich umbringen möchte, weil sie Opa letzte Woche an die Barbiepuppen ›verraten‹ hätte. Nora hat das Gefühl, daß Keely so viel Angst vor ihrem Großvater hat, weil sie gesprochen hat, daß sie lieber sterben möchte, als weiterhin diesen Angstgefühlen ausgeliefert zu sein.

Nora erzählte, daß sie in der vergangenen Woche nett im Therapieraum mit Puppen gespielt hätten. Als Nora die Opa-Puppe ins Spiel brachte, hätte Keely sie genommen und sich mit ihr im Schrank eingeschlossen. Nora rief sie durch die Tür: ›Keely, warum bist du da drin?‹ Nora sagte, daß sie schließlich geantwortet hätte: ›Das darf keiner wissen. Das ist ein Geheimnis.‹ Als Keely dann nach einer Weile aus dem Schrank zurückkam, versuchte Nora, eine Erklärung von ihr zu erhalten. Ihre einzige Antwort war: ›Das ist ein Geheimnis.‹ Die Puppen waren nackt. Keely hatte sie ausgezogen.«

Ich war entsetzt. »Cee Cee, was sollen wir machen? Kann ich irgendwie helfen?«

»Nora sagte, daß wir sie nicht länger als eine Minute allein lassen dürfen. Sie darf auch nicht mehr allein baden. Ich stelle jetzt das Bett von Russ in ihr Zimmer, damit sie auch nachts nicht mehr allein ist. Donna, ich kann einfach nicht fassen, was da mit meiner kleinen Keely geschieht.« Cee Cee brach es das Herz.

Nachdem ich den Hörer aufgelegt hatte, machte ich mir eine Tasse Kamillentee und nahm sie mit in mein blaues Wohnzimmer. Ich brauchte Ruhe und Frieden zum Nachdenken.

Während ich an meinem Beruhigungstrunk nippte, versuchte ich mir Keelys alarmierendes Verhalten bildlich vorzustellen. Ich hatte mittlerweile begriffen, daß ich diese Gefühle vor langer Zeit eingefroren hatte, weil es zu schmerzhaft war, sich mit ihnen auseinanderzusetzen. Wie hätte ich im Alter von fünf Jahren gleichzeitig tödliche Angst und Liebe für meinen sorgenden Vater empfinden können? Das wäre unmöglich für mich gewesen.

Ich hatte Kenntnis von geistigen Krankheiten, verstand etwas von der enormen Belastung, die solche schrecklichen Emotionen darstellen können, kannte Schmerz und Gefühlskonflikte. Für bestimmte Menschen konnte das »Verrücktwerden« die Lösung darstellen, um den Schmerz hinter sich zu lassen, aber die meisten von uns legen ihre Gefühle schlicht auf Eis. Wir stopfen sie weit weg hinter einen Schutzwall aus Verleugnung. Indem ich Zeugin des Schreckens von Keely wurde, wurde mir mit einer Anschaulichkeit, wie sie Bücher nicht vermitteln können, deutlich illustriert, wie intensiv meine verdrängten Ängste sein mußten.

Ich ließ meinen Blick im Zimmer umherschweifen. Ich liebte diesen Raum. Französischer Landhausstil, beruhigend und tadellos. Für mich hatte dieser Raum immer das Paradies bedeutet, aber jetzt konnte selbst er mich nicht trösten. In ein paar Tagen würde Dad wieder zurück in der Stadt sein. Ich hatte immer noch Angst.

29. Dezember 1989
San Juan Capistrano

Der Schlaf floh mich weiterhin. Nachts mußte ich an so viele Dinge denken: an Klein-Keely und daran, wie groß meine Angst vor dem Inzest immer gewesen war.

Ich war ein Inzestopfer, aber bis vor kurzem hatte ich selbst das Wort nicht in den Mund nehmen können. Jetzt hatte ich einige Bücher über sexuellen Mißbrauch gelesen. Ich wußte, daß sich sexueller Mißbrauch über Generationen fortsetzt. Ich wußte, daß mein Großvater und meine Großmutter Täter und Opfer waren. Mir waren vier betroffene Generationen in unserer Familie bekannt.

Das war fast mehr, als ich glauben konnte. Ich starrte eine ganze Zeitlang aus meinem Fenster in die Nacht, mein Magen krampfte sich zusammen. Die Dunkelheit erinnerte mich an ein beunruhigendes Buch von Dr. M. Scott Peck: *People of the Lie* (Menschen der Lüge). Dieses Buch über Psychologie, das ein Arzt geschrieben hatte, hatte mich lange über meine Familie nachgrübeln lassen. Bereits seine Einführung löste bei mir Alarm aus:

DIES IST EIN GEFÄHRLICHES BUCH. Ich schrieb es, weil ich glaube, es besteht der Bedarf danach. Ich glaube, daß seine allgemeine Wirkung heilsam sein wird . . . Aber ich habe es auch zögernd verfaßt. Es birgt in sich das Potential, zu verletzen. Einigen Lesern wird es Schmerz zufügen.

In diesem Punkt hatte Dr. Peck auf jeden Fall recht. Es hatte mir Schmerz zugefügt. Es zwang mich dazu, Möglichkeiten in Betracht zu ziehen, mit denen ich mich bisher nie auseinanderzusetzen gewagt hatte. Häßliche, monströse Möglichkeiten. Ich erlaubte meinem Verstand jetzt, sich mit einigen Absätzen, die ich kürzlich gelesen hatte, noch einmal zu befassen.

Die Psychiater nennen sie Psychopathen oder Soziopathen . . . Menschen, denen das Gewissen oder das Über-Ich völlig abgehen. Psychopathen lassen sich durch wenig oder nichts aus der Fassung bringen – ihre eigenen kriminellen Handlungen eingeschlossen. Manchmal werden sie als »moralische Idioten« bezeichnet.

Das gilt allerdings kaum für jene, die ich als böse bezeichne. Sie gehen völlig darin auf, das Bild, das sie von sich selbst als perfekte Menschen haben, aufrechtzuerhalten. Ohne Unterlaß befassen sie sich mit der moralischen Reinheit ihres Erscheinungsbildes . . . Während es so aussieht, als ginge ihnen jegliche Motivation ab, gut zu sein, haben sie das intensive Verlangen danach, »gut« zu wirken. Ihre »Güte« ist nur die Vorspiegelung falscher Tatsachen. Sie ist in Wirklichkeit eine Lüge. Daher kann man sie auch »Menschen der Lüge« nennen.

Besonders schwer machte mir die Stelle zu schaffen, an der Dr. Peck über einen Patienten von sich spricht, dem er das Etikett »Böse« angeheftet hatte. Er sagte, es sei überwältigend, darüber nachzudenken, was es wohl bedeuten möge, das »Kind des Bösen« zu sein. Diese Gedanken drehten mir den Magen um. Auch die Aufdringlichkeit schloß er in seine Definition des Bösen ein:

Aufdringliche Eltern erlauben ihren Kindern nicht, persönliche Grenzen zu haben. »Liebe ist dem Bösen unverständlich.« Böse Menschen haben das Bedürfnis, andere »durcheinanderzubringen«. Es ist typisch für ihr Verhalten, Sündenböcke zu suchen und Lügen zu verbreiten.

Ich machte einen Schnelldurchlauf durch mein Leben und hörte in meiner Erinnerung noch ganz klar und deutlich die Stimme meines Vaters, der eine Unzahl von Lügen von sich gab: »Maymie hat das Familienvermögen durchgebracht. Cee Cee ist auf den Kopf gefallen. Eure Mutter will euch nicht. Donna hat es auf Cee Cees Kinder abgesehen.« Mir lief ein kalter Schauder über den Rücken, während ich weiterlas:

Als erstes bin ich zu dem Schluß gekommen, daß das Böse real ist. Es ist nicht das Phantasieprodukt der Einbildung eines primitiven religiösen Kopfes, der den Versuch unternimmt, das Unbekannte zu erklären.

Menschen, die böse sind . . . hassen das Licht und werden instinktiv alles unternehmen, um ihm aus dem Weg zu gehen. Sie werden auch versuchen, es zu löschen. Sie zerstören das Licht in ihren eigenen Kindern und in allen anderen Lebewesen, die ihrer Macht ausgeliefert sind.

Das Böse existierte wirklich? Ich war so naiv, daß ich diese Möglichkeit vorher nie richtig in Betracht gezogen hatte. War mein Vater böse? Dieser Gedanke beschäftigte mich für eine unendlich lange Zeit. Mehr Bilder und Worte kamen mir in Erinnerung. Ich mußte der Wahrheit ins Gesicht sehen. *Er hat gesagt, er würde dich zerstören ...*

30. Dezember 1989
Mammoth-Seen

Da Dad nicht in der Stadt war, gingen wir davon aus, daß die Lage sicher genug sei, Cee Cee für ein paar Tage allein zu lassen und nach Mammoth zu fahren. Aber sie mußte telefonisch mit uns in Verbindung bleiben.

»Donna«, jammerte sie, »heute abend hat er schon wieder angerufen. Ich war so nervös, daß ich dachte, explodieren zu müssen. Ich spielte meine beste Rolle. Ich glaube, er hat sie mir abgekauft. Er zog über dich her. Er sagte, du seist ein Nazi, und es sei das deutsche Blut aus der Familie Burwick, das dich jetzt dazu bringt, dich gegen deine eigene Familie zu wenden.

Er erzählte mir wieder«, setzte Cee Cee fort, »daß du hinter den Kindern herseist. Es war furchtbar. Er sagte: ›Schließ Keely ein! Es wäre eine Katastrophe, wenn sie reden würde!‹ Ich habe eine Menge solcher Sachen auf Tonband. Genau so, wie die Kriminalbeamten es mir beigebracht haben.«

»Wie ist es gelaufen?« fragte ich. Mir fielen Tausende von Fragen ein.

»Beim ersten Anruf tat ich so, als sei ich völlig durcheinander. Ich war Daddys kleiner Schwachkopf. Das hat er mir abgekauft. Beim zweiten Anruf spielte ich immer noch die Verwirrte, aber ich konfrontierte ihn mit ein paar Fakten. Das gefiel ihm gar nicht. Ich habe solche Angst, Donna.«

»Hey, du sprichst hier mit deiner Schwester. Glaubst du, ich wüßte das nicht? Du hast mich in der letzten Zeit kaum mit ihm sprechen sehen. Ich habe auch Angst vor ihm. Du mußt dich nicht entschuldigen. Ich finde dich unglaublich.«

»Nun, ich hoffe nur, daß ich überzeugend geklungen habe. Meine Stimme blieb ruhig, und ungefähr jede Minute habe ich ihm ein paar neue Fakten untergejubelt. Er versuchte, über das Wetter zu sprechen und darüber, wie schrecklich du bist, daß du dir Keely holen wirst und daß ich Rand rausschmeißen soll. Dad widersprach sich in einem fort. In einer öffentlichen Debatte wäre er unter den Tisch geredet worden.«

»Was meinst du damit?« Sie hatte mich neugierig gemacht.

»Ich sagte ihm immer wieder, daß das mit Keely so nicht weitergehen könne. Er sagte: ›Es ist nichts passiert.‹ Kurz darauf sagte er: ›Im Moment passiert nichts, weil ich nicht da bin.‹ Kannst du es fassen, daß er sich selbst so beschuldigt hat? O ja, er redete noch über dieses Zeug wie Vormundschaft und so. Er hat sich lange darüber ausgelassen.«

»Cee Cee, kannst du dich daran erinnern, wie Dad gedroht hat, Maymie einweisen zu lassen?«

»Ja, ganz vage. Das ist schon lange her, nicht wahr?«

»Wahrscheinlich 20 Jahre, aber damals habe ich zum ersten Mal bewußt wahrgenommen, wie beängstigend Daddy wirklich ist. Ich glaube, daß ich damals schon gewußt habe, daß ich, wenn ich reden würde, entweder einen ›Unfall‹ auf einem unserer Ausflüge haben würde – vielleicht im Grand Canyon abstürzen würde – oder ins Irrenhaus gekommen wäre. Es war sehr bedrückend, als er ihr damit drohte. Vormundschaft. Wer denkt sich sowas bloß aus?« Ich starrte einen Moment lang gedankenverloren vor mich hin.

»Cee Cee, du hast dein geniales Gehirn benutzt, um ihn dazu zu bringen, so viel zuzugeben.«

»Du meinst das angeschlagene Hirn?« Für einen Augenblick war ihre Stimme schalkhaft. »Ich bin es so leid, als ›eine Art angeschlagenes Genie‹ bezeichnet zu werden. Nun, Dad, ich hoffe, diese Tonbänder werden dir gefallen.« Hohn würzte ihre Worte.

»Süße, ich zweifle daran, daß auch nur einer der Autoren aus Hollywood in der Lage gewesen wäre, ihn auf eine gelungenere Art aus der Reserve zu locken.«

»Die Polizei hat sich vor einer Weile davongemacht. Sie werden sich jetzt die Bänder anhören und sehen, was wir als Beweismaterial vor Gericht verwenden können. Ich glaube, das ist alles ganz schön belastend.«

»Cee Cee, vielleicht solltest du die Schauspielerin der Familie werden.«

»Ich glaube, wir waren alle Schauspieler«, antwortete sie. »Wir haben bloß versucht, als normale Menschen aufzutreten. Die Episode heute abend war wie die letzte Probe in einer Schauspielschule.«

Später studierten wir sorgfältig die drei Abschriften der Aufnahmen. Die Polizei hatte die Initialen von Dad (RL) und Cee Cee (CK) zur Abkürzung ihrer Namen gewählt. Hier folgen einige Auszüge:

RL: O Cee Cee, da steht ihr Wort (Keelys) gegen das ihres Opas – und damit zählt es nicht viel. Das sind absolut schreckliche Leute (die Leiter vom Stuart House). Meine Liebe, Keely ist sehr gut behandelt worden. Aber halte sie um Gottes Willen von allen fern.

CK: Ja, in Ordnung.

RL: Laß niemanden an sie ran.

CK: Okay.

RL: Wenn sie mit ihr sprechen wollen, sag ihnen, daß du einen Rechtsanwalt dabei haben willst.

CK: Ist gut. Ja, wir sehen Anne seit ein paar Tagen nicht mehr, weil sie das letzte Mal, als sie bei uns war, angefangen hat, über dich und sie zu reden.

RL: Sie sollte lieber den Mund halten. Erklär ihr das.

CK: Ja, das regt mich auch wirklich auf.

RL: Gut, erklär ihr das. Sie muß den Mund halten.

CK: Ja, das werde ich ihr auf jeden Fall sagen.

RL: Sie bereitet nur Ärger damit und am meisten wahrscheinlich sich selbst.

CK: Nun, ich hoffe, daß das Zeug, was sie mir erzählt, nicht wahr ist.

RL: Natürlich ist es nicht wahr. Es gibt Leute, die mich gerne in eine Situation bringen würden, die es ihnen erlaubt, sich an mein Geld heranzumachen.

CK: Oh.

RL: Darum geht es bei einigen dieser Dinge. Wenn sie beweisen könnten, daß ich dumm genug bin, all diese Dinge zu tun, die sie behaupten, könnten sie die Vormundschaft über mich bekommen.

CK: Aha.

RL: Das sind keine netten Leute, Liebes. Du solltest nicht mit ihnen sprechen. Halt dich von ihnen fern.

CK: Nun, das versuche ich ja auch. Du weißt doch, daß ich nicht mit ihnen gesprochen habe.

RL: Das ist die Idee. Knüpf dir Anne vor und sag ihr, sie solle einen Maulkorb anlegen und sich benehmen.

CK: Ja, ich werde nur hier sitzen und tun, was ich kann.

Ich werde keine Anrufe und so'n Kram beantworten. Ich weiß nicht.

RL: O ja, geh ihnen aus dem Weg. Und mach Keely klar, daß sie nicht reden darf. Keely sollte absolut gar nichts sagen. Donna und Sandy werden dir mehr Schwierigkeiten machen, als du jemals für möglich gehalten hättest. Donna versucht, Keely zu kriegen. Darum geht es eigentlich.

CK: Nein, ich werde nicht . . .

RL: Will Rand vielleicht, daß sie sich Keely nehmen? Kapiert er nicht, daß es das ist, was sie im Begriff sind zu tun?

CK: Nein, er . . .

RL: Er reißt nur sein Maul auf. Weiß er nicht, daß er sie verlieren wird?

CK: Nun, er will nur sicher sein, daß seinem kleinen Mädchen nichts Seltsames, weißt du, nichts Komisches passiert.

RL: Es passiert nichts Seltsames.

CK: Das ist alles. Er war nur . . .

RL: Es geht ihr absolut gut. Aber sollte es ihm gelingen zu beweisen, daß etwas Seltsames mit seinem Mädchen passiert, genug, um jemanden zufriedenzustellen, dann wird er sie verlieren.

CK: Also . . .

RL: Gott, was für ein Arschloch er ist. Er hat wohl überhaupt kein Hirn im Kopf. Aber die ganze Sache ist ja sowieso gestorben. Laß es nur so wie es ist.

CK: Ja, ich weiß, aber es hörte sich noch nicht gestorben an. Es sieht so aus, als ob Ken Friess hier die Finger im Spiel hätte.

RL: Ja klar. Er will ein kleines Mädchen für Donna haben. Er konnte ihr keins machen, und deshalb muß er dir jetzt deins wegnehmen.

CK: O Gott.

RL: Erkläre Rand, daß, sollte er Keely und Anne keinen Maulkorb anlegen und so weiter, ihr euer kleines Mädchen verlieren werdet. Donnie wird sie sich unter den Nagel reißen.

CK: Aber nun kommen sie und stellen mir Fragen, weißt du.

RL: Halt den Mund und erzähl niemandem etwas!

CK: Rand sagte, er wollte, daß Keely da hingeht.

RL: Nun, dann erklär ihm, daß, wenn er sie da hinläßt, und sie was finden, er sein kleines Mädchen verliert.

CK: In Ordnung.

RL: Du darfst absolut nichts sagen. Anne darf nichts sagen. Keely darf nichts sagen, und dann ist da auch nichts. Rand darf nicht mit Donna und Sandy sprechen. Sie machen nur Ärger. Warum will er Keely verlieren?

CK: Nein, er versucht ja bloß, sie zu schützen.

RL: Sie zu schützen? Er versucht, sie den Wölfen zum Fraß vorzuwerfen. Das sind böse Wölfe da oben. Mach ihr klar, daß sie nicht mal Buh sagen darf – zu niemandem. Du darfst auch mit niemandem sprechen. Laß diese Sache einschlafen.

CK: Okay.

RL: Ist Rand klar, daß er das Haus aufs Spiel setzt, in dem ihr wohnt?

CK: Ich werde mit ihm sprechen.

RL: Wenn sie was gegen mich unternehmen, kommen riesige Kosten für Anwälte auf mich zu, und euer Haus wird dann dran glauben müssen, Schatz. Ich werde sonstwo sein. Auf keinen Fall werdet ihr in diesem Haus sitzen und mich Kämpfe vor Gericht führen lassen.

CK: Willst du mir drohen, Daddy?

RL: Donna und Sandy bedrohen dich. Sollten sie mir ein Gerichtsverfahren an den Hals hängen, das mich 40 oder 50.000 Dollar kosten könnte, wird euer Haus dran glauben müssen. Und genau das versuchen sie im Augenblick zu tun. Sie wollen die Vormundschaft über mich bekommen und beweisen, daß ich dumm genug bin, gewisse Dinge zu machen – was ich mit Sicherheit nicht bin. Sie würden sich gerne mein ganzes Vermögen grabschen und auch alles andere, und ihr würdet dumm dastehen.

CK: Ich verstehe.

RL: Ihr habt es also mit schlechten Menschen zu tun. In der letzten Zeit ist nichts passiert. Die Dinge sind so, wie sie sind. Sage nichts und sieh zu, daß Rand nichts sagt. Auch Anne soll still sein. Wenn alle stillhalten, geht schon alles in Ordnung.

CK: Aber Keely hat mit mir gesprochen. Sie hat mir die gleichen Dinge erzählt, die ich tat, als ich klein war. Sie erzählte mir vom Baden in der Badewanne und von Pipimann-Waschen.

RL: O Gott, Süße.

CK: Und das habe ich ja auch getan, und deshalb weiß ich, daß sie nicht lügt.

RL: Keine Chance, Süße, keine Chance.

CK: Ich kann es nicht zulassen, daß das mit Keely geschieht.

RL: O natürlich nicht. Nichts wird Keely geschehen. Es ist doch offensichtlich, daß ich Keely aufgegeben habe. Das weißt du doch. Was willst du noch? Noch nie bin ich von anderen so angegriffen worden.

CK: Keiner greift dich an. Die Leute sagen nur endlich die Wahrheit. Und sie sind verletzt.

RL: Ja, und ich stehe ganz allein da, mein Gott noch mal.

CK: Aber das ist deine eigene Schuld. Was du getan hast, hat uns alle auseinandergebracht. Du wolltest nie, daß wir darüber sprachen. Es war immer das große Geheimnis.

RL: Das ist ein Tabuthema.

CK: Es ist ein Tabu, weil es nicht existieren dürfte. Ein Mann sollte eine Frau finden und nicht seine eigenen Töchter und Enkelinnen.

RL: Es kann nicht geschehen, und ich kann damit nichts zu tun haben. Es ist tabu.

CK: Ich habe wirklich ehrlich das Gefühl, daß die Dinge in Ordnung wären, wenn du nur vielleicht . . . du brauchst Hilfe und Therapie.

RL: O Süße, das wäre zu schön, wenn sie mich dahin kriegen könnten, wo ich ein bißchen Hilfe hätte und den Aufseher hin und wieder sehen würde, in die Gefängnisbibliothek gehen dürfte und so weiter. Und dann rehabilitieren sie mich, aber bis dahin hat Donnie bereits mein ganzes Geld, dein kleines Mädchen und auch alles andere. O mein Gott.

CK: Du denkst immer nur, daß jeder hinter deinem Geld her ist.

RL: Ich bin schwach und krank, und man läßt mich noch nicht mal in Ruhe sterben. Verstehst du, was ich meine?

CK: Aber du stirbst doch gar nicht.

RL: Ich bin aber auch nicht in bester Form.

CK: Jede von uns, jedes Mädchen, jede Tochter, jeder ist über die Grenzen dessen hinausgegangen, was an Liebe und Sorge um dich von einer Tochter verlangt werden kann. Hier geht es um Sachen, die mit Sex zu tun haben.

RL: Sex-Sachen gibt es nicht und fertig.

CK: Du hast eine Menge großartiger Dinge gemacht. Das läßt sich nicht leugnen. Du könntest ein wunderbarer Großvater und Vater sein. Das einzige

Problem ist, daß die Sache mit dem Sex jetzt aufhören muß.

RL: Sie hat aufgehört. Es gibt gar keine. Es hat auch nie eine gegeben, und sie hat aufgehört, weil ich nicht da bin. Begreifst du das nicht? Ich bin nicht da.

CK: Und was passiert, wenn du zurückkommst?

RL: Nichts . . .

17. Januar 1990
Venice Beach

Das schwarzweiße Polizeiauto hielt hinter Dads direkt am Strand gelegenen dreigeschossigen Haus mit seiner Stuckfassade. Vom Autotelefon aus rief die Polizei von Los Angeles meinen Vater an.

»Hallo?« Ich konnte mir den jugendlichen Klang in der Stimme meines Vaters genau vorstellen. Er war wahrscheinlich noch ein wenig schläfrig, weil er am Abend vorher im Gardena gespielt hatte.

»Mr. Landis?«

»Ja.«

»Hier ist die Polizei. Wir haben einen Haftbefehl. Unsere Beamten sind vor und hinter ihrem Haus aufgestellt. Kommen Sie bitte langsam und mit erhobenen Händen aus dem Haus.«

Der Kriminalbeamte berichtete mir später, daß Dad ganz friedfertig herausgekommen sei. Er hätte bequeme Freizeithosen und ein blaubedrucktes Hemd getragen, über das er seine schwarze Lederjacke gezogen hatte.

Es tat mir leid um meinen Vater, es tat mir leid um die Person, die er hätte sein können. Er war brillant, gutaussehend, witzig, talentiert und charmant. Aber irgendwo, irgendwie hatte Dad es vorgezogen, einem verbotenen Pfad zu folgen. Er mochte nicht an Gott oder die Sünde, den Himmel oder die Hölle geglaubt haben, aber ich wußte, daß der Gesichtsverlust, der Verlust seiner Familie und die Vorstellung von einem Leben im Gefängnis für ihn die Hölle auf Erden sein würde.

Eine große Trauer um uns alle erfaßte mich. Wir hatten uns alle so sehr einen normalen Daddy gewünscht, daß wir sogar versucht hatten, unseren in einen solchen zu verwandeln. Das hatte nie besonders gut funktioniert. Ich dachte an all die Bücher, die ich über psychologische Spiele und Lebenspläne gelesen hatte. Eine Erklärung daraus ist mir in bleibender Erinnerung.

Claude Steiner sagte, daß es einfach sei, einen »Lebensplan« nach seinem Schluß zu bestimmen. Daddys Leben würde tragisch enden, ob er nun für den Rest seines Lebens im Gefängnis bliebe oder wieder freikäme. Er hatte all das ruiniert, was ihm wichtig gewesen war. Die Prophezeiung, die Maymie vor langer Zeit ausgesprochen hatte, traf fast ins Schwarze:

»Ich mache mir solche Sorgen, daß er als einsamer alter Mann in einem gemieteten Zimmer enden wird.«

So wie es jetzt aussah, würde der Staat Kalifornien für die Miete aufkommen.

Und was war mit uns? Was wäre aus all seinen Kindern geworden, hätte er nicht unsere Körper und unsere Seelen vergewaltigt? Die Verlassenheit und der Mißbrauch, die ich in meiner Kindheit erfahren hatte, hatten so auf meine ganze Persönlichkeit abgefärbt, daß ich mir kein anderes Leben vorstellen konnte – ein Leben ohne Schrecken und Scham, ein Leben betäubt durch Erfolg.

Vielleicht hätte ich nicht all das erreicht, was ich hatte. Vielleicht hätte ich diesen großen Antrieb nicht gehabt. Darüber dachte ich eine Zeitlang nach. Vielleicht hätte ich gelernt »zu sein« anstatt »zu tun«. Vielleicht hätte ich inneren Frieden gefunden. Vielleicht wird mir das eines Tages noch gelingen. Ich habe noch viel Zeit. Den Rest meines Lebens.

18. Januar 1990
Landgericht
West Los Angeles

Ich saß auf der Zuschauertribüne des Gerichtssaales im Landgericht von West Los Angeles und wandte meine Augen ab, als der Gerichtsdiener den Gefangenen, meinen Vater, hereinbrachte.

Bis auf eins waren alle sieben Kinder meines Vaters anwesend, um das Gericht darum zu bitten, ihm keine Freilassung gegen Kaution zu gewähren. Viele seiner Enkel, sein Schwiegersohn und sogar eine zukünftige Schwiegertochter waren da. In den hinteren Reihen des Gerichtssaales zusammengedrängt hatten sie sich an den Händen gefaßt und beteten, daß der Staat ihn nicht auf freien Fuß setzen würde. Wir beteten darum, daß Dad uns nicht erwischen würde.

Ich schaute meine Geschwister an, Frontkämpfer in unserem grauenhaften Kampf. Sie waren tapfere, gute und liebevolle Seelen. Das Erscheinungsbild meiner Brüder war klar umrissen, ganz amerikanisch. Meine Schwestern waren alle sehr unterschiedlich, aber jede war auf ihre Art attraktiv.

Einen Moment später erblickte ich am anderen Ende des kleinen Gerichtssaales den Gefangenen in Handschellen . . . Daddy, der Raumfahrtingenieur. Daddy, der Präsident des Jachtclubs. Daddy, der angeklagte Verbrecher. Sein Blick ging geradeaus, sein Gesicht hatte durch übereifrige plastische Chirurgie einen dämonischen Ausdruck bekommen. In seiner typisch bevormundenden Art hatte er dem Chirurgen befohlen, die

Haut straffer zu ziehen, als es der Arzt selbst für richtig gehalten hatte.

Sein athletischer, muskulöser Körper ließ ihn jünger erscheinen, als er mit seinen 66 Jahren wirklich war. Er trug seine Lieblingslederjacke und ein bedrucktes Jerseyhemd. Sein spärliches blondes Haar hatte er über den Kopf gekämmt, um die beginnende Glatze zu bedecken.

Die Vernehmungen begannen, als der junge, etwas unordentlich aussehende Staatsanwalt aufstand, seine Krawatte festzurrte und um die Erlaubnis bat, dem Richter die Quittung für ein halbautomatisches Gewehr zu zeigen, das mein Vater vor kurzem gekauft hatte. Es handelte sich um ein hochentwickeltes Modell mit zwölf Schuß Munition.

Die Backenknochen meines Vaters bewegten sich hin und her, als der Prozeß begann. Er drehte sich nicht um, um uns anzusehen, aber ich konnte die Arroganz und den Ärger in ihm spüren, als die Richterin die Quittung für die Waffe in Augenschein nahm.

Die Richterin war eine ernsthaft blickende Frau mittleren Alters. Ihre schwarze Richterrobe verhüllte ihren Körper völlig. Sie studierte das Dokument, das sie nun vor sich liegen hatte, sorgfältig. Dabei neigte sie ihren Kopf leicht seitlich dem Staatsanwalt zu, als dieser einige Minuten lang mit ihr sprach.

Während ich über das Gewehr meines Vaters nachdachte, schaute ich zu meiner jüngsten Schwester Diedre herüber. Sie hatte Dad noch vor drei Tagen gesehen. Ich erinnerte mich an das, was er zu ihr gesagt hatte.

»Diedre, weißt du, was sie mit Leuten machen, die ihre Familie verraten? Das gleiche, was sie mit Leuten machen, die ihr Land verraten. Sie exekutieren sie.«

Er hatte hysterisch gelacht, als er dann das Gaspedal seines neuen weißen Chevrolet Cabrio voll durchgetreten und mit quietschenden Reifen davongestoben war.

Wie hatte er uns alle so schrecklich verletzen und betrügen können? Ich kannte die Wahrheit. Er war unendlich schlecht und versuchte auf unbeschreibliche Weise, die Menschen zu manipulieren. Ich wußte, daß er unsere Unschuld, unsere Kindheit und die Grundlagen unserer menschlichen Würde gestohlen hatte. Ich wußte, daß er ein gefährlicher Pädophile war, ein Kindesmißhandler, schuldig des sexuellen Mißbrauchs hilfloser Kinder. Ich wußte, daß er immer gelogen hatte und weiterhin lügen würde, wenn es um das ging, was er getan hatte. Ich wußte, daß er versucht hatte, seinen erwachsenen Kindern Angst einzujagen, indem er ihnen Detektive, Sozialarbeiter und Staatsanwälte auf den Hals gehetzt hatte. Ich wußte, er würde schwören, wir wollten ihm etwas anhängen. Ich wußte genau, daß er die Wahrheit niemals zugeben würde.

Während der Prozeß im Gang war, wandte ich mich wieder meiner inneren Welt zu, dem schmerzhaften Dialog in meinem Kopf. »Daddys Mädchen! Oh, wie stolz war ich immer darauf gewesen, Daddys Mädchen zu sein. Es war immer Daddy gewesen, der sich um dich gekümmert hat. Wie konntest du . . .?« Ich unterbrach mich. »Die ›Lippen‹, Donna, erinnerst du dich daran, was Keely dir erzählt hat? Die ›Lippen‹ und all das andere. Nein. Er ist da, wo er hingehört.«

Der Rechtsanwalt war im Begriff, sich an den Richter zu wenden. Der Rechtsbeistand meines Vaters war makellos in seinem teuren Maßanzug. Er brachte dem Gericht nur kurz seinen Antrag vor.

»Euer Ehren, ich beantrage, daß eine Kaution von 2.500 Dollar erhoben wird«, beendete er seinen Antrag sachlich und wartete darauf, daß die Richterin diese Forderung in Betracht ziehen würde.

Ich beobachtete, wie der Staatsanwalt seine linke Hand abwechselnd zur Faust schloß und wieder öffnete, solange der Verteidiger sprach. Einen Augenblick später stand er auf – er konnte es kaum glauben, daß eine solch niedrige Kaution gefordert worden war.

Der junge Staatsanwalt, der in seiner Sportjacke ein wenig schlampig aussah, hob an:

»Euer Ehren, wir verlangen, daß der Angeklagte in Anbetracht der Schwere seiner Vergehen und der Dauer des Mißbrauchs an seiner Familie ohne Kaution festgehalten wird. Die Staatsanwaltschaft vertritt die Ansicht, daß er eine deutliche Bedrohung für seine ganze Familie darstellt.

Euer Ehren«, setzte er seine Rede nun lauter und mit Entschiedenheit in der Stimme fort, »wir erkennen an, daß es sich hier um eine außergewöhnliche Forderung handelt. Aber«, er machte eine Pause und sah die Richterin eine ganze Weile lang an, »die Schwere der sexuellen Vergehen des Angeklagten verlangt außergewöhnliche Maßnahmen. Die Staatsanwaltschaft beantragt, daß der Gefangene ohne Kaution festgehalten wird. Ich danke Euer Ehren.« Er hatte die Worte »ohne Kaution« betont, und ein langes Schweigen füllte nun den Raum. Aller Augen starrten wie gebannt auf die Richterin.

Die Richterin ließ sich lange Bedenkzeit. »Kaution abgelehnt. Der Angeklagte wird wieder in Gewahrsam genommen«, sagte sie feierlich, wobei sie mit ihrem Hammer dreimal auf den Tisch schlug.

Der Antrag des Staatsanwaltes war in der Tat ungewöhnlich gewesen. Ich kannte nur einen Fall eines Gefangenen, der ohne Kaution festgehalten worden war. Das war Richard Ramirez, der »Jäger der Nacht« gewesen. Sogar die infamen McMartins, die angeklagt waren, Vorschulkinder belästigt zu haben, waren gegen Kaution freigekommen.

25. Januar 1990
Zweite Anhörung
Landgericht
West Los Angeles

Der Anwalt meines Vaters hatte wegen der Kaution eine zweite Anhörung beantragt, der die Richterin für die Woche nach der ersten Vernehmung zur Anklage stattgegeben hatte. Meine drei erwachsenen Kinder begleiteten mich gemeinsam zur Verhandlung, da sie wußten, daß ich möglicherweise gegen meinen Vater würde aussagen müssen.

Meine Kinder gingen alle außerhalb von Los Angeles aufs College. Rick war von seiner Universität in San Francisco, wo er Jura studierte, nach L.A. geflogen. Julie und Dan kamen aus San Diego angereist. Als ich ankam, entdeckten die drei mich gleichzeitig vor dem Gerichtsgebäude. Sie liefen auf mich zu und gaben mir abwechselnd von ihrer Stärke ab.

Als wir in das Gerichtsgebäude hineingingen, hatte Rick seinen Arm immer noch schützend um meine Schultern gelegt. Mich zu beschützen war für meine Kinder neu. Ich war immer für sie dagewesen, aber sie wußten, daß ich sie jetzt brauchte. Sie ließen sich nichts anmerken, doch spürte ich, wie sie innerlich vor Wut auf ihren Großvater kochten.

Unsere Gruppe füllte wieder die kleine Galerie des Gerichtssaals, in der wir auch die Sitzung in der Woche vorher verfolgt hatten. Mit Ausnahme von Connie, die weiterhin zu Dad hielt, waren alle meine Brüder und Schwestern anwesend. Unsere Ehemänner, meine Mutter, meine Tante, meine älteste Freundin Leanne, die Schwester meines Mannes und die Verlobte meines jüngsten Bruders saßen in der kleinen Galerie des Gerichtssaales.

Ken, meine Söhne Rick und Dan, meine Schwester Sandy und ihr Ehemann besetzten die erste Reihe. Ich versuchte mich auf meinem Platz in der zweiten Reihe hinter ihnen zu verstecken. Ich hatte Leannes Hand ergriffen und drückte sie fest. Neben uns saßen Julie und Anne eng aneinandergedrängt. Ich blickte stur vor mich hin auf den Boden, während mir Leanne zuflüsterte, was im Gerichtssaal vor sich ging.

»Sie bringen ihn gerade herein. Er sieht nicht schlecht aus. Er geht jetzt zu seinem Platz. Der Gerichtsdiener schließt die Handschellen auf.« Mit gleichmäßiger Stimme kommentierte sie die Szene. Mein Herz pochte wie wild, genau wie in der Woche zuvor.

»Der Gerichtsdiener fesselt jetzt seine linke Hand mit Handschellen an seinen Stuhl.« Sie drückte meine Hand fester. »Sieh nicht hin, Donna.«

Ich stellte meine Kraft auf die Probe. Ich schaute hinüber zu der Stelle, von der ich wußte, daß dort der Staatsanwalt saß. Ich war in Sicherheit. Ich hielt meine Augen auf ihn gerichtet. Er stand auf. Die Richterin sah ihn an, während er zu sprechen begann.

»Euer Ehren, die Staatsanwaltschaft ist auf Antrag der Verteidigung hier. Die Haltung des Staates ist unverändert. Wir glauben, daß dieser Mann für die Sicherheit seiner Familie ein Risiko darstellt. Bestimmte Familienmitglieder haben Angst vor ihm, und es besteht das große Risiko, daß der Angeklagte zu fliehen versucht. Der Staat stellt den Antrag, daß der bisherige Status, der eine Kaution ausschließt, bis zur Vorverhandlung beibehalten wird.«

Die Richterin, eine ruhige, intelligent aussehende Frau, sah den Verteidiger erwartungsvoll an. »Legen Sie Ihren Fall dann doch bitte vor, Herr Anwalt«, bat sie ihn.

»Ah, Euer Ehren«, stammelte er. Er schien verunsichert und unvorbereitet. »Wir haben keinen Fall.« Ein Kichern ging durch die Zuschauergruppe.

Augenblicklich schien sich der Verteidiger wieder gefangen zu haben. »Euer Ehren, es liegt in der Verantwortlichkeit des Staates zu beweisen, daß dieser Mann eine Bedrohung für seine Familie darstellt und daß tatsächlich Fluchtgefahr besteht. Ich würde das Gericht gerne daran erinnern, daß er sein gesamtes Leben in Los Angeles verbracht hat, daß er Besitz hat und nie vorher verhaftet worden ist. Es gibt über ihn keine Polizeiakte. Daher ist die Anklage verpflichtet, ihre Behauptungen zu beweisen.«

Er machte eine kurze Pause und sah die Richterin direkt an. »Keine Kaution auszusetzen ist höchst ungewöhnlich für die Anklagepunkte, die gegen meinen Klienten vorgebracht worden sind.«

Die Richterin wandte sich nun an den jugendlichen Staatsanwalt. »Sir, sind Sie darauf vorbereitet, Ihren Fall darzustellen?«

»Ja, Euer Ehren«, antwortete er ohne Zögern.

Der Gerichtssaal wurde geräumt, und wir wurden hinausgeleitet, um auf dem Gang zu warten. Es vergingen nur wenige Sekunden, bis eine Gerichtsdienerin meinen Namen aufrief. Ein Adrenalinstoß lud meinen Körper blitzschnell auf.

Erhobenen Hauptes atmete ich einmal tief durch und ging dann durch die kurzen Schwingtüren, die die leere Galerie von dem Verhandlungsraum trennten. Ich wurde hinauf zum Zeugenstand begleitet und aufgefordert, die rechte Hand zu heben.

Ich wußte, daß die Augen meines Vaters auf mich gerichtet waren. Ich wußte, daß ich jetzt nicht mehr zurück konnte. Vor kurzem hatte mein Vater Trey angerufen und ihm erzählt, ich sei hinter seinem Geld her, ich sei die Rädelsführerin. Mein Vater hatte auch die *Times* angerufen. Er hatte versucht, einen Reporter zu einer Story zu veranlassen, die ihn als Opfer meiner ungerechtfertigten Verdächtigungen erscheinen ließ. Ich wußte, er war jetzt äußerst wütend auf mich.

»Ich schwöre«, schwor ich meinen Eid.

Die Gerichtsdienerin führte mich nun in den Zeugenstand. Ich setzte mich, und sie stellte das Mikrofon auf meine Höhe ein. Der Staatsanwalt hatte mich angewiesen, einfach nur die Wahrheit zu sagen. Er hatte mir versprochen, daß ich in der Lage sein würde, alles auf ganz einfache Weise zu erklären und daß das Vorgehen überhaupt nicht formal sein würde. Damit hatte er unrecht.

Ich gab meinen Namen, Alter, Beruf und Wohnsitz an. Ich versuchte, meine Geschichte in die Antworten auf die Fragen des Staatsanwaltes zu fassen. Der Verteidiger unterbrach mit seinen Einsprüchen ständig den Gang des Gesprächs, so daß wir keinen Schritt weiterkamen. Nach einer Weile versuchte er es mit einer anderen Taktik.

»Sind Sie jemals von diesem Mann belästigt worden?«

»Ja.« Mein Gesicht verriet meine Gefühle nicht, aber ich wußte, daß ich das Geheimnis preisgegeben hatte. Ich hatte es vor einem Richter mit meinem Vater als Zeugen ausgesprochen. Ich hatte das Gefühl, das Richtige getan zu haben. Auf eine ganz besondere Art war es ein gutes Gefühl. Es war etwas, was schon vor sehr langer Zeit hätte gesagt werden müssen.

»In welchem Alter?«

»Seitdem ich ungefähr sechs Jahre alt war.«

»Wer ist er?«

»Mein Vater.«

»Glauben Sie, daß es Sie in Gefahr bringen könnte, wenn er auf Kaution freigelassen würde?«

»Ja.«

»Warum?«

»Er hat zu meiner Schwester Cee Cee gesagt, er würde mich zerstören, und wenn es ihn seinen letzten Dollar kosten würde.«

»Einspruch.«

»Stattgegeben.«

»Sind Sie jemals persönlich bedroht worden?«

»Er drohte mir damit, daß ich, sollte ich jemals reden, eine ›arme Schwester‹ wäre und daß Leute, die sprechen, ›zwei Meter unter der Erde enden‹.«

»Besitzt Ihr Vater ein Gewehr?«

»Ja.«

»Haben Sie es jemals gesehen?«

»Ja, sehr häufig. Er hatte es auf unseren Ausflügen immer bei sich.«

»Keine weiteren Fragen.«

Der Verteidiger stand auf, um seine Befragung zu beginnen. Ich wandte meinen Blick nicht vom Staatsanwalt ab, während ich meinen handflächengroßen Stoffteddybären, den meine Therapeutin mich gezwungen hatte, in den Zeugenstand mitzunehmen, in meinen Händen knetete.

Mit meiner linken Hand quetschte und bewegte ich ihn unaufhörlich, ohne mir dessen bewußt zu werden. Ich konnte meinen Vater nicht ansehen. Ich wußte, daß es mir vor Angst die Sprache verschlagen würde, wenn ich seine wutentbrannten Augen sehen würde. Ich hörte die Fragen des Verteidigers; ich vermied es, ihm ins Gesicht zu sehen. Es war eine körperlose Stimme, kalt und unfreundlich, anklagend und böse.

»Stimmt es nicht, daß Venice eine Gegend mit hoher Kriminalitätsrate ist?«

»Nein.«

Der Anwalt schoß ein Schnellfeuer von Fragen auf mich ab. »Ist es nicht möglich, daß Ihr Vater im Begriff ist, sein Auto zu verkaufen, um das Geld für seine Verteidigung zu benutzen?«

»Das nehme ich an«, antwortete ich und nahm dabei an, daß es viel wahrscheinlicher sei, daß er im Begriff war, die Stadt zu verlassen. Ich wußte nicht, ob Dad sich wirklich an mir rächen wollte, wenn er freigelassen würde. Ich nahm eher an, er würde fliehen.

Sollte er für schuldig befunden werden, erwarteten ihn 40 Jahre Gefängnis. Man mußte kein geistiger Überflieger sein, um dahinterzukommen, daß Dad älter als 100 sein würde, wenn er seine Strafe abgesessen hätte. In den vergangenen Jahren hatte er öfter davon gesprochen, daß er sich ein Leben auf einer Südseeinsel oder in Mexiko vorstellen könnte. Während der Verteidiger seine Befragung fortsetzte, spürte ich, daß eine verdrängte Erinnerung versuchte, sich in mein Bewußtsein vorzuarbeiten. Sie schien häßliche, scharfe Kanten zu haben und setzte alles daran, hervorzubrechen.

Jetzt erinnerte ich mich. Daddy hielt mich in seinen Armen und flüsterte mir schmachtend zu, wie wunderbar es für uns sein würde, im Südpazifik, wo niemand mich ihm jemals wieder wegnehmen könnte, zusammen zu sein, verheiratet zu sein.

Die Art, in der er solche Dinge sagte, jagte mir jedesmal Angst ein. Ich konnte mich noch leicht an seine weichen, seidigen Worte erinnern. Mein Magen flatterte. Ich sah den verträumten Blick in seinen Augen vor mir, den er bei diesen Gelegenheiten immer bekam. Ich hatte Angst davor gehabt, er würde mich entführen oder irgendwo hinbringen, wo ich meine Mom oder Sandy oder meine Großeltern nie mehr wiedersehen würde.

Ja, mein Vater würde fliehen, sollte er freigelassen werden. Mit seinen Ersparnissen wäre er in Mexiko ein reicher Mann und könnte sich dort dann wieder ein kleines Mädchen suchen.

»Das ist alles. Sie können den Zeugenstand verlassen. Danke.«

Ich spürte, daß die Richterin mit mir sprach. Ich kehrte in die Gegenwart zurück und sah den Staatsanwalt an. Mit einer winzig kleinen Veränderung des Gesichtsausdrucks teilte er mir mit, daß ich meine Sache gut gemacht hatte. Durch die kleine Schwingtür machte ich mich auf den Weg nach draußen.

»Sandra Stevens.« Ich hörte, wie die Gerichtsdienerin meine Schwester aufrief.

Nach mir sagten meine beiden Schwestern Sandy und Cee Cee aus.

Die Richterin nahm alle Aussagen zur Kenntnis und verkündete am Ende dieses Tages ihre Entscheidung.

»Der Angeklagte wird in das Los-Angeles-County-Gefängnis zurückgebracht. Eine Freilassung gegen Kaution erfolgt nicht.«

17. Februar 1990
San Juan Capistrano

Die Zeit bis zur Vorverhandlung war eine Tortur. Es war möglich, daß sie erst in einigen Monaten stattfinden würde. In meiner inneren Widersprüchlichkeit verfangen taumelte ich von Stunde zu Stunde. In den früheren Monaten hatte ich eine solche Wut und Empörung empfunden, daß ich in der Lage gewesen war, gegen die Traurigkeit anzukämpfen. Aber in diesen Tagen hatte sie den Weg in mein Herz gefunden – so, wie radioaktive Gase ihre menschlichen Ziele verseucht haben müssen, als sie in Tschernobyl ausströmten und ihr gnadenloses Gift überall durchsickerte.

Besonders nachts ergriff es mich, und ich erwachte von meinen Träumen. Ich sah mich in einer Blutlache liegen oder hörte Dads Stimme, die auf mich einredete: »Hör auf damit, hör jetzt auf damit!« Oder ich wachte von Panik ergriffen von einem Alptraum auf, in dem ich vor einem Killer davonlief, der mich jagte. Ich rannte. Einmal war ich auch ausgesperrt.

Das alles machte mich traurig.

Ich war hin- und hergerissen zwischen dem Wissen darüber, was ich zu tun hatte und dem Bedürfnis danach, davonzulaufen. Der eine Teil meiner Persönlichkeit erinnerte mich daran, daß der Mißbrauch von kleinen Kindern nicht zu akzeptieren sei, die andere Hälfte dagegen meinte: »Laß es durchgehen. Laß die Dinge, wie sie sind. Er ist um Himmels willen dein Daddy!« Bernie hatte sogar zu meinen Schwestern gesagt: »Donna und Ken übertreiben. Keine von euch sollte sich so benehmen. Ihr seid alle in Ordnung. Was er getan hat, hat euch nicht wirklich geschadet.«

Ich war die ganze Zeit in Sorge darüber, daß diese Ereignisse ihren Weg in die Zeitungen finden könnten und daß damit die gesamte schmutzige Geschichte meiner Familie vor der Welt ausgebreitet werden würde. Vor meinem geistigen Auge sah ich, wie ich mein Gesicht verdeckte, als sie mich zu einem langen dunklen Wagen führten, der vor dem Gericht von Santa Monica geparkt hatte. Ich sah, wie ich mir meine Tasche vor das Gesicht hielt, damit niemand erkennen konnte, daß ich es war. Aber vor allem vermißte ein Teil von mir meinen Dad.

20. Februar 1990
San Juan Capistrano

An diesem Tag waren wir in San Pedro mit dem Boot unterwegs. Ich stellte fest, daß ich Dad schmerzlich vermißte. Als ich am Abend nach Hause zurückgekehrt war, hörte ich mir die Nachrichten auf dem Anrufbeantworter an. Mit seiner jugendlichen und festen Stimme berichtete Trey, daß er mit Dad gesprochen hatte.

»Donna, Dad behauptet, das sei alles nur eine Verschwörung gegen ihn, nur Lügen, und daß du hinter seinem Geld her bist. Er will einen Detektiv anstellen. Er sagt, er wird die Aufzeichnungen von Cee Cees Therapeut bei Gericht vorlegen und damit beweisen, daß sie verrückt ist. Ruf mich an, ich habe noch mehr zu berichten.« Der Apparat stellte sich mit einem Piepton ab. Mein Herz pochte heftig gegen die Rippen. Mir war übel – wie dumm ich gewesen war! Wirklich zu glauben, ich würde meinen Dad vermissen!

Donna, du bist eine dumme Närrin. Du bist dein ganzes Leben lang auf den Arm genommen worden. Dad will dich zerstören. Wenn er könnte, würde er dich wahrscheinlich töten, und du würdest gerne ein bißchen mit ihm und der Familie Boot fahren! Dumm. Dumm. Dumm. Meine innere Stimme schrie mich an; und sie ließ mich nicht mehr in Ruhe.

Und wo du gerade dabei bist . . . das Blut jagte mir durch die Adern, mit Wut und Angst überladen, während ich Treys Anruf verdaute. Meine kritische innere Stimme ließ sich nicht ignorieren. *Erinnerst du dich an damals, als Julie ungefähr zehn war? Das kannst du nicht mehr verdrängen. Erinnere dich* . . . du halfst ihr dabei, ihre Barbiepuppen in ihr Zimmer zu räumen, und sie drehte sich zu dir um. Ihre großen Augen leuchteten im schwachen Licht. Sie waren voller Angst. Eher noch Schrecken. Erinnerst du dich daran, wie sie dir etwas zuflüsterte?

Erinnerst du dich? Du konntest sie kaum verstehen. *Was hatte sie gesagt?* Die kritische Seite meiner Persönlichkeit verspottete mich.

Ja, ich erinnere mich. »Bitte, ich möchte nicht daran erinnert werden«, bat meine verletzliche Seite. O nein, gütiger Gott. Ich möchte daran nicht erinnert werden ...

Erinnere dich daran, damit du weißt, womit du es zu tun hast.

Ich starrte aus dem Fenster. Der Anblick war wunderschön. Die Sonne ging gerade unter, und der Himmel glänzte in Orange und Purpurrot. Die Art, wie die Farben die Berge berührten, war bezaubernd. Ich dachte an die Tausende von Sonnenuntergängen, die ich in den Jahren gesehen hatte, in denen ich direkt am Meer gewohnt hatte. Ein Leben in Farbe. Es hatte so viel Schönes in diesem Leben gegeben. Wunderbare Sonnentage, an denen ich Volleyball spielte und badete. Und Daddy war der gutgelaunte, lachende Mittelpunkt von uns allen gewesen.

Donna, bist du schon wieder soweit? Es sieht nicht so aus, als würdest du wirklich den Kern des eigentlichen Problems betrachten. Dein Vater ist schlecht. Was muß ich noch tun, um dir das in Erinnerung zu rufen? S C H L E C H T. Muß ich es dir buchstabieren? Er hätte deiner Julie etwas angetan. Und wie leicht du Keely und die Lippen vergißt.

Ich weiß, ich weiß. Aber das alles ist so schwierig. Ich möchte nicht tapfer sein.

Du bist tapfer. Du bist immer tapfer gewesen. Hast du dich jemals gehenlassen? War ich nicht in all den Jahren immer bei dir, wenn du ganz ohne Hoffnung warst? Habe ich dir nicht versprochen ... Nur weil du dich zwischendurch besser gefühlt hast, haben sich die Tatsachen noch lange nicht geändert ...

März 1990
Osterferien
Mammoth-Seen

Ken und ich genossen unseren Urlaub in Mammoth. Meine Stimmungsschwankungen, die mich abwechselnd in Schrecken, Schuld und Trauer versetzt hatten, waren nun ausgeglichen. Meine Alpträume ließen nach, ich träumte häufig und ganz klare Träume.

Ich konnte die Stimme meines Vaters im Schlaf hören. In einer Nacht sagte er: »Donnie, das solltest du nicht tun.« Dann war seine Stimme verschwunden. In einer anderen Nacht träumte ich, daß eine junge Mutter in ein zweistöckiges Haus mit einer Wendeltreppe gekommen war. Sie war in einem Wartezimmer und wartete darauf, daß mein Vater bei ihrem kleinen Töchterchen babysitte-te. Ich hörte, wie ich mich einmischte und spürte den mir so vertrauten Schrecken. Ich warnte sie davor, ihm zu erlauben, auf ihre Tochter aufzupassen.

Sie sagte: »Danke.« Sie kannte mich nicht, aber sie sagte: »ich glaube, ich erinnere mich daran, daß er mich als kleines Kind belästigt hat.« Nachdem sie das gesagt hatte, nahm sie ihr Kind und ging. In den anderen Träumen wachte ich in Blutlachen auf, verlor meine Zähne, wurde gejagt, ausgesperrt, rannte davon. Sie waren alle scheußlich.

Eines abends war Ken am Telefon, als Cee Cee anrief. Ich erkannte an der Art, wie er versuchte, sie zu beruhigen, daß sie hysterisch war, wahrscheinlich würgte und weinte sie. Ich geriet in Panik, obwohl ich nur die eine Hälfte des Gesprächs mit anhören konnte. Nach 20 Minuten legte Ken auf.

»Cee Cee hat herausgefunden, daß dein Vater Detektive angestellt hat. Eine Frau hat deinen Freunden, den Moores, einen unangekündigten Besuch abgestattet. Sie hat sie beim Abendessen überrascht und sich in ihr Haus Eintritt verschafft, indem sie sich als eine Vertreterin des Gerichts ausgab, als unparteiische Ermittlerin. Nachdem sie mit ihnen ein wenig interessante Verbalakrobatik durchgeführt hatte, wurde es ihnen klar, daß sie gegen dich ermittelte.« Ken machte eine Pause.

Ich spürte, wie mir das Blut aus dem Gesicht wich. Ich war unschuldig. Warum sollte gegen mich ermittelt werden? Die Moores waren seit 30 Jahren Freunde der Familie. Sie waren im Alter meiner Eltern, aber ich hatte den Kontakt mit ihnen durch Briefe und Weihnachtskarten immer aufrechterhalten. Sie kannten mich gut.

»Nun, die Detektivin ging zwei Stunden später wieder, nachdem sie ihnen das Abendessen verdorben hatte. Sie hatten ihr erklärt, daß die Anklage gegen dich wegen Verschwörung Quatsch sei. Dann erklärten ihr die Moores, daß deine finanziellen Mittel weitaus größer seien als die deines Vaters. Sie sagten ihr, daß du eine Frau mit einem ausgezeichneten Charakter seiest, eine Collegeprofessorin, die seit einem Vierteljahrhundert an der gleichen Schule unterrichtet. Sie hätten grenzenloses Vertrauen in dich. Sie erzählten ihr, daß sie jahrelang sogar mit dir zusammen Eigentum besessen hätten. Nach dem, was Cee Cee mir erzählt hat, glaube ich nicht, daß die Detektivin bekommen hat, was sie wollte. Am Ende ihres Interviews haben sie sich die Bemerkung erlaubt, daß die Art, wie dein Vater mit Connie umging, sehr ›eigentümlich und übermäßig zärtlich‹ gewesen sei. Sie sagten auch, daß alles, was Donna behauptete, wahr sein müßte.«

»Also warum ist Cee Cee dann so aufgeregt, Kenny? Das alles hört sich so an, als sei Dad jetzt wirklich nur hinter mir her, genau wie er es immer angedroht hat.« Mein Herz pochte. »Sie war außer sich, nicht wahr? Jedenfalls wirkte es so, nach dem, was ich hören konnte.«

»O ja, sie ist in der Tat aufgeregt. Als nächstes quetschte die Detektivin Bernie zwei Stunden lang aus. Sie machte wieder so einen Überraschungsbesuch. Bernie möchte keine Stellung beziehen. Cee Cee ist wütend auf sie. Sie kann nicht begreifen, warum ihr ihre Mutter in dieser Sache nicht helfen will. Und außerdem ist sie besorgt über die Drohung deines Vaters, daß er einen Gerichtsbeschluß erwirken will, um an die Aufzeichnungen aus ihrer Therapie heranzukommen. Sie glaubt, daß er versuchen wird zu beweisen, daß sie nicht ganz dicht ist.«

»Ich denke, Therapieaufzeichnungen sind vertraulich«, brachte ich ruhig hervor, während ich darum kämpfte, einen klaren Gedanken zu fassen.

»Donna, es macht mich so verdammt ärgerlich, euch Mädchen so verängstigt zu sehen. Ihr laßt euch von diesen bedeutungslosen Drohungen manipulieren. Kein Gericht in diesem Land wird Therapieaufzeichnungen als Beweismaterial zulassen. Und wenn sie es doch tun würden, würden diese Unterlagen nur die Schwere von Cee Cees Mißhandlungen durch deinen Vater belegen. Ich würde diesen Schweinehund wirklich gerne umbringen.«

Mein Körper war kurz davor, vor Angst zu beben. Ich versuchte, mich Ken gegenüber zusammenzureißen. Soweit hatte ich mich unter Kontrolle. Und die wollte ich jetzt nicht verlieren. Wieder band ich diese Ängste mit Stahlkabeln fest.

»Donna, laß uns eine Weile rausgehen. Was hältst du davon, bis zur Skihütte zu laufen und wieder zurück? Du machst den Eindruck, als könntest du ein bißchen Abendluft gut gebrauchen.«

Während wir gingen, sortierte ich die Stücke meines Puzzles.

»Ken, das hört sich jetzt verrückt an, aber erinnerst du dich an Crystals Vaterschaftsklage gegen Dad?«

»O ja!« In seinen Worten war ein Anflug von Lachen zu vernehmen. »Sowas vergißt man nicht. Es war ziemlich komisch, als dein Vater sie heiratete. Sagte er nicht, er würde sie heiraten, weil er Angst hatte, sie würde ihn sonst töten?«

»Ja. Das schien ein dummer Grund bis zu ihrer absonderlichen Scheidung. Du weißt, daß ich Dad damals abgekauft habe, sie hätte aus seinem Haus einen Müllhaufen gemacht, sie hätte es überflutet, die Wände mit Graffiti übersät – und all das hätte sie getan, weil sie verrückt wäre. Aber ich glaube, das steckte etwas anderes dahinter.«

»Was meinst du damit?« fragte Ken.

»In all diesen Jahren habe ich immer gedacht, daß die Vaterschaftsklage gegen Dad seltsam war. Es kostete ihn 60.000 Dollar, diesen Fall zu gewinnen. Ich habe nie wirklich verstanden, warum sie das getan hat. Und als dann der genetische Test erbracht hatte, daß Daddy nicht der Vater ihres kleinen Jungen war, glaubte ich, daß sie tatsächlich so verrückt sei, wie Dad behauptet hatte. Er wurde nicht müde zu sagen, sie sei sehr gefährlich.« Ich sann einen Augenblick über ihre Beziehung nach. »Weißt du, ich habe mich immer gefragt, was wohl diese Gehässigkeit bei ihr ausgelöst haben mag.«

Während wir weiter durch die Nacht gingen, dachte ich intensiver über die Geschichte nach.

»Ken, sie muß ihn mit Jamie erwischt haben. Jamie war ungefähr fünf, als Dad sie bei sich aufgenommen hat. Ihm das Haus zertrümmern, die Vaterschaftsklage . . . Ken, das war ihre Art, sich Genugtuung zu verschaffen. Das war ihre einzige Möglichkeit, sich an ihm zu rächen.« Ich unterbrach mich und dachte weiter nach. »Ich wette, daß Dads Detektive genug Schmutz an die Oberfläche haben ziehen können, um sie in Mißkredit zu bringen.«

»Und ich wette, daß du recht hast! Ihre Aktionen hören sich nicht verrückt an vor dem Hintergrund, daß sie ihm eins auswischen wollte, weil er Jamie mißbraucht hatte!«

Schweigend hielten wir uns an den Händen, während wir den Hügel bis zur Skihütte hinaufspazierten. Die Hütte war ein dreistöckiger Betonkoloß, der vom Mondlicht übergossen war. Die Skiläufer waren für diese Saison abgereist. Der Berg dahinter erhob sich majestätisch gegen den schwärzer werdenden Himmel. Orion und der Große Bär waren über unseren Köpfen deutlich zu erkennen. Ken und ich kletterten einen Abhang hinauf. Da die Skisaison fast vorüber war, war kaum noch Schnee auf ihm. Er führte mich zu einer Lichtung unter dem vollen Kleid einer Pinie. Von den duftenden Zweigen geschützt, zog er mich nah an sich heran. »Donna«, sagte er zärtlich zu mir, »alles wird wieder in Ordnung gehen. Sieh dir das an.«

Die Berge lagen friedlich unter dem Sternenhimmel. Ken und ich umarmten uns, und ich erinnerte mich an die schönen Jahre mit meiner Familie.

Einmal, als Danny sechs war, hatte er mich dazu überredet, mit ihm zusammen während eines Schneesturms den Sessellift zu benutzen. Meine Skistöcke hatten sich quergelegt, und meine Skier überkreuzten sich in der letzten Sekunde, und Danny strengte sich so sehr dabei an, mir in den Lift zu helfen, daß er schließlich aus seinem Sessel fiel. Der Lift wurde angehalten, und der Mann vom Bedienungspersonal schimpfte mit mir, weil ich Danny nicht richtig in seinen Sessel gesetzt hatte. Als wir oben auf dem Hügel angekommen waren, mußten wir so sehr lachen, daß wir praktisch in einer Schneewehe zusammenbrachen.

»Mommy, der dachte, du wüßtest, wie das geht.« Danny, ein hervorragender Skifahrer, kriegte sich nicht mehr ein bei dem Gedanken, daß seine trottelige Mom für kompetent in Sachen Skilaufen gehalten worden war.

»Warte nur ab, Danny. Eines Tages werde ich dich bei der Abfahrt den Hügel runter schlagen.« Diese Behauptung war so unwahrscheinlich, daß wir beide unsere Augen in Richtung Himmel verdrehten.

Ja, ich erinnerte mich an die wunderbaren Zeiten. Ich weiß nicht, wie ich diese Zeit des Schreckens ohne die solide Basis der Liebe, die von meiner Familie ausging, hätte überwinden sollen.

Uns war leicht kühl geworden von der kalten Nachtluft, und wir wanderten Hand in Hand zurück nach Hause. Ich fühlte mich jetzt viel besser. Freude erwärmte mein Inneres. Ich war ruhig und gelassen. Die Furcht war für den Moment verflogen.

Für den Rest der Woche hielt ich meine Sorge unter Kontrolle, aber als der letzte Morgen unserer Ferien angebrochen war und ich die Küchenschränke vor unserer Heimreise saubermachte, begannen die Stahlkabel, die den Eisblock aus Furcht in mir im Zaum gehalten hatten, nachzugeben. Ich wischte weiter. Mein Atem ging flach. Ich spürte, wie ein anderes Kabel riß. Ich atmete jetzt schneller. Ich war im Begriff, die Kontrolle über mich zu verlieren. Die Angstdämonen, die in dieser Stahlkammer in der Nähe meiner Seele eingesperrt gewesen waren, begannen, herauszuklettern. Das letzte Kabel zerriß, und sie stürzten hervor.

Ken hörte meinen erstickten Schrei und kam zu mir an die Küchentheke. Er legte seine starken Arme um mich. Ich schluchzte in einem fort.

Als er dachte, daß ich nun wieder sprechen könnte, fragte er mich mit ernster Stimme: »Donna, was ist los?« Er war geduldig und verständnisvoll.

Ich versuchte zu sprechen. Nur ein würgendes Gurgeln kam aus meiner Kehle. Ich schämte mich so. Ich war mit allem klargekommen – und jetzt stand ich da, so erbärmlich, daß ich nicht mal sprechen konnte.

Kenny drückte einen Kuß in meine Handfläche. Er versuchte es wieder. »Donna, kannst du mir jetzt sagen, was los ist?« Es folgte ein sehr langes Schweigen. Ich nehme an, er vermutete, daß ich ihn nicht gehört hätte, dabei versuchte ich nur herauszubekommen, was mich so verstört hatte.

Schließlich, auf der Autobahn in Richtung Heimat, gab ich die Antwort.

»Ich habe solche Angst davor, daß er mich kriegt.« Kenny nahm meine Hand. Für eine lange Zeit sprach keiner von uns.

»Süße«, beruhigte mich mein Mann, »er wird dich nicht kriegen. Er wird dich nie wieder verletzen können. Er sitzt im Gefängnis. Warum hast du immer noch Angst?«

»Kenny«, ich atmete tief ein. »Ich habe meinen Vertrag gebrochen.«

»Süße, welchen Vertrag?«

»Ich habe gesprochen.« Wieder begann ich zu weinen. »Ich habe versprochen, daß ich das niemals tun würde.«

»Donna.« Er langte mit seinem rechten Arm hinter meinen Sitz und zog mich an seine Seite. »Du warst damals nur ein kleines Mädchen. Kein Erwachsener auf der ganzen Welt hat das Recht, ein kleines Kind an einen solchen Vertrag zu binden. Du wußtest ja noch nicht mal, was du da eigentlich versprochen hast.«

»Ich habe versprochen, nie zu reden.« Wieder brachen meine Worte ab.

»Donna, du warst ein kleines Kind. Du wußtest ja nicht, wie schlimm alles werden würde, als du dein Versprechen machtest. Du mußtest dieses Versprechen brechen, Süßes.« Ken hob die Stimme. »Süße, du mußtest einfach reden!«

»Er hat immer gesagt, er würde mich kriegen, wenn ich reden würde. Und ich habe geredet.« Auf der weiteren Heimreise war ich von Schluchzen geschüttelt. Es verschaffte mir große Erleichterung.

1. Mai 1990
San Juan Capistrano

Als ich an diesem Morgen die 37 Meilen zu meiner Schule fuhr, hörte ich, wie mein Lieblingsmoderator im Radio uns einen fröhlichen 1. Mai wünschte. Natürlich erinnerte ich mich sofort an den 1. Mai vor langer Zeit, als ich im zweiten Schuljahr gewesen war. Ich erinnerte mich noch gut an den Ausdruck auf den Gesichtern der anderen Kinder, mit dem sie die Warzen auf meinen Händen anstarrten. Den würde ich wahrscheinlich niemals vergessen.

Langsam fuhr ich Richtung Norden an der Irvine Ranch vorbei. Kühe grasten auf dem trockenen Frühjahrsgras neben der Straße. Die Autobahn 405 war vom Verkehr verstopft. Ich hatte eine Menge Zeit zum Nachdenken.

Ich dachte an den bevorstehenden Gerichtstermin. Morgen müßten wir endlich in den Zeugenstand, nachdem der Termin monatelang immer wieder verschoben worden war. Der Staatsanwalt hatte gehofft, von Dad ein Schuldeingeständnis zu erhalten, um Keely das Trauma ihres Erscheinens im Zeugenstand zu ersparen. Aber all unser Warten war umsonst gewesen.

Die Vorverhandlung würde vor neuen Richtern stattfinden. Es schnürte mir die Kehle ab. Ich hatte das Gefühl, erwürgt zu werden. Ich schluckte und atmete einmal ganz tief durch – so, wie es mir meine Therapeutin immer wieder ans Herz gelegt hatte.

»Atme, Donna«, sagte ich laut zu mir, ganz allein in meinem Wagen sitzend.

Wie ich so in meinem komfortablen, ruhigen Wagen saß, fiel mir ein Abend ein, an dem mich Cee Cee angerufen hatte und verzweifelt um Hilfe gebeten hatte. Ich hatte schon geschlafen, aber das Klingeln des Telefons weckte mich schließlich auf. Ich stolperte in die Küche und hörte mir die Nachricht auf dem Anrufbeantworter an. Sie klang völlig verängstigt.

Ich weckte meinen schlafenden Ehemann. »Kenny, das war Cee Cee!« Die Angst in meiner Stimme ließ ihn vollends aufwachen. Ich hämmerte ihre Nummer in den Apparat. Das Telefon klingelte genau einmal.

»O Donna, danke, daß du zurückgerufen hast. Es tut mir leid, daß es schon so spät ist. Aber ich wußte nicht, was ich sonst hätte machen sollen.«

»Was ist los?« Ich hoffte, ganz ruhig zu klingen.

»Es handelt sich um Keely. Sie hatte wieder so einen Alptraum. Sie wachte schreiend auf und hörte dann wieder auf zu atmen, wie damals in Phoenix beim Erntedankfest.« Cee Cees Worte rasten.

»Wenn sie aufhört zu atmen und ganz blau wird, die Lippen purpurrot, dann denke ich, was ich tun würde, wenn ich meine Keely nicht mehr hätte.«

»Cee Cee, Keely geht es jetzt gut, nicht wahr?«

»Ja, als ich dich nicht erreichen konnte, habe ich sie angebrüllt, sie solle atmen – so, wie du es mir gesagt hattest. Das hat sie so erschreckt, daß sie husten mußte. Dann hat sie geatmet. Jetzt schläft sie wieder. Ich weiß einfach nicht mehr, was ich tun soll.« Ihre Stimme klang aufgehoben, sie war über die Verzweiflung hinausgegangen.

»Cee Cee, wir tun alle unser Bestes. Du machst deine Sache gut. Jetzt alle zusammenzuhalten erfordert deine ganze Kraft. Mit der Zeit wird das vergehen. Wir müssen

Geduld haben.« Ich hoffte, daß der Klang meiner Stimme Sicherheit vermittelte. Ich mußte gegen meine eigenen Dämonen ankämpfen. Ich versuchte, meinen eigenen Worten Glauben zu schenken.

Der Klang einer Hupe versetzte mich plötzlich wieder in die Gegenwart. Die Autos auf der Autobahn hatten begonnen, sich wieder einige Zentimeter vorwärtszubewegen, und eine große Lücke klaffte vor mir. Ich nahm den Fuß von der Bremse und schloß zu meinem Vordermann auf.

Als der Verkehr etwas nachgelassen hatte, beschleunigte die Autoschlange auf 25 Meilen in der Stunde. Die Stimme von Bruce Springsteen schrie aus dem Radio *Born in the USA*. Der Rhythmus der Musik fing an, mir zu gefallen. Irgendwie hatte dieses Lied etwas mit mir zu tun, und ich fühlte mich stark, als ich meinen Weg zur Arbeit fortsetzte.

Tief im Inneren fühlte ich, wie sich die Stahlhalter drehten und in einer unbekannten und präzisen Reihenfolge ihren Platz fanden, und die so vertraute Mauer der Stärke rutschte wie eine Stahlwand an ihren Platz. Ich fühlte mich solide und sicher. Meine freundliche innere Stimme erinnerte mich: *Donna, du tust das Richtige. Du mußt die Kinder schützen.*

2. Mai 1990
Landgericht
West Los Angeles

Ken und ich gingen zusammen die breiten Betonstufen vor dem Gerichtsgebäude von West Los Angeles hoch, um dort auf die Vorverhandlung für meinen Vater zu warten. Das Gericht würde heute entscheiden, ob hier ein Fall für die nächste Instanz vorlag.

Mein Vater war nun länger als drei Monate ohne Kaution im Los-Angeles-County-Gefängnis festgehalten worden. Dort hatte er per Telefon aus seiner Zelle weiterhin ein erfolgreiches Terrorregiment geführt. Er hatte Cee Cee und mir mit seinen Drohungen aus dem Gefängnis, die uns über Connie, Trey und die von ihm angestellten Sozialarbeiter und Privatdetektive, die überall eindrangen und die Leute über uns ausfragten, zugetragen wurden, den letzten Nerv geraubt.

Heute war Verhandlungstag. Ken öffnete mir die riesigen doppelverglasten Türen, durch die wir ins Foyer des Gerichtsgebäudes eintraten. Ganz rechts, auf eine hölzerne Bank vor die Abteilung 91 hingekauert, sahen wir Cee Cee, eine zarte Frau, die zerbrechlich erschien und der man ihr Alter von fast 40 Jahren nicht ansah. Sie trug ein attraktives blaues Jackenkleid mit weißen Revers und hatte ihr langes dunkles Haar zurückgekämmt. Von der Heavy-Metal-Verführerin war keine Spur mehr.

Als ich mich ihr näherte, sah ich ihr Gesicht. Sie war blaß, und aus ihrer Körpersprache konnte man erkennen, daß sie einem hysterischen Anfall nahe war. Anne saß neben ihr. Sie war mit 1,45 Meter kleiner als ihre Mutter und wog vielleicht 45 Kilo.

Anne begrüßte mich mit einem stummen, traurigen Blick, als sie aufstand, um mir entgegenzugehen und mich zu umarmen. Sie war mit ihrem maßgeschneiderten marineblauen Kleid tadellos angezogen. Ihre Wangen waren ein bißchen weniger bleich als die ihrer Mutter, allerdings nur um eine Nuance.

An Cee Cees anderer Seite saß Keely, die in einem blauweißen Schürzenkleidchen allerliebst aussah. Ihr schwarzes, seidiges Haar fiel lang auf ihren Rücken herunter. Ein gerade geschnittener Pony umrahmte die zarten Züge ihres Gesichts. Sie sah aus wie Schneewittchen in Miniaturformat. Makellos. Ich hatte immer bewundert, wie sauber und ordentlich gekleidet die Kinder von Cee Cee waren. Keely und ich freuten uns über unsere extralange, heftige Umarmung.

»Tante Donna, sag ›Hallo‹ zu meinem Häschen.«

»Hallo, Häschen.«

»Ich habe dir erzählt, daß das Häschen reden wird«, stellte sie mit ihrem hohen Stimmchen fest.

»Allerdings hast du mir das erzählt, Keely!« Ich lächelte sie an. Ich hoffte, meine Stimme würde sich normal anhören.

Ken hatte erfahren, daß der Staatsanwalt nur Cee Cee, Anne, Jesse und Keely in den Zeugenstand rufen würde. Ich war erleichtert darüber, daß der heutige Tag für mich keine Wiederholung der Januarsitzung bringen würde. Ich wußte jedoch, daß die Reihe wieder an mich kommen würde, sollte dieser Fall zur Hauptverhandlung gelangen. Für den Moment waren wir alle aus dem Gerichtssaal verbannt.

Wir machten uns große Sorgen um Keely. Wir konnten nicht vorhersagen, wie sehr das alles sie mitnehmen würde und wie sie im Gerichtssaal reagieren würde. Würde sie aussagen?

Vergangene Woche hatte sie bei der Probeverhandlung im Zeugenstand kein einziges Wort von sich gegeben. Sie hatte Angst vor der Dame im schwarzen Mantel gehabt.

Am späten Nachmittag wurde Keely schließlich von der Gerichtsdienerin in den Saal gerufen. Ich beobachtete sie durch ein kleines rechteckiges Fenster in der Tür. In dem auf Erwachsene zugeschnittenen Gerichtssaal wirkte sie zwergenhaft. Den schlaffen beigefarbenen Hasen mit seinen schiefen Ohren hatte sie unter ihren linken Arm geklemmt, als sie die rechte Hand zum Schwur erhob. Sie befand sich an exakt demselben Ort, an dem ich vor Monaten ebenfalls diesen Schwur gesprochen hatte. Ich hatte damals Angst gehabt. Keely mußte völlig verschreckt sein.

»Schwörst du, die Wahrheit zu sagen, die ganze Wahrheit und nichts als die Wahrheit?«

Ich kannte die Worte und konnte sehen, wie Keely bejahte. Selbstsicher ging sie dann zum Zeugenstand. Sie sah so winzig aus, wie sie da neben dem Gitter des Zeugenstandes stand. Sie war kaum größer als die Wand, die die Zuschauergalerie von dem Verhandlungsraum trennte.

Keely lief um den Zeugenstand herum, kletterte die Stufe hoch und zog sich auf den Sitz herauf. Ich konnte die ruckartigen Bewegungen sehen, die sie mit ihrem Kopf machte. Sie sprach temperamentvoll. Den beigefarbenen Hasen hielt sie in den Armen, aber sie sprach. Sie hatte mich gewarnt, bevor sie in den Gerichtssaal gegangen war: »Wenn ich wirklich Angst bekomme, wird das Häschen weiterreden, aber ich werde ihm meine Stimme leihen!«

Bis jetzt war der Hase jedenfalls stumm geblieben. Von meinem Aussichtspunkt an der Tür konnte ich es nicht sehen, aber ich wußte, daß ihre Füße, die in Spitzensöckchen und schwarzen Lackschuhen steckten, den Boden nicht berührten. Ich fragte mich, wie es sein konnte, daß es eine Gesellschaft gab, in der kleine Kinder belästigt und mißbraucht werden und dann dazu gezwungen werden, keine drei Meter von ihren Mißhandlern entfernt die schäbigen Einzelheiten von sich zu geben, um so zu versuchen, sich mit Hilfe eines komplexen juristischen Systems in Sicherheit zu bringen. Ich fürchtete die Narben, die diese Prozedur in ihrer Erinnerung hinterlassen könnte.

Daddy hätte dem Ganzen Einhalt gebieten können. Er hätte sich schuldig bekennen können. Er hätte sechs Jahre bekommen, drei davon auf Bewährung. Für ihn wäre das nicht schlecht gewesen. Aber Dad rührte sich nicht. Er war eine Spielernatur. Diesmal war der Einsatz seine Freiheit.

Nach einer langen Weile kam Keely heraus. Sie war blaß, aber es schien ihr gutzugehen. Später erfuhren wir, daß Dad ihr fröhlich zugewinkt hatte, um ihre Aufmerksamkeit auf sich zu ziehen. Er war dabei so weit gegangen, daß ein Gerichtsdiener ihn auffordern mußte, damit aufzuhören. Ansonsten hätte er Dads rechte Hand fesseln müssen.

Immer noch vom Gerichtssaal ausgesperrt stand ich neben der Spalte in der Tür und schaute Dad durch das winzige Fenster an, während die Richterin ihre Entscheidung verkündete. Der Fall würde in die nächste Instanz gehen.

Ich beobachtete Dad in starrer Faszination. Er trug einen blauen Baumwolloverall, den er auch schon bei der letzten Verhandlung getragen hatte. Quer über den Rükken verlief die Aufschrift Los-Angeles-County-Gefängnis. Sein ehemals riesiger Bizeps war völlig erschlafft. Ich starrte ihn an, als der Gerichtsdiener langsam seine linke Hand, die an den Stuhl gefesselt war, befreite und dann hinter seinem Rücken beide Handgelenke zusammenführte. In diesem Moment schlug er mit seinem Arm aus und leistete heftigen Widerstand. Er gab damit einen kleinen Einblick in das, was sich hinter seiner freundlichen Fassade wirklich verbarg.

Einen Augenblick später stand Dad auf und ging langsam in Begleitung des Gerichtsdieners davon. Er war in seine mitleiderregende Gefangenenrolle zurückverfallen und stellte sein arthritisches Hinken zur Schau. Warum hinkte er? Seine Hüftoperation und die anschließende Therapie im letzten Jahr waren wunderbar verlaufen. Glaubte er wirklich, er könne so Sympathie erwekken?

16. Mai 1990
Das Büro von Rose
Newport Beach

Ich war die ganze Therapie leid, ich war es leid, nicht glücklich zu sein.

»Rose, wie lange dauert es noch, bis ich mich wieder wohl fühle? Du weißt, daß ich viel Geduld habe, aber ich habe nicht viel Zeit!« Ich blickte auf meine Uhr, um zu unterstreichen, wie schnell die Zeit verging. Dieser kleine Scherz gefiel mir. Meine Stimmung hob sich ein wenig.

»Ich weiß es einfach nicht«, sagte Rose ernsthaft. »Jeder Mensch braucht unterschiedlich lang. Langsam werden die guten Tage häufiger werden, und du wirst dich ein bißchen länger ein bißchen besser fühlen. Was du erlebst, ist Trauer. Trauer ist der Kern eines verschleppten Streß-Syndroms. Du betrauerst den Tod deines ›Phantasievaters‹, den Verlust des Kontakts, den du mit deinem wirklichen Vater hattest, und deine verlorene Kindheit.«

»Rose, jetzt ist schon fast ein Jahr vergangen, und immer noch gelingt es mir kaum, mal einen Tag zu verbringen, an dem ich mich nicht aufrege.«

»Ich weiß. Du wirst das überwinden. Man hat dir niemals erlaubt, ein richtiges Kind zu sein. Du bist seit Sandys Geburt, als du zwei Jahre alt warst, eine kleine Erwachsene gewesen. Du hast dich deiner Schwester und deinen Eltern gegenüber wie eine kleine Mutter benommen. Man verlangte von dir, das Geheimnis eines Erwachsenen zu hüten und Angelegenheiten der Erwachsenen zu begreifen. Du bist deiner Kindheit beraubt worden. Du mußt erst über diesen Verlust hinwegkommen, bevor es dir wieder besser gehen kann.«

Auf dem Heimweg dachte ich an meinen Vater. Daddy hatte immer von mir verlangt, perfekt, gut und ehrenwert zu sein – ich sollte sein Vorzeigekind sein. War es möglich, daß ein Teil seiner Persönlichkeit mit daran beteiligt war, daß aus mir eine Frau wurde, die ihm schließlich das Handwerk legen sollte? Ich schlug mich mit dieser bis ans Äußerste gehenden Ironie herum. Vielleicht hatte Daddy selbst die Vergeltung eingebaut.

22. Mai 1990
San Juan Capistrano

»Donna«, fragte eine leise Stimme. Es war der Staatsanwalt, der mit unserem Fall befaßt war.

»Ja?« Ich drückte den Hörer fester gegen mein Ohr.

»Ist Ken da? Seit zwei Tagen versuche ich, ihn zu erreichen.«

»Nein.« Ich wurde argwöhnisch. »Er hilft Rick beim Umzug von seiner Universität. Er wird die ganze Woche über nicht hier sein.«

»Donna, ich wollte Sie nicht früher anrufen«, stammelte der Staatsanwalt zögernd. »Ich . . . Ich wollte Ihnen nicht das Wochenende verderben.«

Während er sprach, stieg der Adrenalinspiegel in meinem Blut heftig an. Mein Magen zog sich zusammen. Ich wußte, daß schlechte Nachrichten auf mich warteten.

»Am letzten Freitag ging etwas schief bei der Vernehmung vor dem Obersten Gerichtshof. Ich dachte, daß der neue Richter seinen Stempel unter die Entscheidung des Landgerichts setzen würde, aber . . .« Er hielt einen Moment lang inne. »Der Richter hat eine Kaution ausgesetzt. Und zwar eine niedrige Kaution.« Er machte wieder eine Pause, um mir Zeit zu geben, diese Nachricht zu verdauen. »Aber Sie sind in Sicherheit, Donna.«

Ja klar! Dachte ich und hielt mich am Hörer fest.

»Heute nachmittag um fünf war Ihr Vater noch nicht

aus dem Gefängnis entlassen. Hat das Gericht einmal die Kaution festgelegt, gibt es für das Büro des Staatsanwalts oder für die Polizeibehörde keine Möglichkeit zu überwachen, wann die Kaution bezahlt wird. Donna, Sie könnten vor uns in Erfahrung bringen, wann er die Kaution bezahlt!«

»Was muß ich dafür tun?«

»Wenn Sie irgendein Problem haben, rufen Sie die Nummer 911 an, und die Polizei wird in wenigen Minuten bei Ihnen sein. Wir werden nicht zulassen, daß Ihnen irgend etwas zustößt. Sagen Sie dem Verantwortlichen des Notrufs, daß Sie in einen Fall des Kriminalbeamten James Bowen von der Polizeibehörde in Los Angeles verwickelt sind. Sein Name reicht aus – er wird Ihnen dann sofort eine Gruppe von Leuten schicken. Die Polizisten sind in Alarmbereitschaft. Es wird Ihnen nichts passieren.« Er versuchte, mich zu beruhigen. Dieser Versuch war vergeblich.

Die Stimme des Staatsanwalts wurde jetzt ernster. Ich wußte, daß er ehrlich besorgt um mich, um uns alle war. Dieser Fall lag ihm am Herzen. Ich strengte mich an, ihm zuzuhören, damit mir keine seiner Anweisungen entging.

»Donna, er könnte ausrasten und gewalttätig werden. Ich weiß es nicht ... Sie dürfen nur eines nicht vergessen: Sollte es ein Problem geben, wählen Sie die Nummer 911. Das Team ist nur einen Telefonanruf entfernt!« Er versuchte, seiner Stimme einen beruhigenden Klang zu verleihen, als er das Gespräch beendete.

»Einen Telefonanruf entfernt!« Ich dachte in Ruhe nach. Ich war völlig allein in meinem Haus. Nur meine beiden Hunde waren da. Mein Ehemann würde die ganze Woche nicht nach Hause kommen.

Ich verschloß jeden möglichen Zugang zum Haus. Ich wußte, daß ich wirklich mein Leben riskierte. Ich wußte, wenn Dad freigelassen würde, wäre ich in großen Schwierigkeiten. Ich brachte mir Dads Drohungen ins Gedächtnis zurück. Irgendwie reichten sie nicht aus, um mich jetzt von meinem Vorhaben abzuhalten. Ich war in meiner persönlichen Entwicklung auf einen neuen Stand gekommen. Die Bedrohung meiner eigenen Sicherheit war für mich jetzt weniger wichtig geworden als die Notwendigkeit, Keely zu beschützen.

Ich fühlte mich wie eine verrückte Närrin, die auf der letzten Stufe von Maslows Hierarchiemodell losgelassen worden war. Ein befreundeter Professor hatte mir einmal erzählt, daß, wenn man Maslows höchstes Niveau erreicht hätte, kein Mensch mehr Macht über einen ausüben könne, weil man sich aus jeglichem Einflußbereich herausbewegt habe.

Soviel, was die Philosophie betrifft. Ich hatte nicht das Gefühl, als hätte ich mich selbst verwirklicht oder mein höchstes Potential als menschliches Wesen erreicht. Ich hatte einfach nur Angst.

30. Mai 1990
Berufungsgericht
Santa Monica

Heute erschienen wir zum vierten Mal vor Gericht, seitdem Dad im Januar verhaftet worden war. Dad hatte die Kaution noch nicht bezahlt, und Ken hatte den Staatsanwalt dazu überredet, gegen die niedrige Kaution Beschwerde einzulegen. Wir hatten noch eine Chance.

Normalerweise verliefen die Gerichtsverhandlungen recht zügig – aber wenn Kinder im Spiel waren, ließen sich die verantwortlichen Richter und Anwälte Zeit. Man versuchte immer noch, Keely die traumatisierende Zeugenaussage zu ersparen. Die Verteidigung hatte in den vergangenen fünf Monaten zwei Unterbrechungen gefordert, und wir hatten um eine für die Woche gebeten, in der unser Halbbruder Chad geheiratet hatte und auf Hochzeitsreise gegangen war.

Der Staatsanwalt war persönlich ins Gefängnis gegangen, um Dad einen letzten Handel – sechs Jahre, die sich auf drei Jahre verkürzen würden, sollte Dad sich schuldig bekennen – anzubieten. Dad weigerte sich wieder. Er wollte seine Schuld nicht zugeben.

Ich unternahm den Versuch, die Tür zum Gerichtssaal Nummer 208 zu öffnen. Er war fast leer. Der Richter machte mir Zeichen, einzutreten.

»Darf ich hereinkommen?« fragte ich schüchtern. Er lächelte und versicherte, daß ich gerne eintreten könnte. Ich winkte meine Familie heran, und wir betraten hintereinander den kleinen, holzgetäfelten Raum. Als wir uns setzten, lehnte sich der Richter, ein gutaussehender Mann von Ende 40, in seinem bequem gepolsterten Sessel zurück und begann, sich mit uns zu unterhalten. Das überraschte mich. Der Richter bei der letzten Verhandlung war völlig unzugänglich gewesen.

»Seid ihr alle hier, um die Verhandlung zu verfolgen?«

»Nein«, antwortete ich. »Das wäre schön. Wir haben heute geschäftlich mit Ihnen zu tun.« Er sah mich jetzt mit größerem Interesse an: an seinem Gesichtsausdruck war abzulesen, daß er nach dem Grund unseres Hierseins fragte. Ich antwortete ihm: »Der Fall Ray Landis.« Er konsultierte seinen Terminkalender und nickte dann zustimmend mit dem Kopf.

»Wir hatten hier heute ein Durcheinander«, sagte er mit einnehmender Stimme, die zur Konversation einlud. Er fuhr dann fort und erzählte uns einige der Vorkommnisse des Tages. Er war locker und charmant, und plötzlich fiel mir das Atmen wieder leichter. Meine zu Fäusten geballten Hände öffneten sich.

Bald darauf trat der Verteidiger meines Vaters ein und setzte sich in die Nähe der Geschworenenbank, wo er auf den Beginn der Anhörung wartete. Der Staatsanwalt trat in den Gerichtssaal und setzte sich neben ihn. Die beiden Männer plauderten leise miteinander, während wir warteten. Sie schienen ein freundliches Verhältnis zueinander zu haben. Der Gerichtsdiener, ein gutaussehender Schwarzer, trat ein, und beide Juristen nahmen an den langen Nußbaumtischen dem Richter gegenüber Platz. Wir wurden aufgefordert, den Raum zu verlassen. Die Verhandlung sollte beginnen.

Durch die beiden schmalen Glasscheiben in den Doppeltüren zum Gerichtssaal konnte ich erkennen, wie der Gerichtsdiener den Gefangenen hereinbrachte. Ich begann mich langsam daran zu gewöhnen, Dad mit grauen Haaren zu sehen. Vor einem Monat bei der Vorverhandlung hatte es mich schockiert, daß sein blondes Haar grau geworden war, seitdem hatte er keine Gelegenheit mehr gehabt, es zu färben. Es lag ungekämmt und in langen Strähnen auf dem Kragen seines blauen Overalls. Er hatte abgenommen.

Nora, die Sozialarbeiterin vom Stuart House, ging auf die Tür des Gerichtssaales zu, öffnete sie und bat mich hereinzukommen. Mein Herz klopfte, aber ich atmete noch einmal tief durch und ging dann hinein.

Ich wußte, daß man mir genau das ansah, was ich war: eine Professorin am College, eine ausgeglichene, starke Frau, die perfekte Mutter von drei erfolgreichen erwachsenen Kindern. Ich war eine Frau, die darum kämpfte, die Kinder zu schützen, die endlich begriffen hatte, daß auch sie selbst es wert war, daß man sich für sie einsetzte. Eine Frau, die sich irgendwie über die Angst um ihre eigene Sicherheit hinweggesetzt hatte, die kämpfen konnte, wenn sie dazu gezwungen wurde.

Der Gerichtsangestellte bat mich, die rechte Hand zu

erheben und zu schwören, die Wahrheit zu sagen. Das tat ich. Ich machte drei Schritte und stieg dann in den Zeugenstand, der sich zur Linken des Richters befand. Ich brachte das Mikrofon in die richtige Stellung und atmete dann langsam und tief durch. Ich vermied es peinlichst, nach rechts zu blicken, wo mein Vater neben seinem Anwalt an einem Mahagonitisch saß.

Die Befragung fing an. Der Staatsanwalt fragte mich nach meinem Namen, meinem Alter und meinem Verhältnis zu dem Angeklagten. Ich antwortete selbstbewußt und buchstabierte langsam meinen Nachnamen, artikulierte deutlich mein Alter. Ich hatte meine Stimme unter Kontrolle.

»Sind Sie jemals von diesem Mann belästigt worden?«

»Ja, vom ersten Schuljahr an, als er mich in die Schule brachte. Er vergewaltigte mich, als ich neun war, in unserem Wohnwagen in Sycamore Cove oberhalb von Malibu.«

»Fühlen Sie sich persönlich bedroht?«

»Man hat mir immer gesagt, daß ›Leute, die sprechen, zwei Meter unter der Erde enden‹. Ja, ich fühle mich persönlich bedroht.« Es gelang mir nicht, die Wut in meiner Stimme zu verbergen.

»Sind Sie jemals persönlich bedroht worden?«

Ich hob das Blatt Papier in die Höhe, das ich in der rechten Hand hielt. »Diese Antwort habe ich auf den letzten Brief erhalten, den ich meinem Vater geschickt habe. Es handelt sich um ein Gedicht. Mir ist nicht ganz klar, was es bedeutet. Vielleicht enthält es die Drohung, meine Kinder zu töten. Ich bin mir nicht sicher.«

»Würden Sie dieses Gedicht bitte vorlesen?« bat mich der Richter freundlich. Ich las es laut vor, wobei ich mich um meine beste Lehrerinnen-Vorlesestimme bemühte.

»Die Truppen, fast immer unschuldig am Wesen des

Krieges, marschieren tapfer vorwärts . . . Andere Unschuldige sitzen zu Hause . . .« Ich betonte die Worte »Unschuldige, zu Hause«. Meine Stimme ließ Nuancen erkennen. Ich las das Gedicht zu Ende vor und blickte dann den Richter an.

»Hat die Verteidigung das gesehen?« fragte er. Ich saß ganz ruhig da.

»Ich glaube ja, Euer Ehren«, erwiderte der Anwalt. »Kann ich es noch einmal sehen?«

Daraufhin kam der Gerichtsdiener zu mir und nahm mir das Blatt ab. In der Zwischenzeit sprach der Richter leise mit mir.

»Das ist nur Routine. Lassen Sie sich dadurch nicht beirren. Sie machen Ihre Sache gut.« Seine Stimme war wohltuend. Ich fühlte mich jetzt besser, nicht mehr allzu ängstlich. Die Befragung ging weiter.

»Welche Wirkung könnte die Entlassung des Gefangenen gegen Kaution auf Keely ausüben?«

»Sie würde ernsthaft betroffen sein. Ich bin in den letzten Monaten zweimal von ihrer Mutter nach Mitternacht angerufen worden. Beide Male hatte Keely mitten in der Nacht aufgehört zu atmen. Jedesmal hatte sie einen Alptraum gehabt. In einem dieser Alpträume war Opa gekommen, um sie zu entführen. In dem anderen hatte Opa unter dem Bett gelegen und war hinter ihr her.«

Im Gerichtssaal herrschte Stille. Jeder wartete darauf, daß ich weitersprach. Ich kramte in meiner Erinnerung, um dahinterzukommen, was ich damals zu Keely gesagt hatte. Schließlich sprach ich weiter.

»Ich sagte zu ihr: ›Atme, Keely, hier ist Tante Donna. Atme, Keely, alles ist in Ordnung. Opa wird dich nicht kriegen. Es ist jetzt alles wieder gut, Schatz. Atme, Keely.‹ Sie antwortete nicht. Ich wußte nicht, was ich sonst noch tun konnte. Ich war furchtbar erschrocken. Ich schrie sie an. ›Atme, Keely!‹ Kurze Zeit später stieß sie einen Schrei aus und begann wieder zu atmen.«

Ich hielt einen Moment inne – aller Augen waren auf mich gerichtet. »Euer Ehren, Keely hat auch einen Selbstmordversuch unternommen. Sie hat gesagt: ›Ich werde bald weggehen.‹ Sie meinte damit, daß sie sich in der Badewanne ertränken wollte. Wir haben entdeckt, daß sie in einer vollen Badewanne ›übte‹.«

»Keine weiteren Fragen.« Der Staatsanwalt beendete die Befragung.

Der Verteidiger stand auf, um mir nun seinerseits Fragen zu stellen. Er stand direkt neben meinem Vater. Ich riskierte nicht einen Blick in seine Richtung. Mir fehlte die Kraft, Dad anzusehen.

Die Verteidigung stellte fest, daß ich häufig mit meinem Vater am Telefon geplaudert hatte. Durch den Klang seiner Stimme unterstellte der Verteidiger, daß mein Vater nicht schuldig im Sinne der Anklage sein konnte, wenn ich mit ihm gesprochen hatte.

»Ich sprach mehrmals in der Woche mit meinem Vater, vier- oder fünfmal, bis es mir im letzten Sommer so schlecht ging, daß ich nicht mehr mit ihm reden konnte. Ich schrieb ihm daraufhin einen Brief, in dem ich ihm erklärte, daß ich sehr durcheinander sei.«

Der Verteidiger vermied es, die Befragung in dieser Richtung fortzusetzen. Er schien auch jede Diskussion um meine geistige Gesundheit vermeiden zu wollen. Er versuchte, seiner Befragung eine andere Richtung zu geben: »Stimmt es nicht, daß Ihr Vater Sie aufs College geschickt hat?«

Offensichtlich war es die Absicht der Verteidigung zu zeigen, was für ein guter Kerl Daddy sei. Ich konnte kaum glauben, was sie mir damit für eine Chance boten.

»Nein, das stimmt nicht.«

Sorgfältig legte ich meine schulischen Abschlüsse dar

und zählte meine Stipendien auf. Ich erzählte ihnen sogar, daß ich zur Zeit an meiner Doktorarbeit saß. Vielleicht hatte Dad seinen Verteidiger glauben lassen, er habe meine Ausbildung bezahlt – vielleicht hatte er es sich sogar selbst eingeredet. Wer weiß?

Dad sagte immer, daß Bernice Sandy die Ausbildung zur Zahnärztin gezahlt hätte. Das war eine glatte Lüge. Unsere Mutter und unsere Tante hatten ihr das Geld geliehen. Sandy hatte danach Jahre gebraucht, um ihre Schulden zurückzuzahlen.

»Ist Ihnen jemals bekannt geworden, daß Ihr Vater nicht vor Gericht erschienen ist?«

»Ich halte es für schwierig, Zwangsräumungsverfahren gegen seine Mieter mit der Vergewaltigung des eigenen kleinen Kindes in Zusammenhang zu bringen«, antwortete ich mit kontrollierter, leicht sarkastischer Stimme. Nein, Dad hatte nie einen Gerichtstermin verpaßt, wenn ihm ein Mieter Geld schuldete.

»Haben Sie gewußt, daß Ihr Vater ein Gewehr besitzt?«

»Ja, das wußte ich immer schon.«

»Waren diese Waffen jemals an anderen Orten als bei ihm zu Hause?«

»Ja, auf dem Boot«, erwiderte ich.

»Haben Sie jemals gesehen, daß er damit auf jemanden geschossen hat?«

»Nein.«

»Haben Sie jemals gesehen, daß er jemanden damit bedroht hat?«

»Nein.«

Der Richter wandte sich an mich. »Sie können den Zeugenstand verlassen.«

Sechs von uns sagten aus. Nach unseren Aussagen sah der Richter Dad direkt ins Gesicht und sagte: »Mr. Landis, Sie sind ein gefährlicher Pädophile und stellen eine

Bedrohung für die Gesellschaft dar. Ich lege die Kaution auf 500.000 Dollar fest.«

Nachdem das vorüber war, trafen wir uns alle auf den Stufen des Gerichtes von Santa Monica. Für den Moment waren wir erleichtert, aber wir mußten einander doch noch ein bißchen Gesellschaft leisten. Wir setzten uns im Kreis aufs Gras und plauderten. Wir planten Cee Cees Geburtstagsparty nächsten Monat in unserem Haus. Danach führte mich Ken zum Abendessen aus. Nach dem Essen gingen wir ins Kino und schauten uns einen Film mit Goldie Hawn an. Ich lachte die ganze Zeit über. Ken drückte mich fest an sich.

Auf der einstündigen Heimfahrt nach San Juan Capistrano lehnte ich mich gegen den gepolsterten Sitz von Kens riesigem Wagen. Mein Kopf ruhte auf seiner Schulter, und es gelang mir, die Gedanken an den Gerichtssaal und an die Vergangenheit aus meinem Gedächtnis zu verbannen. Ich sah aus dem Fenster. Wir näherten uns dem Südende von Orange County, wo kürzlich vier neue, mehrstöckige Gebäude aus den Erdbeerfeldern in die Höhe geschossen waren. In den 25 Jahren, die wir nun schon hier wohnten, hatten wir eine unglaubliche urbane Entwicklung miterlebt. Ursprünglich hatte unser Haus auf dem Land gelegen. Der eingeborene Indianerstamm der Juanero hatte das Land bewohnt, und unsere Kinder hatten nach einem heftigen Regenfall eine Pfeilspitze von Indianern in unserem Hof gefunden. Ich fühlte mich mit diesem Land tief verbunden. Ich fühlte mich hier verwurzelt.

Im Zentrum meiner Seele setzte sich eine neue Stärke durch. Ich hatte das Gefühl, daß jetzt alles wieder in Ordnung war. Vielleicht sogar mehr als in Ordnung.

15. Juni 1990
San Juan Capistrano

Ich war auf dem Weg in die Küche. Durch die offenen Fenster strömte warme Luft in den Raum. Der Sommer war jetzt endgültig eingetroffen.

Rosa, unsere Haushälterin, sammelte eifrig die Plastiktassen und andere Überbleibsel von Cee Cees Party zu ihrem 40. Geburtstag ein. Das Fest hatte am Tag vorher stattgefunden. Ich goß mir eine Tasse Kaffee ein und bewunderte meine Porzellantasse. Ich hatte sie mit Hundegesichtern bemalt.

Die Party war großartig gewesen. Wir hatten uns im Swimmingpool vergnügt, und es hatte Berge von köstlichem Essen gegeben. Ken war mit den Kindern ein wenig geritten, und Cee Cee hatte sogar eine Rede gehalten. Von einem bunten Stoß von Geschenken umgeben, hatte sie mit ihrer zarten Stimme begonnen: »Auf meinem Gesicht lag heute den ganzen Tag über dieses Grinsen, und es will einfach nicht mehr verschwinden. Jeder wußte, daß meine Schwester heute für mich eine Geburtstagsparty geben würde – meine erste!« Sie lächelte.

Hier stand eine neue Cee Cee, eine selbstbewußtere, glückliche Frau. Die Tatsache, daß Dad all diese Monate im Gefängnis verbracht hatte, hatte ihr dabei geholfen, sich selbst zu finden. Und was für einen wunderbaren Menschen sie entdeckt hatte. Ihr Gesicht glühte vor Liebe und Aufregung.

»Als ich ein kleines Mädchen war, habe ich viel Zeit damit verbracht, nachzudenken. Während ich mich im Kleiderschrank versteckte, was häufig vorkam, träumte ich davon, daß der Tag kommen würde, an dem die Menschen mich wirklich kennenlernen würden. Der Tag, an dem ich mich nicht mehr verstellen müßte. Nun, dieser Tag ist jetzt da. Ich danke Donna dafür, daß sie mich aus meinem alten Leben herausgerissen hat. Dafür, daß sie alles beendet hat.«

Bei diesen Worten lächelte sie mich an, und unsere Augen trafen sich. Ihr Blick sagte mir mehr, als ihre Worte jemals hätten ausdrücken können. Sie dankte mir für ihr Leben. Lieber Gott, ich hatte nicht die Absicht gehabt, die Verantwortung für das Leben von irgend jemandem zu übernehmen. Ich war mir nur sicher gewesen, daß ich ihn hatte aufhalten müssen. Ich gab mir Mühe, wieder Cee Cees Worten zu lauschen, aber meine innere Stimme sprach jetzt freundlich zu mir:

Donna, das Böse kann nur dort sein Unwesen treiben, wo die Menschen nichts dagegen unternehmen.

Ja, ich glaubte an diese Worte – aber warum gerade ich?

Und warum eigentlich nicht du? Gerade du, Donna. Gerade du.

Ich hörte wieder Cee Cee zu, die gerade sagte: »Und ich möchte Sandy danken, die den Mut hatte, sich mit ihm auseinanderzusetzen und mir half, meinen eigenen Mut zu entdecken.« Danach blickte sie suchend im Raum umher, und ihre blauen Augen fanden schließlich Kenny.

»Und ganz besonders möchte ich Ken danken, der mir in all diesen Monaten Kraft gegeben hat. Ohne Ken hätte ich das Ganze nicht überstanden. Er war sehr, sehr lange Zeit der einzige Mann, dem ich vertraut habe.« Sie lächelte Ken freundlich an. »Ich möchte euch allen danken. Heute ist der schönste Tag meines Lebens. Ich fühle mich von euch allen so geliebt.«

Wir feierten einen wunderbaren Geburtstag. Sogar Michelle, Cee Cees Freundin aus Kindertagen, war zum Fest gekommen. Sie war begeistert davon, Cee Cee nach fast 25 Jahren wiederzusehen. Die Umstände, durch die Michelle so plötzlich wieder in unser Leben getreten war, waren allerdings seltsam gewesen.

Vor sechs Wochen, genau um halb drei Uhr in der Nacht, war Michelle aus einem Traum aufgewacht, in dem es um unsere Familie gegangen war. Sie hatte das sonderbar gefunden, denn seit 20 Jahren hatte sie keinen Kontakt mehr mit uns gehabt. Nachdem sie den gleichen Traum danach noch einige Male geträumt hatte, hatte sie das Bedürfnis gehabt, mit uns Kontakt aufzunehmen. Sie fand Sandys Telefonnummer im Telefonbuch, rief sie an und erzählte ihr von ihren seltsamen Träumen.

Sandy hatte ohne Umschweife geantwortet: »Michelle, unser Dad ist im Gefängnis. Er hat Cee Cees kleine Tochter sexuell belästigt.«

»O nein«, hatte Michelle gemurmelt. »Als ich klein war, hat er das auch mit mir gemacht. Ich war so jung, daß ich noch nicht wußte, was ein Kondom war. Er hat es mir beigebracht. Ich brauchte fünf Jahre Psychotherapie und Schockbehandlung, um wieder gesund zu werden.«

Als Sandy mir das mitteilte, erfaßte mich eine furchtbare Verzweiflung. Ich erinnerte mich noch deutlich daran, wie ich Michelle und Cee Cee im fünften Schuljahr von der Schule abgeholt hatte. Sie war ein dünnes kleines Mädchen mit einem langen blonden Pferdeschwanz gewesen. Zu erfahren, daß auch ein Kind, das zu uns zu Besuch kam, vor Dad nicht sicher gewesen war, war fast mehr, als ich ertragen konnte.

2. Juli 1990
San Juan Capistrano

Ich lag allein mit geschlossenen Augen auf meiner Terrasse in einem Liegestuhl. Ich zog mir den Sonnenhut übers Gesicht. In der Hoffnung, ein wenig auszuruhen, versuchte ich, meine Gedanken auszuschalten. Da in diesem Jahr der 4. Juli auf einen Mittwoch fiel, würde es bei uns ruhig zugehen. Das übliche Wochenendfest mit unserer Freundin Patty und ihrer Familie fiel aus.

In den vergangenen 15 Jahren hatten wir an diesem Wochenende immer zusammen ein Volleyballturnier veranstaltet. Dabei war es um eine kleine Trophäe gegangen, die regelmäßig von einem Kaminsims auf den anderen wanderte. Bei diesem Gedanken mußte ich lächeln. Die Sonne wärmte meine Haut, die vom Arbeiten im Haus noch kühl war. Meine Gedanken wanderten zurück zu unserem letzten Gerichtstermin vor dem Berufungsgericht am 30. Mai, bei dem die Revision der Kaution für meinen Dad verhandelt worden war.

Ken und ich waren früh angekommen, um auf Cee Cee zu warten,und ich hatte mich an eine andere Gelegenheit erinnert, bei der ich auf sie gewartet hatte. Diese Erinnerung war so deutlich, als sei alles gestern geschehen. Cee Cee war zwei Jahre alt und ich neun. Ich sah sie noch ganz genau vor mir. Sie hatte Zöpfchen und einen Pony. Ihr dunkles Haar war direkt über den tiefblauen Augen geschnitten worden. Ich war glücklich darüber, daß sie Geburtstag hatte.

Sie war zwei Jahre alt. Ich sah sie vor mir, wie sie auf dem Bürgersteig vor Big Rays Drugstore herumflitzte. Ihre kleinen runden Beine brachten sie so schnell es ging in meine Arme, und ich sollte sie dann in der Luft herumwirbeln. Eine leuchtende Anstecknadel, die stolz ihr Alter verkündete, war an ihr grünes Kleidchen geheftet. Sie war jetzt ein großes Mädchen.

Ich zog sie zu mir hoch, um sie herumzuschleudern – das liebte sie so! Als ich sie hochhob, spürte ich, wie wund ich war. Jeder Muskel meines Körpers schmerzte. Ich konnte mich kaum schnell genug bewegen, um richtig in Schwung zu kommen. Es erforderte meinen gesamten Einsatz. Ich bewegte meine Füße im Kreis und wirbelte Cee Cee so gut ich konnte herum. Meine Schwester war begeistert, aber ich konnte unmöglich weitermachen. Ich mußte aufhören, weil der Schmerz einfach zu groß war. Ich erinnere mich heute noch an Cee Cees verstörten Blick.

»Donna, Donna, mehr! Mehr, Donna!« hatte sie verlangt. Ich versuchte, sie abzulenken. Ich wußte, ich konnte sie nicht weiter in der Luft herumschleudern. Selbst das Gehen tat weh. »Ich habe etwas für dich zum Geburtstag.« Ich lächelte sie an und sprach mit meiner fröhlichsten Stimme. »Eine ganz große Überraschung!«

»Was? Was?« Sie war sofort neugierig. Sie wollte ihr Geburtstagsgeschenk haben. Ich setzte Cee Cee ganz vorsichtig auf dem Boden ab und richtete mich dann langsam auf. Danach ging ich in den Drugstore, um das Geschenk für Cee Cee zu holen.

Das war der Morgen, nachdem Dad mich mit nach Sycamore Cove zum Fischen genommen hatte. Ich hatte einen Hai gefangen. Er hatte mir gesagt, ich sei nun eine richtige Frau.

Cee Cees Geburtstag erinnerte mich immer an diesen schrecklichen Ausflug. Es war schwierig, diese Erinnerung aus meinem Gedächtnis zu verbannen.

3. Juli 1990
Das Büro von Rose
Newport Beach

Ich saß auf meinem Lieblingsplatz in der Ecke von Roses weichem Ledersofa und begann zu sprechen. Ich fühlte mich elend.

»Also, Rose, was glaubst du, warum mein Vater diese

Dinge getan hat?« Ich machte eine Pause, um einen Moment nachzudenken.

»Ich weiß, daß das komisch ist, aber die Entdeckung, daß er auch andere kleine Mädchen, kleine Mädchen, die nicht zur Familie gehörten, belästigt hat, war für mich noch schrecklicher. Ich weiß nicht genau warum, aber es stört mich wirklich. Tief in meinem Inneren fühle ich mich dafür verantwortlich, daß er sie verletzt hat. Ich verstehe das einfach nicht.«

»Donna«, antwortete Rose nachdenklich, »Studien belegen, daß die meisten Triebtäter als Kinder selbst mißbraucht wurden. Als Erwachsene verüben sie dann den gleichen Mißbrauch. Vielleicht fühlen sie sich überlegen, wenn sie ein hilfloses Kind überwältigen. Vielleicht hat es auch mit ihrer eigenen Wut zu tun. Einige Wissenschaftler glauben auch, daß sich die Täter mit den Opfern identifizieren. Wir wissen in Wirklichkeit nichts Genaues. Das alles sind nur Theorien. Möglicherweise werden sie sexuell im höchsten Maße dadurch stimuliert, daß sie die Situation ihrer eigenen Mißhandlung rekonstruieren.«

Ich erzählte ihr von einem Traum, den ich an diesem Morgen gehabt hatte. In diesem Traum hatten wir alle Dad im Gefängnis besucht. Er hatte Geschenke für uns. Er war im Terminal-Island-Gefängnis und hatte von seiner Zelle aus einen Blick aufs Meer. Er war keinem von uns böse.

Rose saß ganz ruhig da und ließ mich den Traum beschreiben. Sie hörte aufmerksam zu, als ich fortfuhr.

»Weißt du, in der psychologischen Literatur findet man immer wieder den Begriff ›magisches Denken‹. Kinder tun das, um die Dinge schöner erscheinen zu lassen. Es scheint mir, daß dieses magische Denken möglicherweise tatsächlich im Unterbewußtsein vorhanden ist, wo es keine bewußte Kontrolle gibt, und dann irgendwie ins Bewußtsein eindringt und sich in Gedanken verwandelt. Durch meinen Traum verzieh mir Dad auf magische Weise.« Ich machte eine Pause und dachte nach. »Es hat wirklich Bedeutung für mich«, ich unterbrach mich wieder. »Obwohl ich versuche, es zu unterdrücken, bedeutet es mir wirklich etwas, daß Dad wütend auf mich ist.« Dieser Gedanke stand eine ganze Weile im Raum.

»Laß uns noch mal deine Frage von eben aufgreifen. Warum ist dein Vater ein Kindesmißhandler?« Rose lenkte unsere Aufmerksamkeit wieder auf meine ursprüngliche Frage. »Wir wissen, welche Angst dein Vater vor Männern hat. Ich habe den Verdacht, daß es dein Großvater war . . .«

Mein Großvater? Was hatte er Dad angetan?

8. September 1990
San Juan Capistrano

Wir waren nun viele Male bei Gericht ein- und ausgegangen. Man hatte die Vergewaltigungsklagen, die Cee Cee und zwei der Mädchen vorgebracht hatten, abgewiesen.

Der Staatsanwalt erklärte uns, daß zu viel Zeit vergangen sei, um mit den Klagen von Anne und Diedre noch Erfolg zu haben. In Kalifornien liegt die Verjährungsfrist bei sechs Jahren. Ich reagierte schockiert, als ich den Grund dafür erfuhr, warum die Vergewaltigungsklage von Cee Cee abgewiesen worden war.

»Damit ich das richtig verstehe«, sagte ich zum Staatsanwalt. »Sie wollen damit sagen, daß der Grund, daß das nicht als Vergewaltigung betrachtet wird, der ist, daß Dad Cee Cee kein Messer an die Kehle gesetzt hat? Sie hatte Angst, er würde ihren Sohn Jesse töten, weil er die ganze Sache mitangesehen hatte. Wollen Sie mir erklären, daß es sich hier nicht um Bedrohung und Nötigung handelt?« Mein Ton war scharf. Wo blieb die Gerechtigkeit bei diesem Gesetz? Was war mit dem Recht der Opfer?

»Das will ich damit sagen. Das Gesetz gibt keine Handhabe für diese Art von Vergewaltigung.«

Die Klage wegen sexueller Belästigung von Keely würde bestehen bleiben, und Cee Cee würde zumindest eine Klage wegen Inzest gegen Dad führen. Die Verhandlung war für Ende September angesetzt. Es war schwierig, sich zu beruhigen und sein normales Leben zu führen, wenn man eine so verzweifelte Angelegenheit noch nicht erledigt hatte. Es war jetzt fast schon ein Jahr vergangen, seitdem wir mit unserem Kampf begonnen hatten, und er war immer noch nicht beendet.

Ich dachte an ein Zitat aus der Bibel, das mir meine Freundin Sharon geschickt hatte. Die Worte des Evangelisten Lukas trösteten mich außerordentlich. *»Von jedem, dem viel gegeben wurde, wird viel gefordert werden, und wem viel anvertraut wurde, von dem wird man um so mehr verlangen.«* Ich hatte so viel erhalten, sowohl Gutes als auch Schlechtes. Ich hatte immer versucht, nur das Gute zu wählen.

Mir kam ein anderes Zitat ins Gedächtnis. Treys Verlobte, Shelby, hatte mich gebeten, auf ihrer Hochzeit etwas vorzulesen. Sie hatte etwas aus den Korintherbriefen ausgesucht: *»Die Liebe hat nicht Freude am Unrecht, erfreut sich jedoch an der Wahrheit. Sie erträgt alles, sie glaubt alles, sie hofft alles, sie duldet alles. Die Liebe hört niemals auf.«*

Dieser Idee hatte ich mein Leben gewidmet und war arg von ihr auf die Probe gestellt worden. Dennoch glaubte ich weiterhin aus ganzem Herzen an sie. Ich spürte, wie diese Liebe in meinem Herzen glühte, zufrieden, zärtlich und voller Hoffnung. Ich dachte an meine wunderbaren, erwachsenen Kinder, meinen liebevollen Ehemann, meine Freunde, meine ausgedehnte Familie und meine Studenten. So viele Menschen, die ich liebte. So viel, auf das ich mich freuen konnte.

22. Oktober 1990
San Juan Capistrano

»Hallo?« Nach dem dritten Klingeln ging ich ans Telefon. Es war Montag abend.

»Tante Donna?« fragte die Stimme eines kleinen Mädchens.

»Hallo Keely, wie geht's dir, Große?«

»Tante Donna, äh, ich, äh . . . ich sitze an der Gästeliste für meinen Geburtstag. Am Donnerstag habe ich Geburtstag.«

»Ich weiß, Keely! Ich habe dir eine Kiste voller Überraschungen geschickt. Sie wird bald bei dir ankommen!«

»Tante Donna, Anne war hier. Zuerst habe ich Mommy wegen der Reise nach Jamaica gefragt. Und dann habe ich Anne gefragt. Sie haben beide gesagt, ich soll dich anrufen. Tante Donna, ich möchte zu meinem Geburtstag nach Jamaica.«

»Jamaica?« Ich lachte. »Du Dummerchen. Was ist denn das für eine Idee? Warte, erzähl mir erst mal, was du dir sonst noch wünschst.«

»Eine Ballerinapuppe. Sie kann tanzen und hat hübsche Kleider und eine Verkleidung, die genauso aussieht wie meine Verkleidung an Halloween. Und sie hat einen kleinen gekräuselten pinkfarbenen Tanzrock. Anne sagte, sie würde mir diese Puppe schenken.«

Mein freundlichstes Lachen erfüllte die Entfernung zwischen uns. »Keely, ich glaube nicht, daß das mit dem Ausflug nach Jamaica klappen wird, aber ich habe ein paar süße Sachen in die Geburtstagskiste gepackt, die ich gerade an dich abgeschickt habe!«

»Wirklich? Was denn?« fragte sie mich aufgeregt. Es war mir gelungen, sie abzulenken.

»Nun, warte doch einfach auf den Postboten. Er wird bald kommen.«

»Tante Donna, würdest du mit Onkel Kenny am Samstag zu meiner Geburtstagsfeier kommen?«

»Darauf kannst du dich verlassen. Das würden wir wirklich gerne. Warum gibst du mir nicht mal eben deine Mom, damit ich herauskriege, was ich mitbringen kann. Ich habe dich ganz lieb, Keely.«

»Okay. Ich hab dich auch lieb.«

»Donna«, Cee Cee lachte. »Ich wußte nicht, was ich mit ihren Jamaica-Reiseplänen anfangen sollte. Ich dachte, du wüßtest vielleicht etwas mehr. Ich habe keine Ahnung, wo das herkommt!«

»Herzlichen Dank! Ich konnte mich gerade noch herausreden. Sie ist so witzig. Du und Anne, ihr kommt mit einer Puppe davon, und ich habe die Reisepläne am Hals!« Jetzt lachten wir beide.

Es war für uns alle so schön, wieder lachen zu können. Der Verteidiger machte immer neue Eingaben und verzögerte alles, und die Anklage hoffte immer noch auf einen Handel mit der Staatsanwaltschaft. Wir wußten alle, daß es dazu nicht kommen würde. Dad würde niemals etwas zugeben. Aber für den Moment war er eingesperrt, und wir konnten uns entspannen.

3. November 1990
Am Strand
Dana Point Harbour

An diesem Morgen packte ich meine Lehrbücher zusammen mit einem Badeanzug, Sonnencreme und einem Becher Joghurt in meine Tasche. Da ich vom Unterricht am College befreit war, war ich jetzt hauptberuflich Studentin und hatte eine Menge Hausaufgaben zu erledigen.

15 Minuten später ließ ich mich in meinem Liegestuhl im warmen Sand nieder. Ein Schwarm Tümmler grüßte mich aus einiger Entfernung von der Küste und schwamm auf den Strand zu. Die für unsere Gegend eigentümliche südliche Strömung, die den ganzen Sommer über unser Wasser gewärmt hatte, war immer noch spürbar. Sie hatte uns eine Menge exotischer Fischarten beschert.

Die Tage wurden nun kürzer und brachten bereits einen Anflug von herbstlicher Kühle, aber heute war noch mal ein richtiger kalifornischer Strandtag. Das geöffnete Lehrbuch auf dem Schoß blickte ich über die Tümmler hinweg auf die entfernte Silhouette von Catalina Island, die sich friedlich am Horizont abzeichnete. Ken und ich hatten mit unseren Kleinen dort ganze Sommer verbracht. Julie, Rick und ich hatten Muscheln gesammelt und Halsketten daraus gebastelt.

Wir hatten unendlich viele schöne Tage mit der Familie verbracht. Und viele dieser glücklichen Erinnerungen schlossen auch meinen Vater mit ein. Heute war sein 67. Geburtstag. Das hatte ich nicht vergessen. Ich sah ihn mit seinem Lieblingsspielzeug vor mir – einer Luftboje. Dabei handelte es sich um einen Kompressor, der an Schläuche und Masken angeschlossen war, eine Art Tauchsystem. Er war ganz verliebt in dieses verrückte Ding.

Bis zu seiner Gerichtsverhandlung waren es nur noch zehn Tage, und ich träumte nun regelmäßig von der Zelle mit Meeresblick. In einem Traum hatte Dad sogar Geschenke für uns, als wir ihn besuchen kamen. Er war nicht böse. Er sagte, es ginge ihm gut und lächelte mich an. Sein Blick zeigte mir, daß alles in Ordnung war. Dann wachte ich auf, und es wurde mir klar, daß das nur ein Traum gewesen war. Die häßliche Wirklichkeit nahm wieder von mir Besitz. Gar nichts war in Ordnung.

In der vergangenen Woche hatte Dad Cee Cees und Keelys Therapieaufzeichnungen vorgelegt und versucht, damit zu beweisen, daß Cee Cee geistig behindert sei. Nein, wirklich nichts ist in Ordnung.

Diese Gedanken an Dad ließen mich verzweifeln. Ich suchte in meinem Bewußtsein nach etwas Friedvollerem, und meine Gedanken wandten sich meiner Ehe zu. Es hatte unter finanziellem und emotionalem Aspekt einige schwierige Jahre gegeben. Keine Ehe, die 26 Jahre überdauert hat, kann immer nur ein Segeln auf ruhigen Wassern gewesen sein. Aber der Kern vom Ganzen war, daß Ken und ich niemals den Glauben daran verloren hatten, daß zwei Menschen, die beide aus gestörten Familienverhältnissen stammten und daher nicht die besten Voraussetzungen für eine Ehe mitbrachten, trotzdem eine gute Ehe führen konnten.

Manchmal hatten wir uns in dieser Zeit sehr anstrengen müssen. Ich hatte den Verdacht, daß Ken das auch jetzt das ganze Jahr über hatte tun müssen, als er mich und meine Geschwister in dieser schrecklichen Zeit zusammenhielt. Er hatte auch mit der Enttäuschung klarkommen müssen, daß ich ihn in meine private Welt nicht eingelassen hatte. Obwohl er mich nicht so gut gekannt hatte, wie er glaubte, hielt Ken in einer Situation zu mir, in der viele andere Männer davongelaufen wären.

Als die Wärme der Sonne mich berührte, machte

mein Herz einen kleinen Sprung, und meine Lippen formten sich instinktiv zu einem vollen Lächeln. Wahrscheinlich sah ich aus wie ein Trottel, der im Spätherbst am Strand lag und wie ein mondsüchtiges junges Mädchen lächelte. Ich wußte, daß die Beziehung zu Ken etwas ganz Kostbares war. Er war mein Freund, mein Geliebter, mein Seelenverwandter. Dafür würde ich mein Leben lang dankbar sein.

20. Dezember 1990
Oberster Gerichtshof
Santa Monica

Mit fünfwöchiger Verspätung begann schließlich die Verhandlung. Es war zehn vor neun an einem frischen, kühlen Tag in Kalifornien.

Ken und ich hatten uns draußen vor dem Gerichtsgebäude plaziert und suchten im Verkehr nach Zeichen von Cee Cee. Sie hatte Verspätung, und wir begannen, nervös zu werden. In einer halben Stunde sollte sie in den Zeugenstand treten, und vorher mußte sie ihre Aussage noch mit dem Staatsanwalt Bill Peters durchsprechen. Seit Wochen waren wir alle mit unseren Nerven am Ende. Das verschlimmerte die ganze Sache.

»Cee Cee war die ganze Woche über so pünktlich«, sagte Ken, während er auf der Straße nach ihrem blauen Bus Ausschau hielt.

»Ich weiß. Um halb zehn wollen sie mit ihr beginnen.« Auch ich war besorgt.

Um halb zehn waren Ken und ich ziemlich mit den Nerven fertig. Ken ließ mich allein draußen stehen, um dem Staatsanwalt zu sagen, daß seine Zeugin noch nicht angekommen war. Minuten später entdeckte ich Cee Cee auf der Wiese vor dem Gerichtsgebäude. Rand hatte sie aus dem Bus aussteigen lassen und suchte jetzt nach einem Parkplatz. Er hatte sich während der ganzen Zeit dieses Martyriums großartig verhalten, er war liebevoll gewesen und hatte uns alle unterstützt.

»Cee Cee!« rief ich. »Hierher.«

»Donna!« schrie sie zurück und lief auf mich zu. »Ich war so schlecht drauf heute morgen. Nur alle Kinder zum Aufstehen zu bringen, sie anzuziehen und alles andere zu organisieren ist schon schlimm genug – aber zu allem Überfluß war auf der Autobahn noch ein Unfall. Der Verkehr auf der 405 war völlig lahmgelegt. Ich versuchte, nicht auszurasten. Ich sagte mir immer wieder, daß sie ja einen anderen Fall vorziehen können.«

Wir liefen in das Gerichtsgebäude und setzten uns ins Wartezimmer vor dem Büro des Staatsanwalts. Ken kam herein und berichtete, daß der Richter den Verhandlungsbeginn um eine halbe Stunde verlegt hätte.

Cee Cee begann in ihrer riesigen Handtasche nach den Abschriften ihrer Gespräche mit Dad zu kramen. Sie hatte ungefähr 60 Seiten Unterlagen, und die Befragung dieses Morgens sollte sich auf die letzten beiden Gespräche beziehen.

Dad war es gelungen, den Richter auswechseln zu lassen, der die letzte Revisionsverhandlung geleitet hatte. Er hatte behauptet, der Richter hätte ihm gegenüber Vorurteile. Dadurch waren wieder Monate vergangen, bevor der Prozeß stattfinden konnte. Wir waren alle frustriert gewesen, vor allem Bill, der Staatsanwalt. Der neue Richter hatte unserem Fall strenge Einschränkungen auferlegt.

Der Staatsanwalt beschwerte sich bei uns, daß ihm die Hände gebunden seien. Während der ersten beiden Wochen des Prozesses hatte der neue Richter bestimmt, daß nicht mehr Beweismaterial zugelassen werden könnte. Die Geschichten der Opfer, die nicht als Belastungszeugen auftraten, durften nicht erwähnt werden. Keine von Dads Fotografien halbnackter Kinder, die in der Vorverhandlung vorgelegt worden waren, durften nun eingereicht werden. Die Tonbandaufnahmen der Gespräche zwischen Cee Cee und Dad durften nicht abgespielt werden, und wahrscheinlich durfte auch die Therapeutin von Cee Cee und Keely nicht als Zeugin aussagen.

Bill unterrichtete uns sogar davon, daß keiner von uns vor den Geschworenen auch nur eine Silbe über unseren eigenen sexuellen Mißbrauch verlieren durfte. Der Prozeß würde dann als ergebnislos betrachtet und abgebrochen werden. Er ermahnte uns immer wieder, bei dem, was wir vor Gericht sagten, sehr vorsichtig zu sein. Es war absolut klar, daß wir so wenig wie möglich reden sollten. Tagelang waren wir alle sehr ärgerlich über diese schwerwiegenden Verbote gewesen.

Dieser Richter hatte den Ruf, sowohl den Anklägern als auch den Verteidigern gegenüber sehr hart zu sein, so daß seine Urteile in den Berufungsprozessen selten aufgehoben wurden. Ich habe mittlerweile gelernt, daß 95 Prozent aller Fälle, die vor dem Obersten Gericht verhandelt werden, in die Berufung gehen. Ich machte einen Schnellkurs in amerikanischer Justiz und lernte dabei, wie besorgt unser System sich darum bemüht, den Angeklagten zu schützen.

Bis seine Schuld nicht bewiesen war, wurde Dad als unschuldig betrachtet, und seine Rechte waren geschützt. Man hatte ihm nicht nur erlaubt, den Richter auszuwechseln, sondern man fuhr ihn jetzt auch mit einem Sonderbus vom Gefängnis zum Gericht und wieder zurück. Er hatte beanstandet, daß der reguläre Gefängnisbus ihn zu spät ins Gefängnis zurückbrächte und daß das mit seinen Schlafgewohnheiten nicht zu vereinbaren sei. Zehn der ursprünglich 15 Anklagepunkte gegen Dad waren auch noch aus Formgründen fallengelassen worden. Er hatte tatsächlich einige wichtige Siege über uns davongetragen.

Es war uns allen klar, daß der Staatsanwalt uns keinen leichten Sieg versprochen hatte. Die Geschworenen waren unberechenbar. Er hatte uns erklärt: »Jenseits jeglichen vernünftigen Zweifels« bedeute für die Geschworenen in Wirklichkeit »absolut zweifelsfrei«, wenn sie ihre Entscheidung verkündeten.

Ich hatte mittlerweile die Überzeugung gewonnen, daß die Schuldigen den Vorteil haben. In diesem Fall war Dad jedenfalls ganz deutlich im Vorteil. Es war ganz klar, daß wir kaum eine Chance hatten. Die Beweislast lag ausschließlich bei uns, und das bedeutete letztlich, daß alles von den Worten einer verängstigten kleinen Sechsjährigen abhing. Wenn ich an das dachte, was Keely zugemutet wurde, was uns allen zugemutet wurde, wurde meine Wut grenzenlos.

Was es bedeutete, gegen jemanden wie meinen Vater vorzugehen, ihn tatsächlich daran hindern zu wollen, unsere Familie weiterhin zu mißbrauchen, war unvorstellbar. Kein Wunder, daß ich es in der Vergangenheit nie ernsthaft versucht hatte. Seitdem ich die Grundschule besucht hatte, war mir klar gewesen, daß ich viel Kraft brauchen würde. Ich hatte immer schon gewußt, daß ich – sollte mir diese Kraft fehlen – mein Leben lang von anderen unterdrückt werden würde. Als ich älter wurde, erkannte ich, daß der Schlüssel für meine Freiheit und meine Zukunft eine gute Ausbildung war.

Ich wandte mich um und beobachtete die neu ausgewählten Geschworenen, die sich in einer Reihe vor der Tür zu unserem Gerichtssaal aufgestellt hatten. Es handelte sich um 16 Personen, ordentliche, nett aussehende Menschen. Vier von ihnen waren nur als Stellvertreter für andere hier. Mein Körper wurde von einer Gefühlswelle erfaßt, die so stark war wie ein Erdbeben der Stärke 7,4 auf der Richterskala. Es schien mir so erbärmlich, daß diese fremden Menschen uns dabei helfen sollten, unseren Vater davon abzuhalten, uns zu mißbrauchen. Dies alles war wirklich zum Weinen.

Bis zu diesem Zeitpunkt hatte nie jemand die Macht gehabt, Dad zum Aufhören zu zwingen. Niemand war jemals in der Lage gewesen, ihn davon abzuhalten, genau das zu tun, was ihm gerade paßte. Was würden jetzt diese 16 Menschen tun?

Würde es uns gelingen, ihn aufzuhalten? Ich begriff, daß die Möglichkeit bestand, daß Dad auf freien Fuß gesetzt würde. Ich erzitterte bei dem Gedanken daran, was bisher mit dieser Sache alles verbunden gewesen war. Zuerst mußte man mit seinem eigenen Mißbrauch fertig werden, einen Weg finden, zuzugeben, daß es geschehen war, aus dem bequemen Kokon des Leugnens herauskommen, sich der Angelegenheit stellen, der Scham und dem Risiko, Dads Zorn auf sich zu ziehen. Dann mußte man die Sozialarbeiter und die Polizei davon überzeugen, daß man ein Problem hatte. Dann mußte man Anklage erheben, ein Jahr warten, die Entscheidung des Richter hinnehmen, daß Cee Cees Anklagepunkte für das kalifornische Gesetz keine Vergewaltigung darstellten und daß die Anklagepunkte von Diedre und Anne unter die Bestimmung fielen, daß solche Fälle nach sechs Jahren verjährt waren. Das alles war so ungerecht!

Der Richter hatte ebenfalls entschieden, daß Keelys Therapeutin keine Aussagen machen durfte, die sich auf Keelys Verhalten oder auf irgendwelche Gespräche, die sie mit ihr geführt hatte, bezogen. Das war für die Anklage ein schrecklicher Schlag gewesen. Der Staatsanwalt war außer sich. Wir alle waren wütend.

»Guten Morgen, Donna.« Jim Bowen, der Kriminalbeamte von der Polizeibehörde von Los Angeles, begrüßte mich, als ich den Raum betrat. Er hatte unermüdlich an unserem Fall gearbeitet.

»Donna!« Cee Cee saß an einem langen Walnußtisch und wandte sich nun von ihrer Arbeit ab. »Bill möchte, daß ich herausfinde, wo wir gestern nachmittag vor Gericht stehengeblieben sind. Ich soll die Zeilen, die noch nicht erwähnt wurden, neu schreiben. Du weißt ja, daß der Richter keine Zeile, in der eins der anderen Mädchen erwähnt wird, zuläßt. Wir dürfen uns nur auf Keely beziehen.« Cee Cee blätterte durch einen Stapel von beschriebenen Seiten. »Gestern haben wir die Hälfte geschafft.«

Ich saß neben ihr. »Bill sagte, als er Staatsanwalt geworden sei, habe er mit seinem Eid versprochen, in seinen Fällen die ›Wahrheit‹ herauszufinden. Es liegt einfach eine grandiose Ironie in der Tatsache, daß – sollte sich einer von uns auf dem Zeugenstand versprechen und den Geschworenen auch nur ein wenig von der tatsächlichen Wahrheit zu Ohren kommen – wir damit rechnen müssen, daß der Prozeß ergebnislos abgebrochen wird.«

Plötzlich stand Cee Cee in ihrem Kleid im Marinestil auf, und auf ihrem hübschen Gesicht zeigte sich ein Anflug von Spott. Sie erhob ihre rechte Hand und parodierte einen Schwur.

»Hiermit verspreche ich, nur das kleine bißchen Wahrheit von mir zu geben, zu dem Sie mir die Erlaubnis erteilt haben, Euer Ehren, so wahr mir Gott helfe. Ich verstehe, daß wir unter keinen Umständen die ganze Wahrheit finden wollen. Amen.« Sie lachte in sich hinein und genoß den Moment der Erleichterung, den sie dieser komischen Szene verdankte.

»Euer Ehren«, ahmte ich sie nach. Ich spürte, wie sich meine Wut in nichts auflöste, während ich meine eigene rechte Hand hob. »Hiermit verspreche ich, daß die Geschworenen nie von mir erfahren werden, was wirklich passiert ist, damit sie nicht den Verdacht bekommen, Dad könnte vielleicht doch nicht so ein guter Kerl sein. So wahr mir Gott helfe.«

Wir lächelten beide schelmisch. Vielleicht war schwarzer Humor besser als gar kein Humor. Wir sahen einander belustigt an und verweilten einen Moment in liebevoller Zuneigung. Wir waren ein ausgezeichnetes Beispiel für echte Schwesternliebe. Als ich einen Blick auf meine Uhr warf, sah ich, daß uns gerade noch zwei Minuten Zeit geblieben waren. Bill Peters und Jim Bowen liefen durch das Büro.

»Fertig, meine Damen? Wir sind dran«, sagte Bill. Er hörte sich ganz entspannt an. Seit gestern nachmittag hatte er fast nur noch gelächelt. Er hatte den Richter schließlich doch davon überzeugen können, Keelys Therapeutin als Zeugin zuzulassen. Er glaubt jetzt, daß unser Fall doch noch eine Chance haben könnte. Bill sah nun viel zuversichtlicher aus. Er hatte sein jugendliches Grinsen wiedergewonnen.

Auf dem Weg in den Gerichtssaal überflog ich schnell die letzten Seiten der Aufzeichnungen von den Telefongesprächen, die Dad und Cee Cee geführt hatten. Cee Cee hatte das Gespräch immer wieder auf sexuellen Mißbrauch gebracht. Und immer wieder war Dad diesem Thema ausgewichen. Es war ihr trotzdem großartig gelungen, immer wieder auf diesen Punkt zurückzukommen. Vielleicht hätte Cee Cee Staatsanwältin werden sollen.

Wir versammelten uns alle um Cee Cee, wir standen an ihrer Seite. Rand, Ken, meine Mutter, Bill, Jim und ich marschierten den Korridor entlang, an Bernie und Connie vorbei. Bernie hatte die ganze Woche über nicht mit Cee Cee gesprochen. Eine gespaltene Familie. Diese beiden waren auf Dads Seite.

26. Dezember 1990
Oberster Gerichtshof
Santa Monica

Die Beweisaufnahme war heute beendet worden. Die Verteidigung hatte einfach geruht. Sie hatte keinen Fall vor Gericht zu vertreten. Die gesamte Beweislast lag bei der Staatsanwaltschaft. Der Richter hatte den Vormittag darauf verwendet, den Geschworenen die Prozeßvorschriften und das Gesetz zu erklären. Die Geschworenen verließen danach für den Rest des Tages das Gericht

Die wenigen vergangenen Wochen waren äußerst schwer für uns gewesen. Die schreckliche letzte Woche, in der 13 Familienmitglieder gegen unseren Dad ausgesagt hatten, war wahrscheinlich die schlimmste gewesen. All die langen Wochen, die dieser letzten vorausgegangen waren, waren durch nicht endenwollende Vertagungen zu einer Qual geworden. Dads Forderung nach einem neuen Richter hatte am meisten Zeit gekostet, denn dadurch wurde unser Fall an einen anderen angehängt.

Drei Wochen lang hatten wir uns im luftleeren Raum befunden – ohne festes Datum für den Beginn unseres Prozesses. An dem Tag, als der Prozeß schließlich anfangen sollte, brachte der Staatsanwalt zwei weitere Anklagepunkte gegen Dad vor, die sich auf Keely bezogen. Die Verteidigung beantragte weitere Vertagungen. Der Prozeß zog sich Ewigkeiten hin.

Schließlich kam unser Tag vor Gericht. Keely kam als erste Zeugin der Anklage nach oben. Sie war nervös. Ihre kleine Hand, die Hand einer Sechsjährigen, fühlte sich in meiner heiß und von Schweiß ganz feucht an. Sie war zappelig und nervös.

Schließlich rief der Gerichtsdiener freundlich: »Keely Kelly.« Widerstrebend löste sie sich aus meiner Umarmung und ging durch die Türe von Abteilung F. Sie war ein sehr kleines Mädchen, das in einen Kampf der großen Erwachsenen verwickelt war. Dieser Gedanke quälte mich. Wie können wir in einem System leben, das eine zarte kleine Person ganz allein losschickt, gegen einen starken Erwachsenen auszusagen, der nur ein paar Meter von ihr entfernt sitzt? Warum will unsere Gesellschaft es einfach nicht glauben, daß das geschieht? Warum gibt es so viele Hindernisse? Ich wollte meine Empörung herausschreien.

Keely saß für den Rest des Tages im Zeugenstand und auch noch fast den ganzen nächsten Tag. Das waren lange, schwierige Tage, aber wir überstanden sie, wir überstanden sie alle. Der Kriminalbeamte und der Staatsanwalt sagten beide, daß Keely das beste Kind sei, das sie je als Zeugin der Anklage gesehen hätten. Ich hoffte nur, daß das alles schnell in ihrer Erinnerung verschwimmen und sich in Dunst auflösen würde.

Während meiner Zeugenaussage war ich wie taub. Ich war überrascht darüber, daß ich so wenig fühlte. Irgendwie war ich losgelöst. Ich war sogar in der Lage, zu Dad hinüberzuschauen.

Er sah allerdings nicht wie mein Dad aus. Der Vater meiner Träume lachte, er war jung und witzig. Dieser Mann hier war alt und verärgert. Er hörte aufmerksam meinen Antworten zu und spannte seine Gesichtsmuskeln dabei wütend an.

Die Einzelheiten unserer Aussagen waren vernichtend. Sie reichten aus, um jeden, der etwas für Kinder empfindet, gefühlsmäßig außer Gefecht zu setzen. Das ließ ich bei mir allerdings nicht zu. Ich blieb weiterhin halb losgelöst, die meiste Zeit über hatte ich mich unter Kontrolle. Meine eiserne Reserve schützte mich. Cee Cees Stärke wuchs in den vielen Tagen, die wir bei Gericht verbrachten. Wir waren einer echten Feuerprobe unterzogen. Nun mußten wir nur noch auf die Entscheidung der Geschworenen warten.

»Donna, wie geht es dir?« fragte Ken, als wir vom Gerichtsgebäude zu unserem Hotel auf der anderen Straßenseite gingen.

»Mittelmäßig. Von unserer fröhlichen Weihnachtsfeier gestern auf diesen Mist hier umzuschalten ist ziemlich schwierig.«

»Möchtest du heute nachmittag ein bißchen schlafen?«

»Nein«, ich schüttelte den Kopf. »Was ich wirklich gerne machen würde, ist, Fahrräder auszuleihen und auf dem Fahrradweg am Strand entlangzufahren. Ich möchte den Ort, an dem ich aufgewachsen bin, noch mal sehen. Um zu sehen, ob es mir wirklich gut geht.«

Alles lag so nah beieinander – die schönen und die schrecklichen Erlebnisse meiner Kindheit und unsere entsetzliche Anstrengung, unseren Vater vor Gericht zu bringen. Von der Treppe des Justizgebäudes aus konnten wir fast den Strand sehen, an dem ich aufgewachsen war. Ich mußte jetzt den Kreis einfach schließen. Wie auch immer die Entscheidung der Geschworenen das Schicksal meines Vaters betreffend aussehen würde – ich mußte wieder Kontakt mit meiner Kindheit aufnehmen, um die Dämonen endlich zum Schweigen zu bringen.

Wir fanden einen Laden, wo wir Fahrräder mieten konnten, und Ken und ich radelten durch die Santa Monica Bay in Richtung Süden nach Venice. Meine Stimmung begann sich zu heben, als wir über den sandigen Fahrradweg an den Orten meiner Jugend vorbeifuhren, und erfreuliche Erinnerungen kamen in mir hoch. Ich sah den Platz, an dem Big Ray immer Dame gespielt hatte. Während der ganzen Zeit meiner Kindheit – in den späten 40er und frühen 50er Jahren – konnten Sandy und ich ihn dort finden.

Ich konnte mich daran erinnern, wie ich mein Fünfcentstück bezahlte, um mit der Straßenbahn Richtung Norden vom Ocean Park Pier zum Santa Monica Pier zu fahren, um Big Ray zu suchen. Sandy und ich fanden ihn immer an einem dieser Tische, aufmerksam über sein Damebrett gebeugt. Alle Spieler an der Küste nannten ihn Doc. Sie sagten, er sei einer der besten im Staat, ein Champion.

Ken und ich radelten langsam weiter und kamen an einem Schild vorbei, auf dem geschrieben stand »Muscle Beach«. Vor 40 Jahren zogen die privaten Strandclubs zwischen den Landungsbrücken von Ocean Park und Santa Monica die Wohlhabenden an, während sich die Familien in den Vergnügungsparks an den Piers tummelten. Jährlich strömten Tausende von Menschen in diese Gegend. Dieser Ort war »in«.

An diesem Wintertag lag alles verlassen da. Wir fuhren die Zementpromenade entlang, und ich stellte sie mir so vor, wie ich sie als Kind gekannt hatte. Die Bänke längs des Bürgersteigs waren vollbesetzt gewesen mit Hunderten von kurzen, dickleibigen Flüchtlingen aus Europa, die die Sprache ihrer Heimat sprachen. Ich hatte mich über die vielen Kleidungsstücke gewundert, die sie übereinander trugen, sogar wenn es richtig heiß war. Als Kind hatte ich nicht verstanden, welchem schrecklichen Schicksal sie gerade noch entgangen waren, indem sie aus Hitlerdeutschland geflohen waren. Diese Flüchtlinge saßen nun nicht mehr hier, und ihre Nachkommen hatten sich ohne Zweifel gut in das Leben Südkaliforniens integriert.

Wir fuhren an Ständen vorbei, an denen T-Shirts mit der Aufschrift »Muscle Beach«, »Venice« und »Kalifornien« verkauft wurden. In der Nähe des alten Del Mar Clubs wurde ein neues Hyatt Regency Hotel errichtet. Der Club war in den frühen 60er Jahren in ein Rehabilitationszentrum für Drogensüchtige umgewandelt worden.

Wir fuhren weiter. Ich war mir nicht mehr so sicher, wo damals der alte Ocean Park Pier gewesen war. Die Orientierungspunkte waren andere geworden. Ich suchte nach irgendeinem Hinweis auf den Pier. Ich konnte fast den Lärm der Menge auf der Strandpromenade hören, konnte fast die Musik spüren und die Aufregung der Karussellfahrer.

Ich liebte das Karussellfahren, vor allem, wenn es mir gelang, tatsächlich den Messingring zu bekommen. Es war ein Kinderspiel, meine rechte Hand auszustrecken und das Gestell zu ergreifen, an dem die Ringe befestigt waren. Ich versuchte immer das weiße Pferd mit dem schwarzen Schweif und den wilden, blitzenden Augen zu ergattern. Es schien höher hinauszugelangen als die anderen Pferde, so daß ich meinen Ring nie verpaßte. Ich ritt stundenlang auf dem Karussell, während Big Ray seine »letzte« Partie Dame spielte.

Mein Mann und ich fuhren langsam auf unseren Rädern und genossen den Klang der sanft brechenden Wellen und den Duft der salzigen Luft. Ich hatte noch den Geschmack des Vanilleeises auf der Zunge. Der Stand, an dem es verkauft wurde, war mit Pinguinen und Eisbergen geschmückt – er sollte den Nordpol darstellen. Dad kaufte mir oft dort Eis. Immer war eine Kirsche in der Mitte. Es war so cremig und lecker. Er bezahlte es und reichte es mir dann lächelnd herunter.

»Hier gibt's was Süßes für mein süßestes Mädchen.«

»Ich hab dich lieb, Daddy.«

Ken und ich waren jetzt in Venice angekommen, und der Fußgängerverkehr nahm zu. Es waren immer noch so viele Touristen da. Wohlhabende Asiaten, alte Leute, die in der Sonne saßen, schwarze Jugendliche, die versuchten, cool auszusehen. Ein Schmelztiegel. Ein buntes Mosaik. Ich mochte die Vielfalt Südkaliforniens sehr.

Ich verrenkte mir den Hals, um die Windward Avenue

bis zum Ende sehen zu können. Einige der Säulengänge aus den frühen Tagen von Venice waren noch erhalten. Ich erinnerte mich an das Schuhgeschäft neben dem Gebäude, in dem die Bank of America damals untergebracht war. Ich war mit Bernie in dieses Geschäft gegangen, um dort mein erstes Paar Schuhe für die Schule zu kaufen. Jetzt war da nur noch ein leerer Platz. Wir waren fast am Eingang der alten, abgerissenen Landungsbrücke von Venice angekommen.

»Ken, laß uns unsere Fahrräder schieben!« Wegen des Lärms mußte ich schreien. »Ich möchte sehen, was hier los ist. Was glaubst du, warum sich diese Menschenmenge hier versammelt hat?«

»Da drin ist irgendwo ein Limbotänzer.« Er sprach nicht weiter und wartete darauf, daß ich zu ihm aufschloß.

»Kenny«, flüsterte ich. »Siehst du diesen Mann?« Ich deutete auf einen großen Mann auf Rollschuhen, der einen Turban trug. »Ich habe ihn über Jahre immer hier gesehen. Ich möchte, daß er ein Lied für mich singt. Er hat ganz unglaubliche grüne Augen.« Ich war aufgeregt, glücklich. »Willst du nicht mit mir kommen?« drängte ich ihn.

»Ach nein, ich werde nur zusehen«, lehnte er mit einem Lächeln ab.

Ein paar Minuten später hüpfte ich fröhlich auf meinen Mann zu. »Ein Lied kostete einen Dollar. Hast du es gehört?«

»Ja, natürlich. Und wie heißt er?«

»Würdest du Karma Kosmic Krusader glauben? Er heißt wahrscheinlich Wilfred Green und kommt aus Detroit«, fügte ich hinzu. Wir mußten beide lachen. »Er sagte, daß er seit 1974 auf seinen Rollschuhen hier herumläuft und Gitarre spielt.«

»Das gibt's nur in Venice«, antwortete mein Mann lächelnd.

»Jetzt möchte ich in dieses Gebäude da drüben gehen.« Ich zeigte auf das winzige Büro aus Zement, von dem aus meine Mutter vor 42 Jahren den Spielplatz des Schulhofs überwacht hatte. Ich stellte fest, daß seine Ausstattung heute weitaus phantasievoller war als damals.

Die Mädchentoilette war dieselbe, aber sie erschien mir jetzt viel kleiner als damals. Die Wasserrohre waren immer noch auf den Holzwänden angebracht. Der rote Zementfußboden war immer noch von einer feinen Sandschicht bedeckt.

Wir stiegen wieder auf unsere Räder und fuhren langsam weiter. Wir besuchten meine erste Grundschule. Die Gasse neben der Schule, in der ich immer darauf gewartet hatte, daß Sandy aus dem Kindergarten kam, war unverändert. Wir besuchten das, was von der Brücke über den Kanal übriggeblieben war, in der Nähe von der Stelle, wo ich immer Guppys gefangen hatte. Jetzt schmückten dort kostspielige Eigenheime das Ufer. Wir fuhren am Edgewater-Market-Gebäude vorbei, das nun Sitz einer Immobilienfirma geworden war. Ich erinnerte mich daran, wie ich vor diesem großen Geschäft nach der Hand der fünfjährigen Sandy griff, um mit ihr den Washington Boulevard zu überqueren.

»Donna, vielleicht sollten wir einen anderen Weg nehmen. Hier sind wir in ein paar Minuten beim Haus deines Vaters. Ich weiß nicht, ob das eine so gute Idee ist.«

»Ich muß das machen. Wenn es mir schlecht geht, fahren wir auf die Pacific Avenue zurück.«

Wir fuhren gemächlich weiter und waren bald beim Haus meines Vaters angekommen. Es lag direkt an der Küste und erstreckte sich über drei Stockwerke auf einer Fläche von mehr als 1.300 Quadratmetern. Wir hielten mit unseren Fahrrädern direkt vor dem Haus. Es sah noch genauso aus wie früher, nur hatten die neuen Besitzer es in einer anderen Farbe gestrichen. Ich blickte über den Strand hinweg auf das Meer und spürte das rhythmische Pulsieren der brechenden Wellen. Der Ozean stellte eine beruhigende Konstante in meinem Leben dar.

»Bist du sicher, daß es dir hierbei gut geht?« fragte Ken und blickte mir besorgt ins Gesicht.

»Ja«, antwortete ich – mein Interesse galt immer noch ganz der Vergangenheit.

Ich öffnete das Tor und suchte nach Namen, die in den Zement eingeritzt waren. Leanne, Donna, Sandy. Wir hatten immer eine Schicht frischen Zement auf den Boden gegossen und dann unsere Namen hineingeritzt. Aber jetzt waren sie verschwunden. Die neuen Besitzer hatten mexikanische Ziegel im Hof verlegen lassen.

Von uns waren nur wenig Spuren zurückgeblieben. Es gab keinen Hinweis darauf, daß wir jemals dagewesen waren und mit den Schalungen für die Fundamente gekämpft hatten. Es gab keinen Anhaltspunkt dafür, daß zwei junge Mädchen viele Kubikmeter Sand vom vorderen Teil des Grundstücks zum hinteren bewegt hatten, keinen Anhaltspunkt, der darauf hingewiesen hätte, daß ein Vater und zwei junge Töchter Grundpfeiler von diesem Ort mit einem handbetriebenen Preßlufthammer entfernt hatten.

Plötzlich wurde mir klar, daß ich im Begriff war, loszulassen. Ich trieb den Schmerz aus, den ich so viele Jahre lang immer wieder verdrängt hatte. Ich wußte jetzt, daß es mir wieder gut gehen würde. Es würde keine dunklen Geheimnisse mehr geben und keine Nächte voller Angst um Keely. Und ich würde auch nie mehr so tun, als ginge es mir gut. Von jetzt an würde das die Wahrheit sein.

Die Plätze meiner Kindheit zu erforschen war ein improvisiertes Ritual, das mich von einer Puppe in einen

Schmetterling verwandelte. Ich stellte mir Schmetterlingsflügel in leuchtendem Blau und Weiß vor, die sich ausbreiteten und mir erlaubten, meiner Zukunft entgegenzufliegen. Ein großes Gewicht war von meinen Schultern genommen. Die Tage der Angst würden nun bald vorbei sein.

Ich wußte, daß sich der Kreis geschlossen hatte. Ich hatte meine Kindheit zurückgewonnen und war jetzt frei, in die Zukunft zu blicken.

3. Januar 1991
Oberster Gerichtshof
Santa Monica

Die Geschworenen waren noch nicht hereingekommen. Wir waren sicher gewesen, daß sie ihr Urteil am vergangenen Freitag fällen würden. Nachdem sie schon ihre Weihnachtsferien hatten unterbrechen müssen, hätten die Geschworenen sicherlich in Ruhe ihr langes Neujahrwochenende genießen wollen. Aber wir hatten wieder unrecht gehabt. Am Freitag nachmittag um 17 Uhr lag immer noch kein Spruch der Geschworenen vor.

Wir quälten uns durch das lange Wochenende, und als der erste Arbeitstag des neuen Jahres angebrochen war, waren wir sicher, daß es jetzt ein Urteil der Geschworenen geben würde. Wieder hatten wir kein Glück. Heute waren wir wieder voller Hoffnung, daß unser langes Warten nun ein Ende haben würde.

Bill Peters, der Staatsanwalt, kam herein, um mit unserer Familie zu sprechen. Das tat er häufig. »Oh, ihr habt euch vermehrt!« Er lächelte darüber, daß unsere Gruppe sich vergrößert hatte. Bill wandte sich an Cee Cee und sprach sehr ernsthaft mit ihr: »Ich möchte Ihnen mitteilen, daß seit dem 1. Januar, also seit zwei Tagen, Bedrohung und Nötigung im Staat Kalifornien die Grundlage für eine Anklage wegen Vergewaltigung darstellen.« Er händigte ihr nickend ein dickes Dokument aus. »Wegen Ihres Falles, Cee Cee, ist es uns gelungen, ein Gesetz zu ändern – und das ist eine sehr schwierige Angelegenheit. Niemals wieder wird ein Richter eine Anklage wegen Vergewaltigung fallenlassen können, weil der Täter sie nur durch Androhung von Gewalt hat durchführen können. Wenn es einen Trost gibt, dann den, daß die Ungerechtigkeit, die Sie erleben mußten, nun niemandem mehr widerfahren kann.«

Cee Cee lehnte sich gegen die Wand und lächelte breit. »Das ist ziemlich gut, nicht? Wenigstens hat all das doch etwas Positives ergeben.« Ihre Stimme klang bewegt. Ein Gesetz des Staates Kalifornien war wegen unseres Falles geändert worden. Wir hatten alle das Gefühl, daß etwas Bedeutendes erreicht worden war. Unser Kampf hatte sich gelohnt.

Um halb vier wurden wir schließlich in den Gerichtssaal geführt. Der Spruch der Geschworenen war eingetroffen. Ken und meine Söhne setzten sich ohne zu zögern in die erste Reihe der Zuschauerbänke – sie bewegten sich ganz instinktiv, um mich zu beschützen. Rick, der mittlerweile Anwalt geworden war, blickte grimmig drein. Dans starkes, junges Kriegergesicht drückte Entschiedenheit aus. Tränen schossen mir in die Augen. Mir kam der Gedanke, daß ich meine eigene Truppe geboren und großgezogen hatte, die von Ken angeführt wurde.

Julie setzte sich in der zweiten Reihe neben mich. Sie griff sanft nach meiner Hand und hielt sie beruhigend zwischen ihren starken Händen. Ken streckte seinen Arm hinter seinem Sitz aus und fand meine rechte Hand. Chad, der rechts von mir saß, legte seinen Arm um mich. Leanne saß ganz in der Nähe und hielt ruhig Wache für den Fall, daß ich ihre Hilfe brauchen würde. Auf seltsame Weise war es schmerzlich, endlich einen sicheren Platz gefunden zu haben. Mein Mann, meine Söhne, meine Tochter, meine erwachsenen Brüder, meine Familie und meine Freunde würden mich schützen.

Der Gerichtssaal geriet in Bewegung, als sie Dad durch die Tür, die den Gefangenen vorbehalten war, hereinbrachten. Er sah stark und ärgerlich aus, trug eine beigefarbene Sportjacke aus Kord und Handschellen. Er studierte uns aufmerksam für lange zwei Minuten, bevor er sich schließlich auf seinen Platz setzte. Mit lauter, blecherner Stimme, die viel höher als seine normale Stimmlage war, sprach er mit seinem Anwalt.

»Nun, hier sind ja meine kleinen Lieblinge!«

Wir hatten immer Probleme bekommen, wenn er uns seine »kleinen Lieblinge« genannt hatte.

Sein Sarkasmus verlor jedoch in dieser komischen Tonlage jegliche Wirkung. Seine Worte jagten niemandem mehr Angst ein. Wie seltsam! Ich atmete befreit auf.

Die Geschworenen wurden hereingeführt und nahmen schweigend Platz. Der Richter begann sofort.

»Mr. Foreman, ist die Jury zu einer Entscheidung gekommen?«

»Ja, Euer Ehren«, antwortete ein schwerer Mann in dunklem Anzug.

Ein Blatt Papier wurde dem Richter weitergereicht und dann dem Gerichtsangestellten ausgehändigt. Der Angestellte erhob sich.

»Euer Ehren, die Geschworenen haben den Angeklagten der Lüsternheit und des lasziven Umgangs mit einem Kind für schuldig befunden, darüber hinaus des oralen Koitus mit einem Kind und Inzests. Den fünften Anklagepunkt betreffend ist die Jury zu keinem Urteil gekommen.«

An diesem Punkt krächzte der Richter mit wütender Stimme: »Das Gericht erklärt den Angeklagten in vier Punkten für schuldig. Der Angeklagte hat das große Vertrauen, das in einen Großvater, der auf seine kleine Enkelin aufpaßt, gesetzt wird, mißbraucht. Die Urteilsverkündung findet am 1. Februar 1991 statt.«

Oraler Koitus! O nein, dachte ich. Wieder wurde ich von meinen Gefühlen überwältigt. Es war schrecklich genug zu wissen, was Daddy getan hatte, es aber laut ausgesprochen zu hören, war noch viel schlimmer. Julie drückte mich fester an sich. Ken streichelte zärtlich mit seinem Daumen über die Oberfläche meiner Hand.

Die Geschworenen konnten gehen. Als der Gerichtsdiener meinem Vater die Handschellen anlegte und ihn aus dem Raum führte, warf er uns einen herausfordernden Blick zu. Ich drehte mich zu Cee Cee um. Tränen liefen über ihr Gesicht. Auch sie kämpfte mit ihren Gefühlen – sie war hin- und hergerissen zwischen dem, was von ihrer Liebe zu Dad übriggeblieben war und dem, was er ihrem kleinen Mädchen angetan hatte, was er uns allen angetan hatte, als wir kleine Mädchen waren.

Wir verließen der Reihe nach schnell den Gerichtssaal. Cee Cee und ich umarmten uns, unsere Tränen vermischten sich auf unseren bereits nassen Wangen. Wir hatten mit unserem Kampf so viel erreicht. Sandy umarmte uns beide. Sie hatte keine einzige Träne vergossen, sie war stark und triumphierte.

»30 Jahre lang habe ich auf diesen Moment gewartet! Heute ist der schönste Tag meines Lebens!« Ihre Stimme klang überschwenglich.

Dann kamen meine Kinder auf mich zu, eins nach dem anderen. Rick drückte mich schweigend an seine starke Brust. Dan stand geduldig daneben, und als sein Bruder mich schließlich losließ, nahm er mich in seine Arme. Die schöne, weichherzige Julie blieb eng an meiner Seite und beobachtete aufmerksam, wie sicher ich auf den Beinen war. Auch Leanne, die ein paar Meter von mir entfernt war, beobachtete mich genau.

Ken schließlich stand ganz ruhig da und wartete auf mich. Der liebe, süße Ken. Ich sank in seine Arme. Er umfing mich mit seiner Umarmung. Wir standen eine sehr lange Zeit im Korridor des Gerichtsgebäudes im Schatten des späten Nachmittags. In all den guten und schlechten Zeiten der vergangenen Jahre war er immer für mich dagewesen. Ken hatte die Leitung in einem äußerst gräßlichen Krieg übernommen, und wir hatten ihn gewonnen. Er hatte mich in unserem Kampf geführt und unterstützt.

Meine freundliche innere Stimme rief mir in Erinnerung:

Um Keely zu schützen.

Um die Kinder zu schützen . . .

Nachwort

Am 8. März 1991 wurde mein Vater zu der höchsten Strafe verurteilt, die das kalifornische Gesetz erlaubt. Sein Urteil lautete zwölf Jahre und acht Monate Haft im Staatsgefängnis. Während der Urteilsverkündung sagte der Richter, mein Vater sei schlimmer als der Massenmörder Charles Manson, und er wünsche, die Gesetze würden ein Urteil von 1.000 Jahren zulassen.

Am 1. Januar 1991 wurden die Gesetze des Staates Kalifornien dahingehend geändert, daß nun auch Bedrohung und Nötigung Grundlagen für eine Anklage wegen Vergewaltigung wurden. Nie wieder wird ein Richter eine Anklage wegen Vergewaltigung fallenlassen können, weil sie nur auf Drohungen dem Opfer gegenüber beruht, so wie es bei Cee Cee der Fall war.

Die Personen

Die Eigennamen in diesem Buch wurden geändert, um die Privatsphäre der betreffenden Personen zu schützen. Die wirklichen Namen wurden nur benutzt, wenn die Erlaubnis dazu ausdrücklich erteilt wurde.

Raymond Landis, Senior (Big Ray) – Donnas Großvater
Vera-May Landis (Maymie) – Donnas Großmutter
Raymond Landis, Junior – Donnas Vater und Vater von Sandy,
Cee Cee, Trey, Chad, Diedre und Connie
Cecelia Burwick Landis – Donnas und Sandys Mutter, Ray Juniors erste Ehefrau
Sandy – Donnas jüngere Schwester
Bernice Landis – Raymond Landis Juniors zweite Ehefrau, Mutter von Cee Cee, Trey, Chad, Diedre und Connie
Cee Cee Landis – Donnas älteste Halbschwester
Trey Landis – Donnas ältester Halbbruder
Chadwick Landis – Donnas Halbbruder
Connie Landis – Donnas Halbschwester
Diedre Landis – Donnas jüngste Halbschwester
Anne Landis – Cee Cees älteste Tochter
Jesse – Cee Cees ältester Sohn
Russ – Cee Cees Sohn
Nick – Cee Cees Sohn
Keely – Cee Cees jüngste Tochter
Kyle – Cee Cees jüngster Sohn

Rand – Cee Cees Ehemann
Crystal – Ray Landis Juniors dritte Ehefrau und Mutter der Stieftochter Jamie
Ken Friess – Donnas Ehemann
Donnas und Kens Kinder – Rick, Julie und Daniel
Sandys Kinder – Joanne und Mindy